目　次

序　章 ………………………………………………執筆者一同　1

1. 今なぜ民主主義と民主的シティズンシップの必要性を主張するのか ……………… 1
   1.1　民主主義と民主的シティズンシップの重要性 ……………………………… 1
   1.2　民主主義と民主的シティズンシップへの批判に対して ……………………… 9
2. 民主的シティズンシップ教育としての日本語教育が持つ可能性 ………………… 15
3. 本書の構成と特色 ……………………………………………………………… 18

第 1 章　ドイツの政治教育 ……………………………… 中川慎二　23

1. はじめに―ネットで学ぶドイツ総選挙 ………………………………………… 23
   1.1　Wahl-O-Mat（ヴァールォーマット）で選挙のシミュレーション
   　　　…………………………………………………………………………… 24
   1.2　政治教育は日常生活から―こどものためのカード教材から ……………… 28
2. ドイツの政治教育の歴史的変遷 ……………………………………………… 29
   2.1　連邦と州の政治教育センター ……………………………………………… 29
   2.2　政治教育をさかのぼる―宗教改革からワイマール共和国まで ………… 30
   2.3　20 世紀の 2 つの独裁政治 ……………………………………………… 31
   2.4　戦後西ドイツの再教育から 1968 年学生運動まで ……………………… 31
   2.5　社会変革の闘争から合意形成へ
   　　　―ボイテルスバッハ・コンセンサス …………………………………… 34
   2.6　政治教育の評価認証―ナショナル・スタンダードの時代 ……………… 35
3. 政治教育とは民主主義を学ぶこと（Himmelmann 2006） ………………… 36
4. 政治的成熟とは ………………………………………………………………… 39
5. おわりに ………………………………………………………………………… 41

第 2 章　ドイツにおける学校教育について
　　　　―見学報告 …………… 名嶋義直・野呂香代子・三輪聖　49

1. はじめに ………………………………………………………………………… 49
2. 見学した学校の概要 …………………………………………………………… 50
   2.1　ドイツの学校制度 ………………………………………………………… 50

iii

	2.2	見学先学校の概要 ……………………………………… 50
3.		Evangelische Schule Berlin Zentrum（ベルリン市）……… 53
	3.1	ホームルーム見学1 …………………………………… 53
	3.2	ホームルーム見学2 …………………………………… 56
	3.3	その他に気づいたこと ………………………………… 60
4.		Carolus-Magnus-Gymnasium（アーヘン市）……………… 61
	4.1	政治教育授業の見学 …………………………………… 61
	4.2	教員・生徒会メンバーとの意見交換（授業後）……… 73
	4.3	ホームルーム見学 ……………………………………… 78
	4.4	生徒の活動に関するQ&Aタイム（授業後）………… 83
	4.5	その他に気づいたこと ………………………………… 86
5.		考察 ………………………………………………………… 87
6.		まとめ ……………………………………………………… 93
	6.1	そこから学ぶもの ……………………………………… 93
	6.2	3・4・5章に向けて …………………………………… 94

第3章　複言語教育の社会的意義 ……………………… 野呂香代子　99

1.		複言語主義とは何か？ …………………………………… 99
	1.1	基本理念としての複言語主義 ………………………… 99
	1.2	複言語主義と民主的シティズンシップ教育、文化間教育 … 101
2.		複言語主義の理念が生まれた背景 ……………………… 102
3.		理念に含まれる政治的、社会的意味 …………………… 104
	3.1	複言語主義の基本的な捉え方 ………………………… 104
	3.2	文化間対話 ……………………………………………… 105
	3.3	多様性、ハイブリッド性 ……………………………… 106
4.		複言語主義から日本社会、日本語、日本語教育を捉える
		—その可能性と社会的意義 …………………………… 107
	4.1	価値の共有、維持は行われてきたか ………………… 107
	4.2	文化間対話の欠如 ……………………………………… 108
	4.3	複言語主義における「政治」と日本の
		コンテクストにおける「政治」………………………… 108
	4.4	複言語主義から日本語教育を捉える
		—まとめにかえて ……………………………………… 109

第4章 民主的シティズンシップ教育としての
日本語教育を考える ……………………三輪 聖 115

1. はじめに ……………………………………………………………… 115
2. 日本語教育が目指す方向性の再考 ………………………………… 116
3. 「共に生きる力」の獲得を目的とした言語教育とは ……………… 117
   3.1 複言語・複文化教育ではぐくまれる能力 ……………………… 117
   3.2 民主的シティズンシップ教育と文化間教育ではぐくまれる能力 ………… 118
   3.3 ドイツにおける政治教育（politische Bildung）……………… 124
   3.4 民主的シティズンシップ教育としての日本語教育の可能性 ……………… 126
4. 民主的シティズンシップ教育、文化間教育、政治教育の枠組みから
   日本語教育を捉える―おわりにかえて ……………………………… 131

第5章 なぜ批判的談話研究を日本語教育に
取り込むのか ……………………名嶋義直 135

1. なぜ日本語教育で批判的リテラシーに焦点を当てるのか ………… 135
2. 批判的談話研究という姿勢と分析における政治性 ……………… 136
   2.1 批判的談話研究について ……………………………………… 136
   2.2 政治性について ………………………………………………… 137
   2.3 分析するテクストと着目点について ………………………… 139
3. 4つの社説の批判的分析 …………………………………………… 140
   3.1 読売新聞社説1と産経新聞社説1の比較 …………………… 140
   3.2 読売新聞社説2と産経新聞社説2の比較 …………………… 145
4. 4つの社説の共通点と相違点 ……………………………………… 149
5. 私たちにはどのような挑戦ができるか …………………………… 151

第6章 複言語・複文化主義に基づく対話に焦点を当てた日本語教
育を考える
―民主的シティズンシップ教育と文化間教育の観点から
……………………野呂香代子・三輪聖 161

1. はじめに ……………………………………………………………… 161
2. 「言葉を学ぶ」から「世界を学ぶ」へ …………………………… 163
   2.1 複言語主義とフレイレの識字活動 …………………………… 163
   2.2 フレイレの「対話」 …………………………………………… 165
   2.3 「対話」を通して何が得られるか …………………………… 166
3. 複言語・複文化主義に基づいた対話ベースの実践―

民主的シティズンシップ教育と文化間教育の観点から ……………… 167

  3.1　A1 レベルにおける対話ベースの授業実践の試み―
      自己紹介・家族紹介 …………………………………………… 168

  3.2　A2 レベルにおける対話ベースの授業実践の試み―
      恋愛と今後の人生 ……………………………………………… 172

  3.3　B1 レベルにおける対話ベースの授業実践の試み ………… 173

  3.4　B2 レベルにおける対話ベースの授業実践の試み―
      日本人留学生と日本学科学生の合同コース ……………… 178

4.　まとめと展望 ………………………………………………………… 181

第 7 章　新聞記事の批判的談話研究
―読解授業での活用 ………………………名嶋義直　185

1.　私たちには批判的リテラシーが欠けているのではないか ………… 185
2.　援用した理論的枠組みと授業の概要 …………………………………… 187
  2.1　批判的談話研究について ………………………………………… 187
  2.2　民主的シティズンシップに求められる能力について ………… 187
  2.3　授業と受講生について ………………………………………… 191
3.　取り組みの目標 …………………………………………………………… 191
4.　授業での実践 …………………………………………………………… 193
  4.1　授業の流れ ………………………………………………………… 193
  4.2　批判的読みのための着目点 …………………………………… 194
5.　4 つの新聞記事の分析と比較 ………………………………………… 195
  5.1　誰が何をしたかについての分析 1 …………………………… 195
  5.2　誰が何をしたかについての分析 2 …………………………… 197
6.　分析から見えてくるもの ……………………………………………… 199
7.　批判的「読み」から批判的「対話」へ ……………………………… 200
8.　批判的談話研究の可能性 ……………………………………………… 203

第 8 章　言語教育と民主的シティズンシップ教育
―政治教育フィールドワーク、オモニハッキョ…中川慎二　207

1.　はじめに―民主的シティズンシップとドイツ語教育 ……………… 207
2.　ドイツ語海外研修―ドイツでの葛藤事例から市民性を考える ……… 208
  2.1　異文化間コミュニケーション能力とドイツの政治教育 ……… 208
  2.2　ドイツ語海外研修（ドイツ語研修＋フィールドワーク）……… 209
  2.3　フィールドワーク―ドイツ社会との対話の実践 …………… 210
  2.4　事前研修―危機的事例法を用いたトレーニング …………… 217

2.5　ドイツ語を学んでから市民性教育をするべきなのか？ ……………… 222
3.　識字と市民権、生野オモニハッキョの 40 年─
　　「月曜木曜 7 時半いつものオモニがやって来る」……………………… 223
　　3.1　在日外国人と識字教育運動─地問懇と生野識字学校 ……………… 223
　　3.2　生野地域問題懇談会、生野識字学校、70 年代の
　　　　 オモニハッキョ ……………………………………………………… 224
　　3.3　オモニのことばと声─80 年代のオモニハッキョ ………………… 225
　　3.4　戦後の在日朝鮮人の教育─教育を受ける権利 …………………… 228
　　3.5　シティズンシップを学び実践する ………………………………… 230
4.　2 つの活動とアクティブ・シティズンシップ ………………………… 231

第 9 章　対話や学習を通じて、「育ち合う」
　　　　　　東アジアの若者たち　………………………室田元美　237

1.　ナショナリズム克服のために、何ができるのか ……………………… 237
2.　相互理解のためのプログラム─
　　「東アジア青少年歴史体験キャンプ」…………………………………… 239
　　2.1　日中韓合同の歴史研究から生まれた、若者たちのキャンプ ……… 239
　　2.2　自己の先入観や偏見を疑うことから始める ……………………… 240
　　2.3　身近な生活の中から生まれる、討論のテーマ …………………… 241
3.　遺骨発掘を目的に集まった若者たちの 20 年─
　　東アジア共同ワークショップ …………………………………………… 243
　　3.1　北海道の戦時強制労働を通じて、過去と現在を考える ………… 243
　　3.2　「これまでの歴史とは違う、よりよい未来を創る」ための交流……… 244
　　3.3　互いの言語を学び合い、留学によって専門知識も ……………… 247
4.　戦争被害者と加害者の映像を、対話のきっかけに─
　　ブリッジ・フォー・ピース ……………………………………………… 249
　　4.1　フィリピンと日本の戦争体験者を、ビデオメッセージでつなぐ ……… 249
　　4.2　当事者性を持ってディスカッションすることの意義 …………… 250
5.　対話は何を生み出すのか ………………………………………………… 252

終　章 ………………………………………………名嶋義直　257

あとがき……………………………………………………………………261

執筆者紹介……………………………………………………………………265

序　章

執筆者一同

1.　今なぜ民主主義と民主的シティズンシップの必要性を主張するのか

1.1　民主主義と民主的シティズンシップの重要性

【民主主義を選択せざるをえない状況】

　民主的な社会を構築していくために「その社会で共に生きる人」（以下、暫定的に「市民」と呼ぶ）には二種類の能力が求められる。1つは、自分が属する社会の状況を把握し、自分なりの課題を設定し、課題解決の方策を考え、それを実行し、改善と内省を主体的に繰り返していく能力であり、もう1つは、その課題解決を「同じ社会で共に生きる他者」と協働して取り組んでいく能力である。当然のことながら、「わたし」と「他者」とは別の人間であり、さまざまな違いがある。「わたし」と「他者」との間にやりとりが生じるとき、お互いが相手の意見を寛容に受け止め、情緒面での反応を示し、内容や論理を検討し、自分の意見を述べたり態度を表明したりする。時には意見の対立が生じ、対話や議論という民主的な手法で調整や妥協を目指すことが必要になる。そこではイギリスの政治学者バーナード・クリックが言う「相異なる利益の創造的な調整」（クリック 2011: 58）という政治行為が行われる。「わたし」にも「他者」にも「政治力」が求められるということである。したがって、「政治」とは政策決定の場やそのプロセスだけでもなく、

また、いわゆる「公共」の場に限定されるものでもなく、家庭や友人関係のような「親密な空間」や日常生活に関わる「私的領域」にも存在するものである。

このように民主主義的な政治行動は、忍耐を必要とするもの、地味で面倒臭く骨の折れるものである。しかし私たちは諦めずに主体的参加を続けていくしかない。さもなければ、いつの間にか気づかぬうちに民主主義社会が、たとえば専制社会や全体主義社会のような非民主的な社会に道を譲ってしまうことになりかねないからである。そうならないようにするためには、自分とは異なる多様な他者に寛容になり、「多様性を認め、異なるものを受け入れようとする姿勢」、その上で「ゆるやかにまとまった結束性のある社会」を「平和的な方法」で構築しようと諦めずに模索し努力し続ける必要がある。それがグローバル時代の民主主義的な政治行動ではないだろうか。

国家や民族という枠組みを縮小させ、「ゆるやかにまとまった結束性のある社会」を目指した EU でも民主主義の重要性が高まっているという。近藤（2013）「揺れる国家と市民性教育」は、近藤（編）（2013）『統合ヨーロッパの市民性教育』の序章であるが、今のヨーロッパの状況を以下のようにまとめている。

　　このように各地で市民性教育の重要性が訴えられている背景には、［中略］民主主義社会の現実と理念が危機に直面しているとの認識が今日の世界で広く共有されているという状況があろう。そこで脅威として考えられているのは、貧富の差の拡大であったり、文化的に異質性の高い移民や難民の存在であったり、既存の政党や政治システムへの不信感であったり、あるいはそれらが結びついた現象であったりと様々だが［以下省略］（p.2）

そのような民主主義的社会において、民主的で主体的な生き方を理念として志向し、それを実践し、他者と共に生きようとする人を本書では「市民」と呼びたい。そしてその市民に求められる資質、またはモデルとなる資質を「民主的シティズンシップ」と呼ぶこととする。近藤（2013）は本書が「民

主的シティズンシップ」と呼ぶものを「民主的市民性」と称し、ヨーロッパで今「市民性教育」への関心が高まっていることを述べ、以下のように分析している。

　　以上のような内外面の変化により、国民国家がその民主主義とともに激しく揺れている。各国で、主権を相対化し、また政治と社会の構成員の範囲を広げようとする力と、それを押しとどめようとする力がせめぎ合っているのである。そして、この動揺に対応し、新しく作られる社会の中で民主主義を維持しようと考えるとき、従来の国民という言葉の使用は回避され、マジョリティであるか否かを問わず、みな市民と呼ばれることになる。
　　今日のヨーロッパでは、このように民主主義的な社会運営のための能力と態度の育成を目指しつつ、特に社会を構成するメンバーの範囲を広げて考えようとする姿勢が市民性教育への要求となって表出していると言ってよいだろう。それは内容的には民主主義教育と呼んでも差し支えないし、政治教育でもよい。(p.4)

　しかし、近藤（2013）は、EU 加盟各国における「民主的市民性」・「市民性教育」の共通性・相違性・多様性を解説し、各国における「民主的市民性」・「市民性教育」が必ずしも一様に同じものではないことを指摘している。そこには「ヨーロッパには各地の歴史に起因する一種の時差と呼ぶべきものが存在する」(p.6) のであり、それが各国における「民主的市民性」・「市民性教育」の共時的な違いとして現れているという分析である。
　そこで本書なりに、従来の「市民性」と「民主的シティズンシップ」との違いについて確認しておく。

【従来の「市民性」と「民主的シティズンシップ」との違いは何か】
　まず「民主的」という修飾語が付されていない、従来からある「市民性（シティズンシップ）」の定義についてである。シティズンシップという概念の定義は定まっておらず、かつ、社会の形とともに変容するものであると言

序章　3

われているが、ここではシティズンシップに関する先行研究をわかりやすく
まとめている福島（2011: 1-2）に倣い、シティズンシップを「国籍」・「市
民という地位、資格に結びついた諸権利」・「人々の行為、アイデンティ
ティ」という3つの要素が「複合的に交差した次元であり、この要素が社
会状況によって解釈される事象である」とする。福島は諸先行研究をまとめ、
この3要素の関係を以下のように整理している。

> 「Ⅰ国籍」と「Ⅲ アイデンティティ」を「民族」という物語で固定し、
> その条件の下で「Ⅱ 諸権利」を認めるという「（国民＝民族）→市民」
> 制度であると考えられる。（p.2）

　しかし冷戦の終結、その後の国家の再編、EU に代表される国家を超えた
共同体の成立、昨今のグローバル化の進展などにより、物や資本だけではな
く人も流動化が進み、移民や外国人労働者が社会の中で一定の割合を占める
ようになり、「国家（国籍・国民）」と「アイデンティティ（民族）」との固
定的・安定的な関係は揺らいでいる。自分と同じ民族・自分と同じ国民とい
う位置づけを与えることができれば他者であっても自己と重ねて「私」とし
て位置づけることもできたが、いまや自分とは異なる「絶対的な他者」の存
在を認めざるをえなくなり、福島（2011）も指摘しているように、従来の
シティズンシップの概念ではカバーできなくなってきている。
　そこで新たな発展的概念として「民主的シティズンシップ」が導入される
ようになったと考えることができる。「私」と「他者」、「私」と「コミュニ
ティ」との関係性を再定義する必要にせまられている状況を反映し、欧州評
議会は「ヨーロッパ市民」を「社会において共存する人」と位置づけている。
それにより、「民主的シティズンシップ」は、「その社会（コミュニティ）に
おいて」「相互の違いに寛容になり」「多様性を受け入れ」「自由と人権と正
義を尊重し」「社会に関わりながら」「共に生きていく」ためのモデルとして
位置づけられる（Starkey, 2002、特に pp.7-8 を参照）。
　「民主的シティズンシップ」の「民主的」という部分はどういう意味だろ
うか。それは、「『民主的な姿勢や方法で』主体的に社会に関わり他者ととも

に生きて行く」ということだと言われている。しかし、そのような説明だと一般の人には、「民主的」が付いていない従来からの「市民性」では「民主的ということが必ずしも重要な特性であるとは考えられていないのか」という疑問が生じるかもしれない。それについての私たち執筆者の答えは、「その通りで、従来の『市民性』の場合は必ずしも民主的であることを必須の特性とは考えなくてもよい」というものである。

　福島（2015）が整理しているように、従来の「市民性」が「国籍」・「アイデンティティ」・「諸権利」、そしてそれらを結びつける「民族」という特性に分化されるなら、「市民性」とは「同じ国に住み、同じ考え方で、同じ言語を使う同じ民族」に「国民としての諸権利」を付与し、「国民」と「社会」とをまとめ上げていく制度的なもので、「国民」になること、「国民」として備えているべき特性、さらに言えば「良き国民」が持つべき特性がその国での「市民性」であると言える。

　このように従来からの「市民性」がいわば「国民としての特性」を指しているとすれば、極論になるが、国家が専制的に振る舞う場合、それに服従することが「良き国民」であり、国民に求められる「市民性」であるということもあり得る。「お上の言うことは正しい」という考え方が一般的な国なら、国民に求められるのは「黙って従うこと」であり、もしそこで私たちが一般に民主的な権利であると考えられているものを行使して、「批判的姿勢」で疑問を発したりすれば、「非国民（＝市民性に欠ける人）」になる。このような「市民性」やそのようなことが望ましいとされる社会を国民に強要してくる国家を私たちは民主的だと考えることができるだろうか。その国家や体制や社会においては肯定される理念や行動様式であっても、非民主的と思えることはありうる。

　一方、「民主的シティズンシップ」の場合は、国家と個人との関係ではなく、多元的なものからなる「コミュニティ」と個人との関係と考えることができる。多元的ということは、異なるものがたくさんあるわけで、従来からの「市民性」が国家という1つのものに収斂していく特性を持っているのに対し、「民主的シティズンシップ」の場合は、異なるものが緩やかな関係性を保ちながら結びついているイメージがある。「異なること」が前提に

なっていて、「異なる文化背景」・「異なる言語」・「異なるアイデンティティ」を持つ「異なる人」たちを、1つのコミュニティの中で「多様性を保ったまま、結びつきを構築し、それを維持していく」ことを目指すときに求められる特性であると言えよう。異なることが前提になっているが「まとまる」ことも目指している。一般的に考えれば、異なるものはまとまりにくいので、多くの場合そこに衝突や摩擦が生じてくることが予想される。それを強権的な手法ではなく「民主的な手法で」解決していこうというのが、「民主的シティズンシップ」の「民主的」ということである。

　専制的で強権的な国家に生まれて育ち、そこで教育を受けた人は、きっと自分たちの今の生活や社会が普通だと思っている人も多いだろう。そういう人にとっての「市民性」とは、私たちが今ここで考えている「民主的シティズンシップ」とは大きく異なり、全体主義的で従順な姿勢を是とするものなものかもしれない。それがその国家の国民にとって権力から求められるものなら、それはそれでやはり「市民性」であることは間違いがない。たとえ世界の他の国では全く通用しない市民性であっても、その国ではそれが市民性なのだと言える。それに対して「民主的シティズンシップ」の場合は、もう少し普遍的な価値観や評価を共有していなければ認められないものではないかと考えられる。そこには国や社会が違ってもある程度普遍的に共有されている「民主主義」という理念や、その理念が具体化した形が前提とされており、それなくしては異なるコミュニティをゆるやかにまとめてより広い社会に包摂していく「民主的シティズンシップ」は成り立たないのではないだろうか。

　そのように考えると、「民主的シティズンシップ」の「民主的」とは2つのことを意味していると言えよう。1つはより理念的なものである。「民主主義的なものを重視する」という理念や姿勢を守っていこうとする意思であり、「民主的」という文言はそれをアピールするために使われていると考えられる。その「民主主義的なもの」は、具体的には、自由に根ざした諸権利・自由な批判・自由なコミュニケーション・障壁のない社会・主体的な社会参加などの形で具現する。しかし、その具体的なものは権力から自動的に授けられるものではなく、日本国憲法にもあるように、先人たちが努力して

手に入れ、守り続け、次世代に受け渡してきたものである。言い方を変えれば、「民主主義的なもの」は、それそのものも大切なものであるが、それと同じように「そこにたどり着くまでのプロセス」が非常に大切だということである。それはなによりもまず「対話」であろう。私たちはまず「対話」から自分以外の様々なことを知り、社会が多様であることに気づく必要がある。多様であることの気づきが寛容性に繋がっていく。そして、多様性と寛容性の中で既知のことと新しく知ったこととを関連づけ、比較し、分析することができれば、自分（たち）の位置づけが、絶対的なものではなく相対的なものであることに気づき、その相対的な位置づけや他者との体系性をコンテクストとして理解できるようになる。そのためにはやはり批判的アウェアネス（気づき）、クリティカル（批判的）な見方ができる力が必要である。そこから自分たちの手で自分たちのコミュニティや社会を作っていくこと、社会を変えていくことができるようになる。それが積極的社会参加である。「民主的シティズンシップ」の「民主的」が現している2つ目のものは、そのような意味での「民主的な手法」を重視するという理念である。

【どこでどのようにして民主的シティズンシップを身につけるか】

　ここで日本の状況を見てみたい。佐久間（2013: 248）は日本において「海外からの外国人の数は着実に増えており、外国人やその子どもも含めて、グローバルな市民としての教育や市民性をめぐる議論がその重要度を増している」と述べている。しかし佐久間の指摘によると、日本は「国民」という考え方が憲法や教育基本法に通底しており、その国民とは国籍法により「日本国民とは日本国籍取得者」とされているという（pp.250–252）。ということは日本国籍を有しない外国人、日本語教育の分野でもそう呼ばれることが多い「外国にルーツを持つ生活者」などでも日本国籍を持たない場合は「国民」の範囲には入らないことになる。当然のことながらこれらの「国民ではない人」は欧州では「市民」の範疇に入る人である。

　このように考えてくると、日本ではまだ「市民」というものについての理解も教育も不充分であり、市民性も重要視されていなことが容易に想像できる。実際、佐久間は中学校の公民教科書7冊と高等学校の現代社会の教科

書8冊を調査した結果として以下のように述べている。

　　中学校、高等学校の双方の教科書を通読して初めに気づくのは、市民も
　　市民権も教科書にはほとんど登場しないことである。［中略］いわゆる
　　国内の日常生活から福祉、資源・エネルギー、民主主義と政治、憲法、
　　国際社会など、国民のみならず外国人も含む市民にとって不可欠な項目
　　を扱いながらも、市民という概念は、欧米で起きた市民革命や市民契約
　　の解説以外、どの教科書にも登場しない。当然、市民としての権利と義
　　務に関する市民性も市民権もそこには見られない。これは日本では、市
　　民が地域社会や政治の担い手・主体として見られていないということを
　　象徴している。（p.257）

　その意味で、繰り返しになるが、日本において「海外からの外国人の数は
着実に増えており、外国人やその子どもも含めて、グローバルな市民として
の教育や市民性をめぐる議論がその重要度を増している」という佐久間
（2013: 248）の指摘は、日本語教育関係者などには、実践しているかどうか
は別として、理念としてはある程度自明のことかもしれないが、改めて社会
全体で共有する必要があると考えられるものである。
　近藤（2013）によれば、ヨーロッパで今「市民性教育」への関心が高まっ
ているとのことであるが、その「市民性」（本書の言う「民主的シティズン
シップ」）を市民はどこでどのようにして身につけていくのだろうか。近藤
（2013）の中に「今日、学校の内外で進められている市民教育」（p.5）とい
う文章が出てくるが、それが示すように、「民主的シティズンシップ」は場
所を問わず学び実践し経験し習得していくことができるものである。学校の
公民・社会のような科目に限らず、家庭や職場や友人同士といった学校外で
もその機会はいくらでもある。たとえば、兄弟喧嘩のような人間関係の摩擦
からも学ぶことができるし、学校の友達との遊びの中からでも学ぶことがで
きよう。
　しかし、「民主的シティズンシップ」の実践の中でことばの果たす役割の
大きさを考えると、語学授業の持つ潜在的な力の大きさに気づくであろう。

わたしたちは、ことばを使って、他者の意見を伝えるし、ことばを通して他者の意見を理解しそれを寛容に受け止め、情緒面での反応を示し、内容や論理を検討し、自分の意見を述べたり態度を表明したりする。また意見の対立が生じた際にも、ことばを駆使して対話や議論という民主的な手法で調整や妥協を目指そうとするからである。先の兄弟喧嘩のような例でも、気づきを促す仕掛けや周囲の教育的な配慮があればその学びはさらに大きなものとなる。

　通常の教育に比べると、外国語授業のような新たな言語を学ぶ場はまさに「自分が普段使っていることばや自分の母文化とは異なることばや文化との出会いの場」であり、そういう場で、自分は異質なものをどう感じてどう受け止めたのか、その上でその異質なものとどう向き合うのかということを内省的に考え、その考えの下で行動することができる絶好の場である。つまり、外国語教育の場は民主的シティズンシップの教育にとって実践の場という重要な意味を持つものである。ことばの教育においては、さまざまなトピックを扱うことが可能であり、自分たちのおかれた社会状況や諸経験との関連の中で、幅広い知識を得ることができる。また、プロジェクトワークなどの手法を取り入れれば実際に社会における課題解決に取り組むことで主体的な行動力も伸ばすことができる。

　しかし、言語教育を研究したり実践したりしている人々の中で、どの程度の人が、言語教育を民主的シティズンシップ教育として位置づけて実践しその可能性を追求しているだろうか。民主的シティズンシップの育成を目指すことばの教育の重要性はどの程度認識されているのだろうか。今の日本社会を生きる市民において、この民主的シティズンシップはどの程度育っているだろうか。先に挙げた佐久間（2013）の指摘にもあるように、残念ながら充分に育っているとは言えないように思われる。

1.2　民主主義と民主的シティズンシップへの批判に対して
【民主的シティズンシップを論じることに意味はあるか】
　佐久間（2013）はその最後に次のように述べている。

序章　9

偏狭なナショナリズムからも脱却できない日本では、アジア市民はもち
ろん世界市民や地球市民もただの夢物語であり続けよう。人々を国民に
する教育だけではなく、よりグローバルな市民を育てる教育が求められ
ている。(p.261)

　果たしてこの主張は日本の「国民」に届くのであろうか。民主的シティズ
ンシップという理念の重要さは認めるが、実際にそれが成り立つのか、社会
の中で機能していくのかという疑念が呈されることがある。また現代社会に
おいて、間接民主主義を主体とした民主主義が果たしてうまく機能している
のだろうかという問いかけも存在する。たとえば、田村・松元・乙部・山崎
(2017)『ここから始める政治理論』の6章「みんなで決めたほうがよい？」、
7章「多数決で決めればよい？」はそのような問題意識の存在を前提として
書かれている。特に7章では「熟議民主主義」や「闘技民主主義」を取り
上げ、民主主義がうまく機能していないという前提の下で民主主義を実践し
ていく手法を模索している。村田（編）(2017)『市民参加の話し合いを考
える』の第二部に収録されている三上(2017)「地球規模の市民参加の話し
合い―「地球市民会議」とその舞台裏」では「ミニ・パブリックス」と呼ば
れる衆議の取り組みについて報告と考察が行われている。
　もしそれらの研究が指摘するように、従来の民主主義システムがうまく機
能していないなら、そのシステムの改善や代替を視野に入れずに民主的シ
ティズンシップについて語ることは理念について語るだけであって、それだ
けでは現実的な社会の発展に寄与することはできないのではないかという批
判もあろう。
　しかし、次のようにも考えることができる。「いかに熟議をデザインして
いくか」を考えるとき、一人一人の市民の持つ資質こそが重要な鍵となるの
ではないだろうか。たとえばミニ・パブリックスの手法で行われる熟議の効
果について分析する際に、その参加者として無作為に選ばれた人が持つ市民
性について論じることはあまりに個別的であり、そのため参加者の市民性は
所与のものとされるかまたは不問に付されるのではないだろうか。言い方を
変えれば、実際の実践の場においては、参加者個々人の市民性は熟議の場を

デザインしていく側から容易にコントロールできる変数ではないということになる。しかし極端な例であるが、力を持つ人によるトップダウン的な意思決定こそ民主主義であるという理念と排他主義的な考え方を持つ人たちが集まって、外国人との共生問題について、他の考え方の人たちと一緒に先進的な議論の枠組みで、充分に資料や情報を活用して熟議・衆議しても、望ましい結果にたどり着くとはあまり思えない。やはり「熟議」というシステムの強みを活かした取り組みをうまく機能させるためには、なによりも参加者一人一人の資質や姿勢が大きく影響するのではないだろうか。個々人の姿勢に問題があれば、どんなに優れた議論の形であっても失敗するのではないだろうか。

　田村（2008）を読むと、熟議民主主義論においてもその点に言及がないわけではないことがわかる。熟議民主主義論においては、熟議を成功させる要因として、大きく分けると「手続き的条件を満たすこと」と「熟議による意見の変容」とを上げる立場があるという。特に後者は参加者の考え方を変容させていく本質となるものを「理性」に見出している。また、政治理論の分野の中では「理性」ではなく「情念」こそを重視すべきという考え方や、「理性」だけではなくそこに「情念」も加えて熟議の議論を考えるべきだという主張もある。熟議が社会問題の解決のためにうまく機能するためには、そこに「協働・信頼・信義・義務・責務」といった「社会的・歴史的・文化的に確立された規範」が重要な役割を果たすということも言われている。（p.90）

　ここで確認しておきたいことは「理性」も「情念」も「規範」も、表現こそ異なれ、Starkey（2002）が指摘する民主的シティズンシップを構成する基本的な能力の中に見いだすことができるという点である（pp.16–17、翻訳は名嶋）。

●認知能力
　法律的・政治的資質に関する能力
　歴史的・文化的次元も含んだ現代社会に関する知識
　意見を述べたり議論したり反省したりするような手続き的能力

人権と民主的シティズンシップの原理と価値に関する知識
- 情動的能力と価値の選択

    シティズンシップは単なる権利と義務のカタログではない。それは集団内や集団間の問題である。したがって個人的かつ集合的な情動的次元を要求する。
- 行動力、社会的能力

    他者と共に生き、協働し共同作業を構築・実践し、責任を負う能力

    民主的な法律の原則に合わせて対立を解決する能力

    公的な議論に参加し、現実の生活状況において議論し選択する能力

　つまり、熟議の話し合いや新しい民主主義のデザインを支える大前提として、話し合いの当事者が理念としての「民主的シティズンシップ」を理解し尊重し実践することが不可欠であると言えよう。そしてその理解と尊重と実践は民主主義的な意思決定に重要な要素であり、民主的な社会を目指すのであれば、その「民主的シティズンシップ」を身につけていくための教育が求められることは明らかである。確かに現実を見れば、理念との間に大きなギャップがあり、理念を叫ぶだけでは無意味だという意見は首肯できる。しかし、そうだとしても現実をよりよい形に変えていくためには常に理念を見失わないことこそがなによりもまず重要であり、そのための教育を放棄してはならないと言えよう。

　欧州評議会が提唱し推し進めている「民主的シティズンシップ教育」は、歴史を反省し、現実社会を見つめ、そして平和で寛容な未来を目指すために提唱され、理念と現実とのギャップがあっても、そのギャップを少しでも埋めるべく、これまで取り組まれてきた実績がある。ドイツを例に挙げれば、周辺国との間によりよい関係を作り、国際的な場面への復帰を目指し、民主的で平和的な共存を目指した試みとして連邦政治教育センターが資料提供や学校教育への協力を行い、理念の実践を支えてきた。その試みを通して「成熟した市民」の育成に向かっていった実績がある。逆説的な言い方をすれば、理論と現実との間にギャップがあるからこそ目標としての理念が重要になり、それが実践を支えてきたとも言える。しかし、日本語教育をはじめとする今

の日本の言語教育にそれがあると言えるだろうか。欧州評議会の提唱したヨーロッパ言語共通参照枠（CEFR）を日本語教育に取り入れた時に、それ本来の複言語主義・異文化理解の理念を充分に考慮せず、結果的にもっぱら単なる言語行動に対する能力レベル判定指標としての面を中心にして取り込んでいったこと、その後も多くの日本語関係者がそのような理解で受け入れていったことを顧みれば、今一度理念を確認し、その上で種々の取り組みを検討することは非常に重要であると言える。

【民主的シティズンシップ教育と複言語主義は理想か】

本書の共同執筆者によると、欧州においても複言語主義はある程度理念的なものである点が否めず、学校教育の現場においてもかなり理念と現実の乖離があることが報告されている。学習対象言語が現実的にかなり制約されているということである。英語・フランス語・ラテン語等のメジャーな言語を教えられる教員は多く、それ以外の教員は極端に少ないと言われている。複言語主義からヨーロッパの言語教育を考えると、英語とフランス語を除く言語の地位はかなり差があると言わざるを得ないのが現実である。ドイツ語はヨーロッパでは比較的優勢な言語であるが、政策的には何もしなければその地位は低くなるという危機意識があるようである。スペイン語を除くと、それ以外の言語は大きいか小さいかと言えば小さな言語であり、少数言語（たとえば、ドイツの中のスラブ系少数言語話者）に至ってはなかなか複言語主義的な対応がなされていないとのことである。その原因として複言語主義の理念が充分に浸透していないのか、予算などの政策上の問題があるのか、またはその両方なのか、さまざまな可能性があるが、現状に課題があることは確かである。

しかし逆に言えば、理念と現実との間にギャップがある中で、複言語状況が保障されているとまではいかなくても、複言語主義の理念が尊重されていることによって、ヨーロッパの大きな言語以外も教授したり学習したりする機会がある程度確保されているとも考えることができる。言語間の扱いに差があるという現実があるからこそ、よりよい複言語環境を目指して活動していかなければならないということであり、それゆえに複言語主義の理念を尊

重することに意味があると言える。

　複言語主義とグローバリズム・新自由主義との関連も大きな問題をはらんでいる。久保田（2015）『グローバル化社会と言語教育　クリティカルな視点から』などに詳しいが、英語学習がグローバリズム・新自由主義と結びつき、新たな搾取の手段となっているのではないかという問題である。共著者のリサーチによると、ドイツにおいてもビジネスでは英語が主流で、日系企業が多いとされるデュッセルドルフにおいても、日系企業は日本語のできる現地社員の採用を増やしていて、その実態はあまり複言語的ではないという。使用言語は英語か日本語という企業が多く、日系企業現地法人の社長が日本人である割合もまだかなり高いのが実情であるとのことである。

　そのような現状を踏まえれば、言語間に優劣をつけないことにより、英語のいわば「一人勝ち」状態を生み出し、それが結果的に複言語主義の理念を否定する現実を生み出しているという批判は重要である。しかしこれも見方を変えれば、この問題についても解決の方向は、複言語主義の理念に立ち戻り、英語以外の言語の実質的な価値と地位を高め、より妥当な複言語環境を実現するというものであろう。現実社会において複言語主義の理念や環境が充分に行き届いていないからこそ、複言語主義の理念の再確認と意識づけ、それに続く実践的な取り組みが重要になってくるのではないだろうか。

【アジアにおける複言語主義・異文化間理解の実情】

　アジアの複言語主義についても、複言語主義の実質化を実現し新自由主義的な回収を予防するという点が重要なポイントである。アジアにおいては、地理的・歴史的・政治的な問題もあり、欧州評議会のような枠組みがないため、現時点では複言語主義の理念を共有するところまで到達していないと思われるが、意識ある研究者や教育者、実践者によって、個別の取り組みの実践は行われている。

　その一方でヘイトスピーチの問題など、排他的な言説が社会に存在することを否定することもできない。右派系市民団体「在日特権を許さない市民の会」（通称：在特会）などによる攻撃的な言動によって朝鮮学校の子供たちが健全な自尊感情をはぐくむことができないような状況がうまれ、朝鮮学校

を去る子供たちも増えたと言われている。そのような状況を受け、昨年のヘイトスピーチ解消法成立まで各地で裁判闘争があった。在特会による京都朝鮮学校襲撃や徳島教組襲撃事件は最高裁判決で有罪が確定したが、その襲撃やヘイトデモで発せられたことばはまさに外国にルーツを持つ住民の市民権を侵害するものであり、基本的人権を蹂躙するものであった。そのような言説は、熊本地震の時にもネット上で発生し、主に標的になったのは朝鮮人・韓国人であったという。最近の新聞報道によると、ヘイトスピーチ解消法が成立して1年になるが、自治体のヘイトスピーチ対策は一向に進まず、日弁連の調査によると、相談窓口が設置されているのは京都府の無料法律相談（2017年7月開始予定）だけであったという（東京新聞などの報道による）。

　「自分が存在する社会において安心して住み続けられる」ことは基本的人権に属するものであるが、それが脅かされているという現実があり、ここにも理念と現実との間に大きなギャップがある。福島県からの自主避難者に対する住宅支援の打ち切りも、子どもに限らず存在するであろう避難者いじめの問題も、「自分とは異なる他者」に対する不寛容さの問題であり、私たちの市民性はいろいろな形で脅かされていると言える。したがって、これらの問題においても、今後の民主的展開を促す必要から、今一度複言語主義・異文化理解の理念と重要性を再確認することが意味を持つと思われる。その上で民主的シティズンシップを育んでいく教育的な取り組みが不可欠である。

2. 民主的シティズンシップ教育としての日本語教育が持つ可能性

【「民主的シティズンシップ教育」としての日本語教育を行う意味】

　アジアの複言語主義という話に展開したことを受けて、日本語教育と複言語主義・異文化理解について考えてみたい。ここまでの議論を受けて言えば、日本語教育関係者には、日本で民主的シティズンシップ教育や複言語主義をいかに根づかせていくかという課題に取り組むことが求められるが、その際には日本語を支配的な搾取言語としないことと同時に、日本語教育を同化教育として批判するがあまりに、複言語の1つとしての日本語・異文化とし

ての日本文化や日本社会を学ぶ機会を不当に排除しないことも求められる。

　ここで日本語教育を 2 つに分けて考える。1 つは日本において実践される日本語教育である。この場合、日本語を学ぶ人は日本に住んでいる。日本における外国人は相対的な弱者であり、それゆえに力を持った人々に支配され利用され不利益を被ることも多い。外国人というだけで言われのない差別を受けることも現実に存在する。そのような社会の中で生きていく外国人であるが、私たちと「共に生きる人」であることに変わりはない。日本語学校の学生や技能実習生などの例を待たずとも、日本語学習者にも同じことが言えることは明白である。したがって程度の差こそあれ、日本語学習者が日本において社会の一員として主体的に生きていくためには、自ら問題解決や社会変革を目指し実践する姿勢や行動が望まれる。そこで「民主的シティズンシップ教育」を土台にした日本語教育の中で、積極的な問題解決や社会改革の力を獲得していくことが重要になる。「民主的シティズンシップ教育」としての日本語教育を行う意味はそこにある。さらにいえば、多数派である日本人も、少数派である外国人から見れば「共に生きる人」である。したがって日本人に対してもさまざまな機会を通して「民主的シティズンシップ教育」を行う必要がある。その際、外国語教育が効果的であることは先に述べた通りである。この点においても、日本語教育における「民主的シティズンシップ教育」の実践は、英語やドイツ語や中国語や韓国語といった外国語教育全般における 1 つのモデルとなるであろう。

　もう 1 つの日本語教育は、日本以外の国（日本から見た外国）で行われるものである。この場合、日本語を学ぶ人は、すべてではないにしろ、韓国における韓国人やフランスに住むフランス人のように、その国に住んでいる母語話者で社会において多数派集団の構成員であることが一般的には多いであろう。海外において「民主的シティズンシップ教育」に基づく日本語教育を行う意味は、学習者自らによる主体的な問題解決や社会変革のためというよりは、日本という 1 つの他言語・他文化を学び、欧州評議会の目指しているような「複言語性・異文化間理解能力」を伸ばすことが目的となる。欧州評議会の考え方によれば、この「複言語性・異文化間理解能力」こそが多様性への寛容さを醸成するものであり、「民主的シティズンシップ教育」の

鍵を握るものなのである。たとえば、ドイツにおける外国語教育ではすでに
このような取り組みが実施されており、その理念と目標のもと日本語教育を
捉える試みが始まっている。言い換えれば、日本人が日本国内において英語
教育・ドイツ語教育のような外国語教育を通して「民主的シティズンシップ
教育」を受けるのは、これと同じ位置づけを持つことになるが、その実践の
程度はどうであろうか。

　そして、上で述べた二種類の日本語教育や外国語教育が、またはそういう
教育で学んだ人々が、共通の基盤のもとでさまざまな形の交流を始めるとき、
学習者間のダイナミックな対話が生まれてくるだろう。グローバルな社会の
中で、二種類の日本語教育がそれぞれの教育の世界を「越境」して「対話」
を通じて「融合」するとき、そこに地球市民的な複言語主義と異文化理解の
実践が生まれる。それを支えているのが民主的シティズンシップなのである。

【「民主的シティズンシップ教育」としての日本語教育を広める意味】

　しかし、細川英雄氏や西山教行氏、その薫陶を受けた研究者・教育者の研
究や実践を除けば、複言語主義・異文化理解の理念や民主的シティズンシッ
プの考え方が日本語教育関係者に広く共有されているとは言い難いのが現状
である。その一方で、独自の視点で研究や実践を続けている研究者・教育
者・実践者がいることもまた事実である。つまり、本序章の第 1 節で理念
と現実とのギャップを確認したことと同じように、日本語教育、もう少し広
く言えば言語教育や異文化理解教育という文脈においても、理念と現実との
間にギャップがあり、複言語主義・異文化理解の理念や民主的シティズン
シップに基づく教育の実践も充分に認知されていないと言える。そこで私た
ちは、複言語主義・異文化理解の理念や民主的シティズンシップに基づく教
育の重要性を再確認し、そのような研究や実践を社会に向けて公表し、議論
や実践を促すような方法はないだろうかと考えた。それができれば、「民主
的シティズンシップ教育」を土台にした言語教育や社会実践を行うことの重
要性が、今以上に広がり、そのような実践に取り組もうとする動きも今以上
に出てくるのではないかと考えた。

　そのように考えると、本書の意義は以下の 2 点である。

序章　17

まず、社会における言語の重要性を認識し、言語教育、本書においては日本語教育や他言語の外国語教育が「民主的シティズンシップ教育」をはぐくむ場として機能することを示し、その位置づけの重要性を主張することである。それによって、理念だけではなく具体的な実践のための方法論を論じることが可能となり、先行研究の取り組みに対する1つの代替案や選択肢を提案することができる。加えて、言語文化教育に関する新たな実践者を増やすことも期待できる。

　2つ目は「民主的シティズンシップ」を備えた「共に生きる人」を増やすという影響力である。本書の刊行をきっかけにして「民主的シティズンシップ教育」としての言語教育の実践が広がれば、日本語や外国語を学ぶ人のみならず、その周囲に存在する「共に生きる人」、たとえば、日本国内で言えば、日本で生活する外国にルーツを持つ人々の周辺で「共に生きる」日本語母語話者に対しても波及効果が期待でき、ひいてはそれが当該社会における「民主的シティズンシップ」の向上につながるという点である。他の外国語教育とその周辺においても同じことが言える。

　このように本書は「民主的シティズンシップ」の向上に寄与することを目指すものである。

3. 本書の構成と特色

　本書は、中川慎二（関西学院大学）・名嶋義直（琉球大学）・野呂香代子（ベルリン自由大学）・三輪聖（ハンブルク大学）・室田元美（フリーランスライター）の5名（50音順）による共著である。それぞれ専門分野も異なり、活動の拠点も日本やドイツやアジアとさまざまである。そういう意味で言えば、本書は複数の学問分野・学問世界・教育実践・社会的実践を越境して編まれたハイブリッドな書籍であると言える。ここで言う「ハイブリッド性」とは、単に異なる論考が一冊の本の中に収められているということではない。複数の異なる論考がかけ合わさることで、単なる足し算では到達できない新しい主張を生み出しているということである。したがって、そのハイブリッド性は構成や内容にも顕著に現れている。

本書は序章・終章を含む 11 章構成となっている。まず最初に序章を置く。ここでは、本書が提唱する「民主的シティズンシップ教育」の必要性について概説を行う。民主的シティズンシップ教育と関連して、政治理論や社会学の周辺で行われている民主主義や集団の意思決定をめぐる研究、たとえば、熟議民主主義理論・衆議民主主義に関する研究も視野に入れ、現在の日本社会における民主主義や政治の問題を踏まえ、本書の主張と出版の意義をわかりやすく解説することを目指した。この序章は全員で執筆している。

　1 章と 2 章は 1 つのまとまりを構成する。1 章はドイツの政治教育事情についての概説である。連邦政治教育センターの歴史的経緯、その存在意義や役割を紹介する。連邦政治教育センターの意義や役割については中川慎二が執筆を担当する。2 章は、ドイツにおける「民主的シティズンシップ教育」の事例報告である。名嶋義直・野呂香代子・三輪聖は 2017 年 3 月 6 日にドイツベルリン自由大学において、ドイツ語圏大学の日本語教育関係者を対象にした批判的談話研究のワークショップを開催した。翌 7 日には連邦政治教育センターを訪問し、続けてベルリン市内の小中高一貫教育校を、8 日にはアーヘン市にあるギムナジウムを訪問し、「民主的シティズンシップ教育」を実践している授業やホームルーム活動、生徒会活動を見学した。2 章では、それらの授業や活動で行われていたことを日本に向けて報告したい。この部分は名嶋・野呂・三輪の 3 人で執筆している。この 1 章・2 章は、ドイツにおける政治教育の歴史的背景と学校教育の現状を、外国語教育の実践者が論じており、本書の特色の 1 つとなっている。

　序章・1 章・2 章の紹介や報告、議論を受けて、3・4・5 章では、実践の方向性を具体的に提示する。2015 年日本語教育学会秋季大会（沖縄国際大学）におけるパネルセッション「これからの日本語教育は何を目指すか—民主的シティズンシップ教育の実践—」名嶋義直（東北大学、当時）・野呂香代子（ベルリン自由大学）・三輪聖（ハンブルク大学）、を発展させた文章を配置する。このパネルでは、野呂が複言語教育の理念について、三輪が民主的シティズンシップ教育の理念と日本語教育における実践の可能性について、名嶋が批判的談話研究の実践例を発表した。本書ではそのパネル発表を土台にし、それぞれの発表者が加筆修正を施して発展させ、相互に関連を持たせ

つつ独立した3本の論文を執筆した。3人の発表が文章化されたものは予稿集以外では公表されていない。このパネルは学会開催時にも多くの聴衆が参集したパネルである。参加した人はもちろん、参加できなかった人にも本書を手にとって読んでいただきたい。

　後半は、執筆者それぞれの実践例を執筆する4つの章からなる。3・4・5章のパネル原稿の分担をそのまま引き継ぎ、6章では野呂・三輪が「複言語・複文化主義の実践のベースとなる「対話」という概念からの取り組み」と「複言語・複文化主義に基づく民主的シティズンシップ教育と言語教育を統合したフレームワークからの取り組み」を、7章では名嶋が「批判的談話研究の観点からの取り組み」を、日本における日本語教育や言語文化教育と関連させて執筆する。8章では中川が「日本人に対するドイツ語教育における実践」と「オモニハッキョにおける識字教育の実践」を執筆する。9章「アジアにおける複言語・異文化理解の実践」は室田元美が執筆する。この6～9章は本書が持つハイブリッド性が最も顕著に表れている部分である。

　最後は短い終章である。全体のまとめとして、各章で述べたことを簡単に確認し、民主的シティズンシップ教育の必要性を主張する。この民主的シティズンシップ教育の必要性は、本書を構成するそれぞれの章の論考からも読み取れるものであるが、それはドイツ語教育、ドイツにおける日本語教育、日本における日本語教育、アジアの学生交流といった異なる分野における理念や実践から導き出されるものであった。この終章は、それらの個別の論考がそれぞれの個別の学問的・実践的世界を越境して集結する学際的でグローバルな世界である。言い方を替えれば、各章における個別の論考を1人の市民と見なせば、この終章は異なる市民が集い結びついているグローバルな市民社会なのである。そしてそこで各市民が主張しているものを抽象化してそれらの共通点を取り出すと、それが民主的シティズンシップ教育の必要性になるのである。

　今日本では、経済重視の政府の姿勢を反映するかのように、外国人の受け入れ、特に就労者としての受け入れが着実に進んでいる。その法整備の遅れも懸念されるが、何よりも遅れているのは日本「国民」の「市民としての考え方」、つまり「市民性」を基盤にした「市民社会の構築」であろう。それ

は法整備で可能なわけでもなく、また一朝一夕に達成する策があるわけでもない。個々の「国民」が意識の持ち方を変えて「民主的」な方法で「主体的に」社会と関わりながら、「共に生きる人」・「市民」を目指していくことしか方策はない。本書がその一助になればと考えている。

付記：本書の刊行は、公益財団法人京都地域創造基金「言語と未来基金」の助成金を受けている「日本社会における民主的シティズンシップ教育の実装と展開」事業の一部である。

参考文献

久保田竜子（2015）『グローバル化社会と言語教育　クリティカルな視点から』くろしお出版.

近藤孝弘（2009）「ドイツにおける若者の政治教育」『学術の動向』14-10: pp.10–21. 公益財団法人日本学術協力財団. <https://www.jstage.jst.go.jp/browse/tits/14/10/_contents/-char/ja/>（2016.2.16 リンク確認）.

近藤孝弘（2013）「揺れる国家と市民性教育」、近藤孝弘編（2013）『統合ヨーロッパの市民性教育』、pp.1–18. 名古屋大学出版会.

近藤孝弘（2015）「ドイツの政治教育における中立性の考え方」、『考える主権者をめざす情報誌　Voters』26、公益財団法人 明るい選挙推進協会. pp.12–13. <http://www.akaruisenkyo.or.jp/wp/wp-content/uploads/2015/05/26%E5%8F%B7.pdf>（2016.2.16 リンク確認）.

佐久間孝正（2013）「日本における外国人と市民性教育の課題」近藤孝弘編（2013）『統合ヨーロッパの市民性教育』pp.247–261. 名古屋大学出版会.

田村哲樹（2008）『熟議の理由　民主主義の政治理論』勁草書房.

田村哲樹・松元雅和・乙部延剛・山崎望（2017）『ここから始める政治理論』有斐閣.

西山教行・細川英雄・大木充編（2015）『異文化間教育とは何か　グローバル人材育成のために』くろしお出版.

バーナード・クリック　関口正司監訳（2011）『シティズンシップ教育論　政治哲

学と市民』法政大学出版局.

福島青史（2011）「『共に生きる』社会のための言語教育　欧州評議会の活動を例として」、『リテラシーズ』8: pp.1–9.　くろしお出版 <http://literacies.9640.jp/vol08.html>（2016.1.9 リンク確認）.

福島青史（2015）「「共に生きる」社会形成とその教育―欧州評議会の活動を例として」西山教行・細川英雄・大木充編（2015）『異文化間教育とは何か　グローバル人材育成のために』pp.23–41.　くろしお出版.

細川英雄・西山教行編（2010）『複言語・複文化主義とは何か』くろしお出版.

三上直之（2017）「地球規模の市民参加の話し合い―「地球市民会議」とその舞台裏」村田和代編（2017）『市民参加の話し合いを考える』pp.155–176.　ひつじ書房.

マイケル・バイラム　細川英雄監修、山田悦子・古村由美子訳（2015）『相互文化能力を育む外国語教育―グローバル時代の市民形成をめざして』大修館書店.

村田和代編（2017）『市民参加の話し合いを考える』ひつじ書房.

室田元美（2014）『いま、話したいこと〜東アジアの若者たちの歴史対話と交流〜』（子どもの未来社ブックレット No.003）子どもの未来社.

Starkey, Hugh（2002）"Democratic Citizenship, Language Diversity and Human Rights: Guide for the development of Language Education Policies in Europe, From Linguistic Diversity to Plurilingual Education, Reference Study". Language Policy Division, Council of Europe: Strasbourg.
<https://www.coe.int/t/dg4/linguistic/Source/StarkeyEN.pdf>（2017.6.2 リンク確認）.

第 1 章

ドイツの政治教育[1]

中川慎二

1. はじめに―ネットで学ぶドイツ総選挙

　2017 年秋ドイツ連邦議会の総選挙が 4 年ぶりに行われた。難民受け入れを推進した首相アンゲラ・メルケルが政権を維持できるかどうかを問われた選挙である。CDU/CSU（キリスト教民主同盟・キリスト教社会同盟）とSPD（社会民主党）との大連立の選挙はそれぞれが大敗し、SPD は野党に下る意思を表明した。新たな連立政権ジャマイカ[2] が模索されていたが、連立交渉の破たんが 11 月 19 日には明るみに出た。今回の選挙で最も問題化[3] したのは極右政党 AfD（「ドイツにとっての選択肢」）が 12.6％の得票率で 94 議席を獲得したということである。

　連立政権の交渉がまとまらないままメルケル首相は 10 月 28 日には宗教改革 500 年のお祝いのメッセージを公表した。カトリックが支配していたキリスト教ヨーロッパで、宗教改革は単なる宗教上の問題ではなく社会問題であった。そして、ドイツ連邦政治教育センター（Bundeszentrale für Politische Bildung、以下 bpb と略記）ホームページでは、この 2 つのトピックは大きく扱われている。

　さて、ドイツではすでに 1970 年に選挙権年齢が 21 歳から 18 歳に変更されている。ドイツの若者たちは、いったいどのようにして政党や選挙について学ぶのだろうか。

23

1.1 Wahl-O-Mat（ヴァールォーマット）で選挙のシミュレーション

図 1　Wahl-O-Mat のバナー

　このロゴは 2017 年 9 月 24 日にドイツで行われた第 19 回連邦議会選挙のために実際に運用されたウェブアプリ Wahl-O-Mat のバナーである。ドイツでは若者たちがこのアプリで選挙のシミュレーションをすることができるのだ。

　ドイツには連邦と州に政治教育センターがある[4]。bpb がウェブ上で政党と選挙を学ぶアプリケーションを提供している。Wahl-O-Mat というウェブ選挙アプリはもともとオランダで開発された StemWijzer をもとにして開発されたものである。2002 年第 15 回連邦議会選挙から運用されており、2002 年連邦議会選挙で 360 万件の利用、2013 年では 1327 万件の利用記録がある。州選挙でも利用され、2017 年は 9 月の連邦議会選挙でも 1570 万件のアプリケーション利用を記録した。Wahl-O-Mat はスマートフォンや iPhone などから簡単にアクセスできる。さて、Wahl-O-Mat で自分の選びたい政党にたどり着くかやってみよう。回答の際の選択肢は原則的に「賛成」「中立」「反対」あるいは「この質問を飛ばす」である。質問は合計 38 問ある。

- 1「テロリズムと戦うのに国内でも連邦軍を投入すべきである。」
- 2「ディーゼルエンジン用燃料にはさらに高い税を課けるべきである。」
- 3「新規の難民申請者の受け入れには年間で上限を設けるべきである。」
- 4「代替可能エネルギーの拡充のために、連邦は持続して財政上の支援をすべきである。」

- 5「連邦は福祉住宅拡充のためにより多くの資金を供与すべきである。」
- 6「奨学金は両親の収入にかかわらず支払われるべきである。」
- 7「公共の場所でのビデオ監視を拡大するべきである。」
- 8「ドイツはギリシャの負債の一部免除に賛成すべきである。」
- 9「高速道路（Autobahn）では一般的に速度制限をするべきである。」
- 10「ドイツの防衛予算を増額すべきである。」
- 11「インターネット・ページの運営者には、間違った情報（「フェイクニュース」）が指摘されれば、消去することを法的に義務付けるべきである。」
- 12「エコロジー農業は、在来の農業よりも強力に推進しなければならない。」
- 13「こども手当はドイツ人の家庭にのみ支給されるべきである。」
- 14「労働契約は根拠を示すことなく直ちに期限を切ることが許されるべきである。」
- 15「こどもには感染症に対する予防接種を受けることを義務化するべきである。」
- 16「すべての銀行を国有化すべきである。」
- 17「ヨーロッパのユダヤ人の民族虐殺は、今後もドイツの記憶すべき文化の中心的な構成要素であるべきである。」
- 18「追加予算は主に国家債務削減に使われるべきである。」
- 19「地域の農業で使われる家畜の全体数には制限を設けるべきである。」
- 20「ドイツでは将来にわたって褐炭の採掘をするべきである。」
- 21「企業には今後も派遣社員を雇用することが許されるべきである。」
- 22「外国人の両親をもちドイツに生まれ育ったこどもたちは、今後もドイツ国籍のほかに第2の国籍を保持することが許されるべきである。」
- 23「年金の掛け金を40年間支払った後であれば、年金支払い開始を減額なしで実施可能にするべきである。」
- 24「ドイツはドイツ通貨に戻るべきである。」
- 25「上場企業の監査役会の女性割合規定は廃止すべきである。」
- 26「高額資産には課税すべきである。」

第1章　ドイツの政治教育　25

- 27 「刑法に触れる犯罪をおかした者は 14 歳以下のこどもであっても審判を受けるべきである。」
- 28 「すべての国民は法律に定められた健康保険で補償されなければならない。」
- 29 「連邦は今後も極右に反対するプロジェクトを促進するべきである。」
- 30 「自ら居住してきた不動産の相続は一定金額までは相続税が控除されるべきである。」
- 31 「ドイツからの軍需品の輸出は例外なく禁止すべきである。」
- 32 「大麻の管理された販売は一般的に許可されるべきである。」
- 33 「連帯協力金は 2019 年末に完全に廃止すべきである。」
- 34 「認定された難民が、統合措置を拒否する場合は、その支援実施期間を短くするべきである。」
- 35 「親には、こどもたちが小学校の最終学年まで全日保育を受ける法的要求が認められるべきである。」
- 36 「憲法に示されたキリスト教の神への言及は残すべきである。」
- 37 「ドイツでは条件なしの最低給与を設けるべきである。」
- 38 「欧州連合では加盟国の協働を強化するべきである。」

Wahl-O-Mat® Bundestagswahl 2017

Vergleich der **Positionen**

	CDU/CSU	SPD	DIE LINKE.	Die Grüne
1. Bei der Terrorismusbekämpfung soll die Bundeswehr im Inland eingesetzt werden dürfen.	✓	✓	✗	✗
2. Dieselkraftstoff für Pkw soll höher besteuert werden.	✗	✗	✓	✓
3. Für die Aufnahme von neuen Asylsuchenden soll eine jährliche Obergrenze gelten.	–	✗	✗	✗
4. Der Ausbau erneuerbarer Energien soll vom Bund dauerhaft finanziell gefördert werden.	✗	✓	✓	✓
5. Der Bund soll mehr Mittel für den sozialen Wohnungsbau bereitstellen.	✓	✓	✓	✓
6. BAföG soll generell unabhängig vom Einkommen der Eltern gezahlt werden.	✗	–	✗	✓
7. Die Videoüberwachung im öffentlichen Raum soll ausgeweitet werden.	✓	✓	✗	✗
8. Deutschland soll einem Schuldenschnitt für Griechenland zustimmen.	✗	–	✓	✓
9. Generelles Tempolimit auf Autobahnen!	✗	✗	✓	✓
10. Die Verteidigungsausgaben Deutschlands sollen erhöht werden.	✓	–	✗	✗
11. Betreiber von Internetseiten sollen gesetzlich dazu verpflichtet sein, Falschinformationen ("Fake News") zu löschen, auf die sie hingewiesen wurden.	✓	✓	✗	✓
12. Ökologische Landwirtschaft soll stärker gefördert werden als konventionelle Landwirtschaft.	–	✗	✓	✓

図 2　2017 年連邦議会選挙での CDU/CSU（与党院内会派）、SPD（社会民主党）、Die Linke（左翼党）、Die Grüne（緑の党）の選択。レ点は賛成、× は反対、－中立

第 38 問の回答が終わると、自分の選択した Wahl-O-Mat-Thesen（ヴァールォーマット・テーゼ）の回答結果一覧と、32 の党が回答した回答結果を閲覧できる。ただし、Wahl-O-Mat の結果は決して投票への推薦情報ではなく、選挙と政治に対する情報提供であると但し書きがある。つまり、38 の問いに回答すると、その選択した結果を比較するために、これまで連邦議会で議席を持っていた政党 4 会派である CDU/CSU（キリスト教民主党・キリスト教社会同盟院内会派）、SPD（社会民主党）、DIE LINKE（左翼党）、Bündnis 90/Die Grünen（同盟 90・緑の党院内会派）とそれ以外の党が合計で 32 提示されるが、それらの党の政策が 38 の質問とその回答という形で示される。また、それらの党の中から 4 つまで党を選択することができ、自分の選んだ政策と 4 つ選んだ党の政策とがどの程度一致しているかを見ることができる。例えば、マイヤーさん（仮名）がこの Wahl-O-Mat-Thesen 全 38 問に回答したとする。そして与党 CDU/CSU を選択すると、たとえば「あなたの選択は CDU/CSU の政策に必ずしも近いとは言えません」とコメントして 56.6％ という判定がでるしくみになっている。マイヤーさんは、それに加えて SPD（社会民主党）、緑の党、そして興味から極右政党である AfD を選択して比較しようとした。環境問題に関心のあるマイヤーさんは、SPD とは 63.2％ の一致率、緑の党とは 65.8％ の一致率で納得したが、極右政党 AfD とも 39.5％ の一致率であったのには驚いた。

　その次は第 1 問から順に、自分の選んだ政策と選んだ党の政策とを見比べることができる一覧表が示される。また、各党の回答リストもダウンロードできる。こうして、自分の考え方と政党のマニフェストに謳われた政策との比較ができるようになっており、自分の投票行動を決定する際の情報として利用することができる仕組みになっている。

　しかし、ドイツのこどもたちは、選挙年齢になるまでには、どのようにして政治教育をうけるのであろうか。

1.2 政治教育は日常生活から―こどものためのカード教材から

図3 bpbのカードゲーム教材「まあいっぺんマジで！」場面60

「本通りに面した歩行者用の信号が赤です。その信号は赤が長い間つづくことを私は知っています。交通量はほとんどない。／数人のこどもたちも信号を待っている。」[5] さて、「きみならどうしますか？」と問われる。それについて話し合う。この事例を「社会」の視点から捉えることができるようにファシリテートする。教師は「正しい」答えを判定する役割をやめて、対話を促進する役割に徹する。学習者は、対話を通して赤信号を無視することで生じるかもしれない問題を検討する。しかし、かならずしも「正しい答え」をみつけることができるわけではない。このカードゲームの本来の課題は、社会問題への意識化であり導入である。また、共生の問題への導入なのである[6]。日常生活のなかで遭遇しうる具体的な事例を用いて、社会の成り立ち

を学び、社会への参加を学ぶ。それを対話のプロセスの中で実践していくのである。

　この教材は bpb が開発した児童向けのカード教材である。ドイツには現在、連邦と各州に政治教育センターがあり、生徒向けプログラム、教員養成プログラム、社会人対象プログラムの開発と実施、講師の派遣、教材開発、資料編纂などを行い、政治的なテーマを広く扱う政府からは独立した機関として活動している。では、この政治教育センターとはどういう機関であり、ドイツの政治教育の歴史のなかでどのような役割を果たしてきたのであろうか。

2. ドイツの政治教育の歴史的変遷

　ドイツの政治教育には長い歴史があるが、ドイツが公教育において政治教育を発展させる理想的な環境であったわけではない。むしろ、ヨーロッパの中の後進国であったドイツが、第 1 次世界大戦、第 2 次世界大戦での敗戦を経験し、とりわけ第 2 次世界大戦でのユダヤ人撲滅という負の遺産を抱えて戦後の再出発をしたからこそ、なしえた歴史であったといえるだろう。その政治教育の軌跡をたどりつつ、現在の政治教育の課題を検討してみよう。

2.1　連邦と州の政治教育センター

　1990 年に再統一したドイツ連邦共和国には政治教育センターが連邦と全 16 州に設置されている。現在の bpb は、第 2 次世界大戦後、1949 年に東西ドイツが成立した後、西ドイツ[7]に 1952 年 11 月 25 日設立されたものを引き継いでいる。1952 年当時は、「祖国奉仕のための連邦センター」（Bundeszentrale für Heimatdienst）という名称であり、戦前からの政治教育センターの歴史的な経緯を引き継いだ名称であった。ナチスドイツの負の遺産を抱えて再出発した西ドイツでは、1958 年ころから 1960 年代にかけてユダヤ人墓地やその墓標が荒らされ、差別落書きが各地で起こるなど、ユダヤ人排斥運動が再び大きな社会問題となった。1961 年にはベルリンの壁の建設が始まり、東西冷戦構造の緊張のなかで戦後の政治教育の成果や在り方が再び問われることとなった。そして、激動の時代のさなか 1963 年 6 月

15日に現在のセンター名に改称された。そして、1990年東西ドイツ統一以降には旧東ドイツの新連邦州にも政治教育センターが設立され、学校教育でも政治教育に該当する科目の整備が行われた。

bpbは、行政的には法的権限のない連邦機関として連邦内務省の管轄に置かれているが、その教育活動は連邦政府からは独立している。後で述べるがボイテルスバッハ・コンセンサスにあるように、政治教育にとっては政府から独立していることがとても重要なのである。

2.2　政治教育をさかのぼる─宗教改革からワイマール共和国まで

ドイツの政治教育の歴史は、ルターの宗教改革のころに遡ると言われる。Sanderの解説をもとにして、概要を総括すると以下のようになる。古くは『ブランデンブルクの教会律』(Brandenburgische Kirchenordnung)(1540)に遡ることができる。学校教育の必要性がキリスト教の政策のなかで議論されている。高等教育では16世紀の騎士アカデミーなどにその先駆けがみられる。また、学校教育が一般化する19世紀後半には、学校教育における宗教の授業の位置づけが後退[8]していき、国民学校では歴史、地理、ドイツ語の授業が政治教育にとっての重要な科目になっていったという。ドイツ帝国の時代にも政治教育をめぐる議論が行われていたが、「国家市民教育」(staatsbürgerliche Erziehung)のもとに「国家市民心得」(Staatsbürgerkunde)などの科目名で議論されていたという。まさに国民国家建設に向けた議論であり、その成立からして領邦国家の性格をそのまま引き継いだドイツ帝国は、その統一を完成するために、「ドイツ的なるもの」(das Deutsche)の共有や「若き国民青年」(nationale junge Deutsche)の育成をギムナジウム（当時の中等教育学校）での課題[9]としていた。Sanderはさらに1889年5月1日の皇帝ヴィルヘルム2世のお言葉に政府の国民国家建設推進とともに、それによって生み出されてきた労働者運動との対立が内政を二分するものであったことを記している。これは戦前の社会民主党（SPD=Sizialistische Partei Deutschlands）の設立ともつながる政治闘争である。ドイツ帝国では、1919年7月31日の国民会議で採択されたワイマール憲法によりワイマール共和国の時代に入る。その148条には、政治教育が「国家市民心得」

30　中川慎二

（Staatsbürgerkunde）という学科目として明記されているが、その実施にまでは至らなかった。また、当時の国家観にはヘーゲルの国家観に影響された倫理国家観の様相が強くうかがえるという。また、教科として政治教育の議論はなされていたものの、それが実践されるには第2次世界大戦の終結を待たねばならなかったのである。

2.3　20世紀の2つの独裁政治

　Sander はさらに、20世紀ドイツの2つの独裁政権はいずれも政権政党による教義が反映されているとして、ナチスドイツの国家社会主義ドイツ労働者党（NSDAP）と東ドイツのドイツ社会主義統一党（SED）を挙げている。それぞれが党の政策として青少年を組織していたことに言及している。ナチスドイツでは「ヒットラーユーゲント」（Hitlerjugend）と「ドイツ少女隊」（Bund Deutscher Mädel）、東ドイツでは「自由ドイツ青年団」（Freie Deutsche Jugend）が組織され政治的教育が行われた。ナチスドイツでは教科としては政治教育が行われなかった代わりに、生物、歴史、ドイツ語でナチスドイツのイデオロギーを植え付ける教育が行われた。一方、東ドイツではマルクス・レーニン主義のイデオロギーを学問的にも基礎づけ、政治権力の独占を進める必要性から、「現代事情」（Gegenwartskunde）が少しの間開講されたが、「国家市民心得」（Staatsbürgerkunde）が党の政策のもと 1957年から 1989年まで開講された。したがって、民主主義に基づいた政治教育は、西側で 1945年以降、ドイツ全体、とりわけ東側ではベルリンの壁崩壊 1989年以降になってからようやく実施されることになるのである。

2.4　戦後西ドイツの再教育から 1968年学生運動まで

2.4.1　激動の 1960年代と教授法転換期

　戦後西ドイツでは占領軍による「再教育政策」（Re-Education-Politik）がその先駆けとなるが、民主主義的な政治教育の新しい教育課題についての本格的な議論は 1950年代になってからである。最初はワイマール共和国時代の国家市民的教育とアメリカのプラグマティズムを志向する経験主義的で社会教育の色濃い新しい試みとの対立となった。1950年代から 1960年代に

は各連邦州の公教育（学校教育）で政治教育を独自に導入する動きがあった。それらは、1950年の連邦州文部大臣会議（KMK=Kultuministerkonferenz）の推奨に遡ることができるという。また、この教科の導入は、政治教育の専門性と理論的基礎を学問的に裏付けることとなった。そして、1965年にはドイツ政治教育協会（DVPB）という専門家集団が組織され、現在に至るまで教科教員集団を組織している。1960年代には政治教育教授法を専門とする大学教授のポストが新設され、新しい科目の教員養成が始まる。政治教授法（Politikdidaktik）の分野では、当時の論客の一人が Kurt Gerhart Fischer である。彼は K. Herrmann や H. Mahrenholz とともに「政治の授業」（1960）（Der politische Unterricht）を出版し、政治教育における「教授法の転換点」の議論を始めたのである。彼らは戦後ドイツの政治教育の転換点を形成し、現在の政治教育の基礎を築いたため今や「古典」とも称されている。その教授理論の特徴（May&Schattschneider 2014）をあげると、事例主義（Fischer）、生成原理（Spranger）、判断形成（Sutor）、葛藤志向（Giesecke）、問題志向（Hilligen）、行動志向（Oetinger）、学習者志向（Schmiederer）などがあり、社会政治的に言うと「知識の爆発」（Fischer）、「日常生活と政治システム」（Oetinger、Spranger）、「多元性と過失可能性」（Sutor、Giesecke）、「危機の経験、切迫、制御の要請」（Hilligen）、「異化と従来の社会関係の改善」（Schmiederer）などが特徴として説明されている（括弧内は代表的研究者名）。

2.4.2 教材開発の事例、教授法転換期の教材開発について―事例主義 Fischer の教材開発と当時の政治状況

　「知識の爆発」といわれる Fischer の教材は、青少年犯罪、原子力エネルギー、ファイナンス市場理論、ジェンダー、国際的テロリズムなどのように次から次へと起こる問題群にどのように取り組むのかを議論させようとしている。事例主義（Fallprinzip）の Fischer が編著者として教材化したワークブック『人間と社会』（1973）[10] を見てみよう。

図4 『人間と社会』(Fischer 1973)

　これは「5〜6年生の社会とコミュニティ事情の授業のためのワークブック」で、全12章からなる。第1章「環境汚染と環境保護」、第2章「情報が私たちの生活を左右する―誰がその情報を操っているのか？」、第3章「私たちはみんな同じくチャンスをもっているのだろうか？」、第4章「所有による他の人々の支配」、第5章「私たちみんなの問題：＜社会資本＞」、第6章「2000年への道」、第7章「すべのことが自明なのか？」、第8章「人々は決断し行動しなければならない」、第9章「民主主義とは人々の支配である」、第10章「2級市民？」、第11章「人類の3分の2は飢餓と貧困にある」、第12章「世界中で起こっている：危機と戦争」である。第12章は導入で1972年ミュンヘン・オリンピックの際に起きたテロ事件を示し、その背景となったアラブ人とイスラエルというユダヤ人国家との対立関係を示し、その背景にあるユダヤ人撲滅に至ったドイツ史をドイツ帝国、ナチスドイツ、戦後ドイツの地図と敗戦時ドイツ都市の写真を示した後に、世界の戦争地域を図で示している。第12章はさらに3つの節からなり、第1節「ベトナム戦争」、第2節「ドイツ連邦共和国とポーランド－平和への勇気ある試み」、第3節「西ドイツと東ドイツ」がテーマになっている。当時の政治状況が色濃く反映された教材が揃っている。各章は当時の政治状況から選ばれており、きわめてアクチュアルなテーマに満ちている。様々な具体的事例から、知るべきこと、問い、新しい語彙、作業のためのヒントなどが示されている。的確な事例に基づき、問題とその背景を学びながら自分たちの問題として理解するための教材となっている。ワークブックはどこから学習

を始めてもいいと書かれており、その利用の仕方も自由度が大きい教材になっている。

2.5 社会変革の闘争から合意形成へ―ボイテルスバッハ・コンセンサス

さて、政治教育の歴史的変遷に戻ろう。政治教育における「教授法の転換点」の議論は政治的対立また政治教育という専門領域内での対立となり、1968年学生運動の後には文教政策は政党間での闘争領域となった。とりわけ政治教育のためのカリキュラムや教科書をめぐってはヘッセン州とノルトライン・ヴェストファーレン（NRW）州で激しく長い闘争が続いた。政治教育の専門領域内でも社会の民主化を目指す左翼の代表者たちと、憲法に則る政治秩序と社会市場経済を擁護する新しい「保守」のアプローチとの間で議論は対極のものになった。連邦州の政治教育センターでは、専門的な知識からだけではなく、左右のバランスをも取りながらその運営がなされる始末であったという。

1976年バーデン・ヴュルテンベルク州政治教育センターの所長に就任したSiegfried Schieleはシュバーベン地方にあるボイテルスバッハに名だたる専門家たちを招き専門家会議を開催した。会議では共通の意思形成がなされることはなかったが、当時バーデン・ヴュルテンベルク州政治教育センターの主要スタッフであったDr. Hans-Georg Wehlingが会議のまとめとして出版した書籍の中で「ボイテルスバッハでのコンセンサス？」と題した論文[11]を寄稿している。この論文に政治教育の3つの原則が示されている。これは決して公式の決議などではなく、会議の後でまとめられた文書であるが、それが現在でもボイテルスバッハ・コンセンサスとして受け継がれている。その内容は、

1　圧倒の禁止
2　学問と政治において意見の対立がある場合には、授業でも対立していると提示しなければならない。
3　生徒は、政治的状況や自分自身の利害を分析し、その政治状況に自分の利害から影響を与える手段や方法を探求しうる状況に置かれなけ

34　中川慎二

ればならない。

　である。1は、政治教育に関しては、生徒たちが自律的な判断をするのを妨げないこと。生徒の成熟という目標設定にとって重要な要件である。2は、1とも関連するが、対立した意見がある場合には対立している、あるいは論争中であるとして授業で提示すること。これを怠るとイデオロギー教育となり、それは教化（Indoktrination）と呼ばれることになる。3は、1と2の結果、さらに生徒が自分の政治参加について自分の利害を考えて自分の政治的な行動を考えることを可能にするということ。これはしかし基本的に学校教育の枠組みで取り扱い事項として受け入れられていくが、学校教育以外の組織でも受け入れられていった。

2.6　政治教育の評価認証―ナショナル・スタンダードの時代

　戦後 1970 年代の研究者の世代交代の後、1999 年には「政治教育学および青少年・成人のための政治教育学会」（Gesellschaft für Politikdidaktik und politische Jugend- und Erwachsenenbildung）が設立される。この学会では 2004 年に Dr. Georgt Weißeno 教授を座長とする作成メンバー（J. Detjen、H.-W. Kuhn、P. Massing、D. Richter、W. Sander、G. Wießeno）が KMK（連邦州文部大臣常設会議）の委託を受け「学校での政治教育における教科授業のためのナショナル・スタンダードの要請」（以下、ナショナル・スタンダードと略記）という文書を作成した。これは、KMK が国際的な教育評価の成果公表（PISA）を受けて、ドイツ連邦内の学校教育での各教科における教育スタンダードを作成し公表することにより、各連邦州の独立した行政の中で実施されている学校教育に関して、教育の質向上と比較を可能にしようとしたものである。政治教育については、科目名は連邦州によりさまざまであるが、政治教育の持つ重要性は戦後一貫して議論されてきたテーマである。

　ナショナル・スタンダードは、1）教育にとっての政治教育という教科のもつ役割、2）政治教育で習得すべき能力領域、3）政治教育の能力領域の標準、4）課題の事例からなっている。1と2の項目を中心にして以下に要約して紹介しよう。

第 1 章　ドイツの政治教育　35

1) 教育にとっての政治教育という教科のもつ役割：民主主義社会の中で教育の持っている課題は、生徒に社会参加できる能力を習得させることであり、政治教育は政治的成熟をその目標としている。また、教科としての政治教育は他の教科との連携が重要である。狭義には政治は集団的、論争的、民主主義的プロセスであり、問題解決のための循環的プロセスである。また、広範には経済的な問題、社会的共生、法的問題も含まれる。

2) 政治教育で習得すべき能力領域：政治的判断能力、政治的行動能力、方法論的能力の 3 つからなる。政治的判断には、事柄を分析し判断することと評価的また規範的な価値判断がある。政治的行動能力は、意見、確信、関心を適切に表現し、討議のプロセスを遂行し妥協点を見出すことが出来ること。方法論的能力は、今の政治や経済的また社会的問題に自律的に向かい合うこと、専門的なテーマに様々な方法で取り組むこと、そしてさらに政治的に学習することができることである。この方法論的能力は他の教科にも共通に求められる能力である。

3) 2) に示された 3 つの能力が、4 年生修了[12] と中等教育修了をモデルにして記述されている。

4) 政治教育の具体的な事例が示されている。例えば、学級委員の選挙をどのように実行するか。生徒にとって民主主義とその手続きを学ぶ機会となる。そのために、意思決定に参加することと多数決の原義を学ぶことになる。しかし、その課題は「私たちは学級委員を必要とするのでしょうか。」（p.31）という問いかけで始まるのである。

3. 政治教育とは民主主義を学ぶこと（Himmelmann 2006）

すでに示したように、戦後の西ドイツでは、ナチスドイツの独裁とユダヤ人虐殺の反省から、歴史教育に重点が置かれてきた。1952 年には現在の「政治教育のための連邦センター」の前身となる「祖国奉仕のための連邦センター」が設立されている。政治教育とはいうものの、ナチスドイツ、抵抗運動、戦後冷戦構造、ドイツ統一、難民問題、歴史認識問題、歴史教科書問題、地域政策、68 年学生運動、フェミニズム、メディア・リテラシーなど、

36　中川慎二

現代史と現代世界の問題（経済、社会、文化、国際関係）を広く扱っている。東西ドイツが統一した後は、新連邦州にもセンターがあり、ドイツの各教育機関やドイツに暮らす市民に対するサービス、またドイツやドイツ語教育に関連する教育機関にも資料提供や教育活動が行われている。

　Himmelmann（2006）によると、ドイツ語の Politische Bildung（政治教育）を英国の文脈に置き換えると citizenship education[13] と表現されるという。英国の文脈では英語に直訳された political literacy では、その意味内容が狭くなり、civil、democratic、citizenship education[14] の広い意味をカバーできなくなるという。ドイツやアメリカ合衆国に比べると、英国には citizenship education は遅く登場（1999 年 /2002 年）したという。しかし、現在ではかなり発展し（Himmelmann 2006; 72）、その特徴にいわゆる「第 2 の近代化」[15] と言われる国民国家以降の精神的、政治的、そして社会的危機に直面した状況が言及されており、政治的にはトップダウンモデルで実施されている点が大きな違いであるという。いずれにしても、European Citizenship を学ぶことで、ヨーロッパに暮らす市民の権利を意識的に学習し、市民の政治参加を促すことをその目的の 1 つとしている。

　Himmelmann（2004）は、政治教育は民主主義を学ぶことだと主張する論者である。彼の展開するドイツの政治教育を紹介しよう。政治教育の新しいコンセプトでは、「時代の政治的な問題や代表制民主主義や基本法についての抽象的な知識を伝達する」ことに終始していてはいけないという考えが強くなっていること、政治教育を中等教育から初等教育にまで広げていくことの重要性にふれ、民主主義の学びを学校教育の中で、社会的（sozial）な学び、対話的（kommunikativ）な学びへと開くことの必要性を述べている。そして、他のモデルとしてイギリスの civic education、education for democratic citizenship、またフランスの éducation à la citoyenneté を挙げている。政治教育の科目専門的な知識を他教科との横断的な学習コンセプトと結びつけ、小学校（Grundschule）からの学習を実践することを強調している。つまり、社会における共生の持つ「政治的」次元を明確にすることを主張しているのである。多文化共生時代に求められる市民権を理解し実践するための教育的取り組みである。そして、抽象的な概念ではなく、民主主義的

に思考することと行動することができるようになることを意図している。政治学や民主主義研究、またそれらの知識が社会化され文化化されうるかどうかを問うている。

　彼はさらに民主主義の3つの形態を挙げ、支配の形態、社会の形態、生活の形態として民主主義をとらえようとしている。支配の形態では、人権、市民権の認知、主権在民、法治主義、権力の制御、力の分割、代表制と議会主義、政党政治、多数決原理、少数派の保護などが従来通り教授されることを示したうえで、民主主義を人々による社会ぐるみの政治的な協働の形としてとらえ、新しい社会的な学習プロセスとして絶えず捉えなおす必要性を強調している。絶えず新たな社会化のプロセス、学習プロセスとなることを強調し、民主主義の概念が全く新しい、とりわけオープンな未来志向で、また規範的なダイナミズムを得ることができるとする。社会形態としては、高度に政治的な問題としてとらえるのではなく、社会的な学びが実践されることが大切であるとし、社会の複数主義（Pluralismus）、自律的で社会的な紛争解決のためのシステム、市場経済の公正なシステムづくり（社会政策、エコロジーなど）、自由で多様な公共性（メディア）、市民が広く公に参加する（市民社会）を要件に挙げている。生活の形態としての民主主義では社会的共生のための民主主義的な文化であるとし、学校における紛争解決、媒介者、暴力回避のためのプログラム、極右反対のプログラムなど青少年を社会のなかで市民に育てることを目的としている。

　ドイツの学校教育では、政治教育は主に社会科の教科で担われているが、文部省の教育行政が連邦州の責任範囲（Bildungsföderalismus、Hoheit der Länder）であり、科目名も統一されていない。ノルトライン＝ヴェストファーレン州（NRW）では Politik（政治）、Sozialwissenschaft（社会科学）、ブレーメン州では Politik（政治）、バイエルン州では Sozialkunde（社会事情）、ベルリン州では Politische Bildung（政治教育）、Politikwissenschaft（政治学）などの科目名で政治教育が教授されている。

表 1　ギムナジウムでの政治教育科目一覧表（bpb Bildungsaufgabe und Schulfach[16]より）

州	中等教育 1	中等教育 2
バーデン・ヴュルデンベルク	コミュニティ事情	コミュニティ事情
バイエルン	社会事情	社会事情
ベルリン	政治教育（5、6 年） 社会事情（7 年生から 10 年生）	政治科学 （もしくは、社会科学）
ブランデンブルク	政治教育	政治教育
ブレーメン	政治	政治
ハンブルク	政治 / 社会 / 経済	政治 / 社会 / 経済
ヘッセン	政治と経済	政治と経済
メックレンブルク・フォアポマーン	社会事情	社会事情
ニーダーザクセン	政治経済	政治経済
ノルトライン・ヴェストファーレン	政治	社会科学
ラインラント・ファルツ	社会事情	社会事情
ザールランド	社会事情	社会事情
ザクセン	コミュニティ事情 / 法教育 / 経済	コミュニティ事情 / 法教育 / 経済
ザクセンアンハルト	社会事情	社会事情
シュレスヴィッヒ・ホルシュタイン	経済 / 政治	経済 / 政治
チューリンゲン	社会事情	社会事情

4.　政治的成熟とは

　Sander（2014）は政治教育の思考モデルの変遷をまとめている。近代国家成立までの時期には、その国家の政治を正当化するために国家市民の育成を目標としていた。それは東ドイツの政権でも同様の役割があったのである。それは産業革命以降の労働運動を経て 20 世紀初頭まで続いたのである。戦後の民主化と社会の変容の中では、1968 年学生運動のころに大きな変化はあったものの、旧態依然とした価値志向の政治教育の考え方は根強く存在した。しかし、その後の政治教育では、「学習者が政治的論争の判断で、教授

者とは違った結論に達する可能性が担保されるようになり、それこそが学習プロセスの好ましい結果だ」という考え方が出てきたのである。これは、もちろんボイテルスバッハ・コンセンサスの精神が反映された考え方で、自律的で成熟した市民の養成が、こうして政治教育の目的となったのである。社会的成熟は、いわゆる成年に達することで、選挙権と被選挙権を獲得し、市民権を行使できるようになることである。しかし、政治的成熟とは、社会的成熟を精神的に支えるもので、政治的に自立した判断ができ（自己決定）、自己実現できることである。その判断と行動からは、自分自身だけではなく国家や社会に対する責任が生じることになる（Schneider & Toyka-Seid 2017）と理解されている。つまり、政治的成熟には、知識（Wissen）、政治的判断能力（politische Urteilskraft）、政治的行動能力（politische Handlungsfähigkeit）が含まれている（Himmelmann 2004）のである[17]。

　この章の最後に、授業参観の記録から政治教育の授業の冒頭を紹介しよう。2017年9月4日ドイツ・ノルトライン＝ヴェストファーレン州 Moers 市にあるギムナジウムで「社会科学」（Sowi=Sozialwissenschaft）の授業を、「英語」、「歴史」に続いて参観した時のことである。担当の教員は体育と社会科学が専門である。この科目は夏休み明け最初の授業であった。教員は「君たちはなぜここにいるの」と、この授業を選択した生徒たちに最初の問いを投げかけた。そして、しばらくやり取りが続いた後、白い壁に写真が1枚映し出された。見覚えのある写真だった。ベトナム戦争のこどもたちを映した写真である。それは Fischer の『人間と社会』（Mensch und Gesellschaft）にも採用されている写真とも似ている。教員は写真の描写を生徒にさせた。そして、いったいいつの写真だろうか、何が映っているのだろうかと写真の背景を問い始めた。しかし、この教員はしばらくしてもう一枚のベトナム戦争を映した写真をオーバーヘッドプロジェクターで映し出した。2枚の写真は写真に写った「真実」を疑わせるのに十分であった。矛盾する2枚の写真を示したのである。彼は生徒と少しの間やり取りした後に「写真で嘘をつくことができると思わないかい？」とさらに生徒に問うたのである。

　この例でどのようなことが考察出来るだろうか。まずこの教員は生徒たちに「君たちはなぜここにいるの」と問うた。生徒たちはこの科目に自動的に

割り振られたわけではない。自ら選択し、教室にきた。その生徒たちに何のために学ぶのかと問う。学習動機や学習の意味について問う。そのやり取りの後で、ようやく教材として用意した写真を写しだす。教授行動によって生徒を圧倒することなく導入をはじめる。ベトナム戦争で議論の余地のある事柄に関しては、議論の余地があることとして提示しなければならない。生徒の解釈は受け入れるが、教師が1つの解釈を与えることはない。その内容については生徒自身に考えさせようとする。さらにほぼ同じ写真で背景の違う写真を写しだしたのである。メディア、とりわけインターネット時代の情報リテラシーを習得させるために、あふれる情報の中で自律的な判断ができるように生徒を導くための教授法がこの事例にも見てとれた。ここにもボイテルスバッハ・コンセンサスが活きている。

5. おわりに

　ドイツのこどもたちは、選挙年齢になるまでに、ゲームやシュミレーション、『人間と社会』のような教材を通して対話的に政治教育をうけるのである。それはなぜなのか。

　欧州委員会の委託により Mascherini ら（2009）らは、アクティブ・シティズンシップの指標の開発を行い合計63の指標を用いて欧州19か国の調査を行った。その結果、北欧の国々の市民性が高いことが分かったが、その際のアクティブ・シティズンシップの構造が図5である。

　アクティブ・シティズンシップは代表的民主主義（9指標）、コミュニティでの生活（25指標）、抗議と社会変革（19指標）、民主的価値（11指標）の4つの下位概念から構成される。それぞれのファクターはさらにはさらに多くの指標がある。投票行動は代表制民主主義に含まれ、赤信号を待つのは社会組織への参加に分類できる。

　欧州委員会が調査機関 GHK に委託して行った「アクティブ・シティズンシップ教育についての研究」（2007）がある。シティズンシップ教育の優れた実践例の調査をしているが、実施レベルは国内事例が36％、地域事例が28％でありヨーロッパ地域間の事例は19％である。また、学習タイプは学

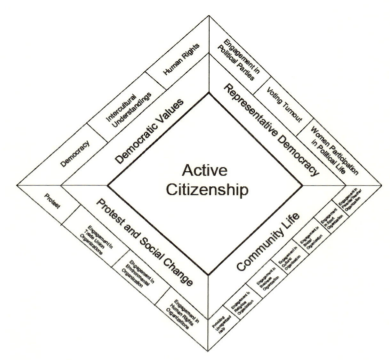

図5　アクティブ・シティズンシップの構造

校などの機関が公式に行うのが 12％、非公式に行うのが 26％、その合同が 4％、NGO などの公的機関ではないものが 58％となっており、公的な機関ではないものが半数を超える優れた実践例を示したことになる。また、このリポートの最後の方では、これらの実践例からアクティブ・シティズンシップを分析し、認知、情動、行動の 3 要素に分類し、それらの関係を図示している（p.68）。

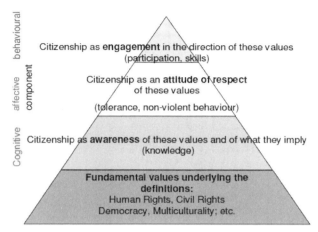

図6 アクティブ・シティズンシップの階層構造

　心理学でよく行われる3分類であるが、最も基本的な価値として人権、市民権、民主主義、多文化主義を位置づけ、その上の認知レベル（知識）でこれらの価値の気付きを市民性としてとらえている。情動レベルでは、さらにこれらの価値に対する尊重の態度（寛容さや非暴力的行動）としての市民性と説明し、行動レベルではこれらの価値の実行と参画（参加や技能）を市民性として説明している。この図式にはボイテルスバッハ・コンセンサスや、政治的成熟を知識、政治的判断能力、政治的行動能力から説明するのと同様に、その根底には人権、市民権、民主主義、多文化主義の思想が横たわっていると理解していいのである。そして、その実践をめぐってドイツの政治教育は、英国の市民性教育、アメリカ合衆国の市民教育と並んで、現代社会に生きる私たちの暮らしをテーマにし続ける。bpbの「今日のことば」（2018.1.27）を最後に引用しよう。

　　反ユダヤ主義（Antisemitismus）：概念の意味、もし人々がユダヤ人に対して敵対的な態度をとるならば、それを「反ユダヤ主義」と呼ぶ。それは人を侮辱する際に発せられる言葉であり、嘘をついたり、人を辱めたり、不当な扱いをする際に発せられる言葉である。それは、しかし身体的な暴力、あるいはそれどころか組織された大量殺人として示される

ことがある[18]。

これはナチスドイツで実際に起こった20世紀最大の悲劇のことであるが、まさに現代のヘイトスピーチも同じ構造を持っている。Brian Levin が図示したように（図7）、うわさや偏見が偏見に基づいた行為となり、さらに差別となる。差別は暴力行為に発展し、煽動されジェノサイド（民族浄化）につながると論じた。

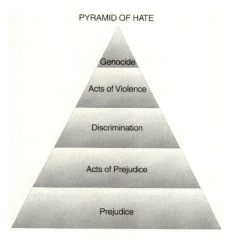

図7　憎しみのピラミッド（Levin 2009）

政治教育は、政治権力を弄ぶ人たちにつき従うのではなく、社会的弱者の復権、市民権の獲得に奉仕すべきなのである。

注

1　ドイツの政治教育の歴史については、Sander（2005、2014）、近藤（2005）、Himmelmann（2004）などを参考にした。
2　CDU/CSUの黒、FDP（自由民主党）の黄、Die Grüne（緑の党）の緑がジャマイカの国旗の色に似ていることからジャマイカ連合と呼ばれている。しかし、11月

19 日には FDP が連立政権交渉から離脱し、交渉は振出しに戻った。

3 bpb ホームページでは、極右（Rechtsradikalismus）は社会問題として取り上げられており、極右政党として AfD の紹介もなされている。極右やポピュリズムも社会問題として学習対象となっている。

4 ニーダーザクセン州政治教育センターは 2004 年 12 月に州の財政上の理由から、その活動を終了したが、市民からの批判を受け、2017 年 1 月 25 日に新たな州政治教育センターとして開設された。そのために、現在では再び全ての連邦州に政治教育センターが設けられていることになっている。

5 bpb が出版しているこどものための政治教育教材の一つ。カードゲームの教材で、意見が分かれるような場面を 60 選んである。裏面には選択肢が用意されている。シリーズ 1 の 60 番目のカードである。

6 Geyer、Robby（2015）"jetzt mal ehrlich"―Hinweise zum Gebrauch im Unterricht. このカードゲームには指導の手引がついている。カードの問いには 3 つの選択肢がカードの裏面に印刷されている。生徒たちだけでもゲームとして利用できる工夫である。筆者は教師がファシリテーターの役割をする場合を想定し、グループ学習の導入教材として利用した。

7 1990 年再統一したドイツはドイツあるいはドイツ連邦共和国と表記するが、再統一するまでの戦後の東西分割の間はドイツ民主共和国を東ドイツ、ドイツ連邦共和国を西ドイツと表記している。

8 当時のドイツ社会における宗教の位置づけの後退に関しては、帝国主義や植民地主義のヨーロッパにおけるドイツでの「内なるミッション」（Innere Mission）への転換がなされた時期に呼応していると考えられる。「内なるミッション」は後にドイツ・プロテスタント教会の社会活動として展開する。ヨーロッパ列強が植民地政策をさらに推し進めていたころであり、産業革命以降、19 世紀中ごろからは、とりわけ社会の産業化が進行し、都市では生産と切り離された都市生活者が安価な労働力として搾取され始め、貧困と社会的困窮が社会問題となった。イギリス、フランスでもその当時は老人、病人、青少年の問題が社会問題化している。つまり現在でいう社会福祉の問題群に対する救済活動の萌芽がみられるようになった時期なのである。それが、例えばドイツでは、デュッセルドルフ北部に位置するカイザースヴェルト（Kaiserswerth）地区に始まるプロテスタント教会のディアコニア運動（Diakonie）なのである。若きプロテスタントの牧師であったテオドア・フリートナーとその妻フリーデリケは 1836 年に「母親ホーム」（Mutterhaus）と

「ディアコニー施設」をカイザースヴェルトに設立する。ここにフリートナー夫妻の友人であったフロレンス・ナイチンゲールが 1850 年から 1851 年かけて実習のために滞在し、負傷兵の看護などを学んだと言われている。後に英国の看護師として近代病院看護のパイオニアとなった彼女の名にちなんでカイザースヴェルトのディアコニー病院はフロレンス・ナイチンゲール病院という名を冠している。

<http://www.kaiserswerther-diakonie.de/de/ueber-die-kaiserswerther-diakonie/ueber-die-kaiserswerther-diakonie/unternehmen/geschichte.html>（2017 年 9 月 10 日閲覧）

9 　明治維新のあと明治政府のもとで国民教育が推進されたのも、日本という国民国家の意識を徹底するためであり、同じ政策原理から来ている。

10 　Fischer（1973）Mensch und Gesellschaft.

11 　ボイテルスバッハに集った研究者は Herbert Schneider、Kurt Gerhard Fischer、Hermann Giesecke（欠席したが、報告集には寄稿している。）、Dieter Grosser、Klaus Hornung、Siegfried Schiele、Rolf Schmiederer、Bernhard Sutor、Hans-Georg Wehling、UweUffelmann、Erich Weber らであり、政治教育のコンセンサスをめぐるテーマで各自報告を行い討論が行われた。最少限のコンセンサス（Minimalkonsens）をめぐる議論が多くなされた。その専門家会議で共有できるであろうと Wehling が考えたものがまとめられてボイテルスバッハ・コンセンサスと呼ばれ受け継がれている。4 章のなかに政治教育の基本原理としてコンセンサスの内容を 3 点にまとめたのである。

12 　ドイツの小学校の標準的な修業年限は 4 年であるために、4 年次が最初の学習目標段階となっている。

13 　Himmelmann（2006）によると、英国では the National Curriculum（1999）が定義したように citizenship education が用語としても広く受け入れられているという。Crick Report（QCA 1998）にも同様の表現が用いられている。Himmelmann は Braunschweig 教育大学（のちの工科大学）政治教育講座の教授であった。

14 　英語圏での初期の議論には、Marshall（1964）の Citizenship の議論が代表的であろう。

15 　Beck（1986）のリスク社会の議論で、国民国家的な近代化のあとでやってきた社会のことを指している。

16 　ドイツの政治教育を担う科目に関しては、以下の bpb のリポートを参照。bpb. Bildungsaufgabe und Schulfach. 2015.

<https://www.bpb.de/gesellschaft/kultur/politische-bildung/193595/bildungsaufgabe-

und-schulfach?p=all>（2018.1.29 リンク確認）

17　ドイツでは伝統的な考え方で Kant の第 3 批判と言われる『判断力批判』に述べられた批判能力をもとにしていると言われる。（Himmelmann 2004）

18　bpb のホームページで公開されている辞書にリンクしている。<http://www.bpb.de/nachschlagen/lexika/das-junge-politik-lexikon/217091/antisemitismus>（2018.1.27 リンク確認）

参考文献

近藤孝弘（2005）『ドイツの政治教育　成熟した民主社会への課題』岩波書店.

中川慎二（2018）「ヨーロッパ言語共通参照枠と異文化間コミュニケーション能力　言語教育における市民権の意味を考えるために」『ことばを教える・ことばを学ぶ　複言語・複言語・ヨーロッパ言語共通参照枠（CEFR）と言語教育』pp.59–88．行路社.

Beck, Ulrich（1986）*Risikogesellschaft: Auf dem Weg in eine andere Moderne.* Frankfurt am Main, Suhrkampf.

Bundeszentrale für Politische Bildung（2016）*jetzt mal ehrlich 1. Was würdest du tun? 60 heikle Situationen.* 2. Auflage: Mai 2015.

Fischer, Kurt gerhard; Hestmann, Karl; Mahrenholz, Hans（1960）*Der politische Unterricht.* Genlen, BadHomburg v.d.H.

Fischer, Kurt Gerhard（1973）*Mensch und Gesellschaft.* J.B. Metzlersche Verlagsbuchhandlung Stuttgart.

Gesellschaft für Politikdidaktik und politische Jugend- und Erwachsenenbildung（GPJE）（2004）Anforderungen an Nationale Bildungsstandards für den Fachunterricht in der Politischen Bildung an Schulen, Ein Entwurf. Wochenschau Verlag, Schwalbach/Ts., 2. Auflage.

Himmelmann, Gerhard（2004）"Demokratie-Lernen: Was? Warum? Wozu?", Beiträge zur Demokratiepädagogik. Berlin: BLK <URN: urn:nbn:de:0111-opus-2168> 22 S. 2004.

Himmelmann, Gerhard（2006）Concepts and Issues in Citizenship Education. A

Comparative Study of Germany, Britain and the USA. In Alred, Geof; Byram, Mike; Fleming, Mike (ed.) *Education for Intercultural Citizenship. Concepts and Comparosons.* Multilingual Matters, Clevedon, Buffalo, Toronto.69–85.

Himmelmann, Gerhard; May, Michael & Schattschneider, Jessica (2014) "Klassische" didaktische Theorien zur politischen Bildung. In Sander (hrsg.) *Handbuch der Politischen Bidung*, 31–41.

Levin, Brian (2009) The long Arc of Justice: Race, Violence, and the Emergence of Hate Crime Law. In Perry, B. & Levin, B. (ed.) *Hate Crimes Volume 1, Understanding and Defining Hate Crime.* Praeger Publishers, London.

Marshall, T.H. (1964) *Class, Citizenship, and Social Development.* Doubleday & Company, Inc. Garden City, New York. Final report of the Advisory Group on Citizenship 22 September 1998.

Mascherini, Massimiliano; Manca, Anna Rita & Hoskins, Bryony (2009) The characterization of Active Citizenship. European Commission, Joint Research Centre, Institute for the Protection and Security of the Citizen.

Qualification and Curriculun Authority (QCA) (1998) Education for Citizenship and the teaching of democracy in schools.

Sächsische Lendeszentrale für politische Bildung (Hrsg.) (2011) Politische Bildung in Sachsen.

Sander, Wolfgang (2014) Geschichte der politischen Bildung. In Sander, W. (hrsg.) *Handbuch der Politischen Bidung*, Bundeszentrale für politische Bildung. 15–30.

Sander, Wolfgang (2005) : Theorie der politischen Bildung: Geschichte-Didaktische Konzeptionen – Aktuelle Tendenzen und Probleme. In Sander, W.: (Hrsg.): *Handbuch politische Bildung*, 3. Aufl. Schwalbach/Ts.: Wochenschau Verlag. 13–47.

Schneider, Gerd & Toyka-Seid, Christiane (2017) Das junge Politik-Lexikon von www.hanisauland.de, Bonn: Bundeszentrale für politische Bildung.

Wehling, Hans-Georg (1977) Konsens à la Beutelsbach? Nachlese zu einem Expertengespräch. In Siegfried Schiele/Herbert Schneider (Hrsg.): *Das Konsensproblem in der politischen Bildung.* Stuttgart, Ernst Klett Verlag, 173–184.

第 2 章

ドイツにおける学校教育について
―見学報告

名嶋義直・野呂香代子・三輪聖

1. はじめに

　1 章では、ドイツにおける政治教育の歴史、およびその歴史の中で大きな役割を担い続けている連邦政治教育センターについて確認をした。それを受け 2 章では、実際の教育現場に赴き、そこで行われている授業の様子をレポートし、政治教育の理念が授業の中でどのように実現されているかについて考えてみたい。

　なお、最初にお断りをしておくが、学校を見学し本章を執筆している野呂と三輪はドイツの大学で日本語教育に従事しており、名嶋は日本の大学で日本語教育に関わっている。いずれもドイツの学校教育に関する専門家ではなく、初等・中等教育の専門家でもないが、教育という面においては一定の知識や経験がある。そのため本章のレポートも言語教育・日本語教育という視点での観察・分析・考察がなされていることを前提として読んでほしい。また野呂と三輪はドイツ語の運用力を備えているが名嶋はそうではない。そのため、本章の記述は通訳を介して得た情報を多分に含んでいる[1]。なお、文中で用いた写真はすべて許可を得て撮影をしており、二次使用の許可も得ていることを申し添えておく。

49

2. 見学した学校の概要

2.1 ドイツの学校制度

　ドイツの学校制度は、なかなか一言では説明できない。州ごとに制度が異なるうえに、学校の種類もさまざまだからである。ドイツにおける教育政策および実施に関しては州政府がその役割を担っており、学校制度のデザインは州政府が独自に決める権限がある。そのため、州によって学校システムが異なっているのが現状である。

　ほぼ共通する基本的な制度としては、初等教育は4年、中等教育は学校の種類によるが、最短で5年、多くは8～9年となっている。しかし、初等教育が4年で、そこから中等教育に入るところもあれば、たとえば多くのベルリンの学校のように初等教育が6年のところもある。入学年も一応決まっているが、希望により早めたり、遅くしたりすることも可能である。全日制もあれば、半日制もある。

　伝統的な中等教育には、大学進学を目指す「ギムナジウム（Gymnasium）」、職業訓練を行う「基幹学校（Hauptschule）」やその中間に位置する「実科学校（Realschule）」がある。小学校の4年（州によっては6年）の修了時に、子どもの能力や希望する進路によって上記の学校種別に振り分けられる。ただし、中等教育における学校種別間の移動は可能で、大学入学資格（Abitur）は様々な方法で取得が可能である。

　それに加え、今は「基幹学校（Hauptschule）」と「実科学校（Realschule）」と「ギムナジウム（Gymnasium）」の3タイプの学校が統合された「総合学校（Gesamtschule）」もある。また、一定の科目、たとえば、芸術、言語、数学、自然科学などに重きを置く学校が見られ、ますます概観しにくくなっている。「ドイツの学校制度」といってもこのように多様性に富んでいるのである。

2.2　見学先学校の概要

　見学をしたのは、ベルリン市内中心部にあるキリスト教（プロテスタント）系の小中高一貫校と、ドイツ西部のノルトライン＝ヴェストファーレン

州にある町、オランダやベルギーと国境を接しているアーヘン市にあるギムナジウムである。最初に、この2校を訪問して見学することになった経緯を説明する。

　まず、ハンブルクの州立政治教育センター（Landeszentrale für politische Bildung Hamburg）に「政治教育（politische Bildung）」の実践が見学できる学校を紹介してもらえないか問い合わせたところ、学校教育における民主的な行動を促進する「Demokratisch Handeln」というプロジェクトに関わるスタッフを紹介してもらった。そのスタッフを通してノルトライン＝ヴェストファーレン州とベルリン州の2校に受け入れてもらえることになった。

　次に学校に関する諸情報を記載する。まずベルリン市の学校である。

　　学校名：Evangelische Schule Berlin Zentrum
　　Web サイト：http://www.ev-schule-zentrum.de
　　訪問日時：2017年3月7日（火）
　　見学授業：7〜9年生　ホームルーム（Klassenrat）
　　　　　　　6年生　ホームルーム（Klassenrat）

　続いてアーヘン市の学校についてである。

　　学校名：Carolus-Magnus-Gymnasium
　　Web サイト：http://carolus-magnus-gymnasium.de/
　　訪問日時：2017年3月8日（水）
　　見学授業：6年生　政治（Politik）
　　　　　　　6年生　ホームルーム（Klassenrat）
　　その他見学：授業の合間の時間に教員・生徒と懇談、生徒会の会議

　ベルリンの学校では2限続きでホームルームを見学した。ホームルームとは生徒たちが生活・クラスの諸問題について話し合う時間である。テーマはその時に決めたり前もって決めてあったり前回から継続して協議していたりするが、いずれの場合も生徒が自分たちで決めるという説明であった。こ

第2章　ドイツにおける学校教育について　51

の学校では、一回の見学で見学者 2 名までしか教室に入ることを許可されなかったため、最初の時間のホームルームを野呂が見学し、後の時間のホームルームを三輪・名嶋が見学した。したがって後で詳しく述べるように、2つのクラスルームは教員も生徒も話し合ったテーマも、細かな部分でのクラス運営も異なる。また授業中の写真撮影についてはうまく許可を得ることができなかったため視覚情報として提供できるものはない。

　アーヘン市の学校では、授業としては政治の授業とホームルームを見学した。政治とホームルームは異なる授業であり、教員も生徒も異なる。どちらの授業も野呂・三輪・名嶋が同時に見学している。この学校は学外からの見学に非常に寛容で協力的であった。午前中の早い時間に政治の授業を見学したのであるが、その前に朝食としてパンと飲み物を準備していただき、談話スペースでそれを食べながら教員 1 名・コーディネーター 1 名・生徒 3 人と私たちで懇談する時間が設定されていた。その後の政治の授業には、日本から見学者が来たということで、地元テレビ局と新聞社が取材に来ており、私たちと一緒に教室に入り撮影やインタビューを行っていた。政治の授業の見学が終わったあとの休み時間には、また談話室で教員・生徒と懇談の時間が持てた。この時は生徒たちによる自主的な活動についての説明があり、ブッククラブ（図書関係のサークル）と脱原発運動について説明を受けた。そのあとはホームルームの見学を行い、昼食はコーディネートしてくれている教員と一緒に食堂でとった。午後からは生徒会活動を見学した。授業の見学はもちろんであるが、その合間に教員や生徒とインフォーマルな交流の時間を設定してもらえたのはありがたかった。授業見学だけでは見たり聞いたりできない、いろいろな話を聞くことができて大変有益であった。

　では、個々の学校ごと、個々の授業ごとに見学の詳細を述べていく。

3. Evangelische Schule Berlin Zentrum（ベルリン市）

3.1 ホームルーム見学 1

　授業の概要、授業の流れ、感想の順に説明をしていく。

【授業に関する情報】

授業：ホームルーム、12:15 – 13:00 、教室 B206

担任：パシュケ先生（Frau Paschke）

生徒：7・8・9 年生が合同で参加する。そのためクラスがいくつかに分かれ
　　　る（今回はクラス 3 のホームルームであった）。

座り方：椅子のみで丸い大きな円を作って座る。

役割の確認：司会進行、参加態度チェック係、タイムキーパー、記録係

テーマ：先生が黒板に書く。

- ・お金
- ・黒板の拭き掃除
- ・インターンシップ先探し
- ・学校行事（フォーラム）の準備
- ・授業中の諸問題
- ・遠足

【授業の流れ】

　以下の流れで話し合いが行われた。話し合いは決してスムーズではなく、途中で、おしゃべりをしていた二人が席替えをさせられるような出来事も観察された。ただし、これはドイツで教員がよく用いる手段である[2]。なお、13 時少し前に食事係の生徒が数名退出した。そのようなこともあってか、時間内に全てのテーマが話し合われたわけではなかった。主な話題ごとに話し合われた内容を箇条書きにして示す。

（1）インターンシップ先

　　誰がどこにインターンシップに行くことに決まったかを生徒が順に報告。まだ決まっていない生徒も金曜日までに探すようにと教員が指示。

（2）学校行事

　・みんなが以下の役を務めることを確認。
　　技術担当、音楽担当、歌詞・鍵・ケーブルの用意、マネジメントのグループ、司会、舞台の設置と解体、規則管理係（騒がしくなったら静かにさせる）
　・出し物についての話し合い
　　性差別／ジェンダーの講義、オランダ語をドイツ語で解説、
　　今週のニュースを一人2つずつ持ってくる、
　　プレゼンテーション（オスカー賞を与えるかどうかも少し話し合った）、
　　会場の設置／解体
　　誕生日の子供を紹介
　・クレープ販売（リストに沿って役を決める）
　　生地を持ってくる人、販売する人、紙ナプキン・ピーナッツチョコレート・バター・クレープ用鉄板などの準備

（3）ベルリン・ブランデンブルク州の数学実力試験について

　このテーマについては教員からの連絡のみであった。

（4）授業の問題について

　　生徒から以下のような問題点が出され、解決に向けた話し合いが行われた。見たところ、話し合いの場がうまく組織されていたとは言えなかった。話し合われた問題は以下の通りである。

　・グループ活動がうまくいかない。やる気がある人がいる一方で、やる気のない人がいるから。
　・先生が一人しかいない。

・他の生徒などを「バカ」と言う人がいる。

・7、8、9年生の生徒を学年ごとに分けたほうがいい。

【感想】

　役割分担を決めて議事の進行を図るのだが、それぞれの役を受けた生徒た
ちがその任務をあまり真剣に捉えていなかったようだった。みんなそれぞれ
話し出し、時々収拾がとれず、先生が静かにするよう注意していた。騒がし
くなるため、先生もずっと大声で話しているようだった。会議の規則は用意
されていたが、あまり機能していないという印象を受けた。筆者もベルリン
の総合学校で5年生から10年生までを教えていたので、それを思い出すと、
ちょうど第二反抗期に当たる7年生から9年生の生徒たちをまとめる教員
も大変だろうと感じた。その教員時代、クラスをコントロールするために、
つまり授業やクラス運営を成立させるために、絶対的な強さを示し（たとえ
ば本気で大声で叱る）、その一方で、生徒の発言に正面から応えるなど、生
徒から信頼される教師像というのがあることを体験した。つまり、より独裁
的な態度をとることで民主主義を守る、という矛盾を内包した教員が授業や
クラス運営上求められていた。そういう意味では、7年生から9年生を統合
したクラスを担当する教員の困難が想像された。

　また、生徒の中に7年から9年生という縦割りに反対する生徒もいた。
縦割りの長所や短所が、短時間の見学者である筆者には断定できないが、さ
まざまな形で現れているのではないかと察した。学校の行事なども広く学年
を超えて協力し合えるとか、他の学年の発言を参照にしたり、他の学年に自
分たちの問題をアピールしたりできるなどの利点があるだろうが、逆にいつ
ものクラスメート間の方が議論しやすい、という本音もあるだろうと感じた。
この問題が今後どのような展開を見せるのか興味深い。なお、議論を成立さ
せる土壌を形成するため民主主義的原則、相手の考えや意見を尊重する態度
をどのように生徒たちが学んでいるのかは、残念ながら短い時間では把握で
きなかった。

3.2 ホームルーム見学2

【授業に関する情報】

授業：ホームルーム（Klassenrat）13:15 – 14:00、教室 RaumB303

担任：ヒムラー先生（Herr Himmler）

生徒：小学6年生19人

座り方：教室の壁に沿うような形でゆるやかな楕円形の輪になって座る。
教員もその中に入るが、司会が教室の一番前の方で教員が一番後ろ
の方に座る。

役割の確認：司会係（男女2名）、記録係（1名）、板書係（1名）、参加態
度チェック係（1名）。

テーマ：司会が確認しながら発言、それに併せて板書係が黒板に書く。

・携帯の充電の可否について

・新しい生徒を迎えるにあたっての企画について

・体育の授業で行うスポーツを決める

・次のクラスプロジェクトについて

・昼食会について

・生徒会への提案手続きについて

・雑誌の購読について

【授業の流れ】

（1）携帯は使用禁止だが充電器の充電はしてもよいか

　何人かが意見を出し合って、なんとなく決着した様子だった。ドイツ語が
わからないことや、それまでにこの話題についてなにか議論があって今日が
最終的な判断を出す日だったのかがわからないということもあるが、合意形
成が得られたと判断する基準やタイミングが見学者にはわかりにくかった。

（2）今度「○○（人名）」というしばらく休んでいた生徒が学校に戻ってく
　るが、なにか歓迎会のような特別なことをするか

　「したほうがいい」派と「しないほうがいい」派とで意見を出し合ってい
た。久しぶりに学校に来るということなので、いつも通りに彼を受け入れた

ほうがいいだろうという意見でみんなが納得していた。

(3) 授業の中でどういうスポーツを行うか

　教員がリストを配ってその中から5つ選ぶ。必要に応じてスポーツの内容を確認しあって、5つ○をつけ、それぞれのスポーツを体育の授業で実施したときのメリットとデメリットについて意見交換が行われた。その後、○をつけた紙を教員に提出していた。

(4) 次のクラスプロジェクトについて

　これについては最初にすでに出た複数案の報告を行い、作業行程を議論していた。

　［報告］「ジェンダーとセクシャリズムについて」という案がある。

　［協議］プロジェクトは4月からなのでそれまでに何をするか。

　　・いろいろ意見を言う。

　　・教員が手をあげて指名されて発言。ある意見に賛成を表明。

　　・多数決。「賛成、反対、保留」で挙手。

　　・教員が手をあげて指名されて発言。グループで担当を決めたらどうかと提案。

　　・その方向を確認して一旦ここまでで終わり（次の協議案があるので他のテーマの協議時間を確保するためと思われる）。

(5) 時々食堂ではなく別のものを食べる昼食会をしたらどうか

　協議の内容は、食堂のメニューにあまりおいしくないものがあるときに、自分たちで別の業者に頼んで配達してもらいそれを食べよう、というものであったが、議論が脱線し途中で「態度チェック係」の指導が入った。それに対して「指導が厳しすぎる」という意見や「違反が多い人はお菓子を持ってくるというのはどうか」という「罰則案」などが出された。その案が採用されて協議が元の話に戻った。司会が「まずいメニューがあるとき」に食堂以外の食事をしようと最終提案を行い多数決を提案した。それに対し、教員も賛意を示し、「いつにするか具体的に決めた方がいい」と提案をした。

（6）生徒会にクラスの議決をどうやって提案するか

　こういう議題が協議の場に上がるということは、学内でクラスの意見をどう反映させていくかというシステムが構築されていないのかもしれないと思ったが確認はできなかった[3]。

（7）雑誌の紹介

　教員からいくつかの雑誌の紹介があった。協議というより情報提供。

（8）ホームルームの総括

　最後に、司会者2名が今回の協議に対して全体的なコメントをする。ルールをちゃんと守って協議をしていた、建設的な意見を出し合うことができた、みんなルールを守っていいディスカッションができていた、というようなポジティブなコメントをしていた。

【授業後に先生に質問】

　授業終了後のわずかな時間であったが、担当の教員に幾つか質問をすることができた。Q&A形式で以下に述べる。なお、担任のヒムラー先生の専門は政治教育とスポーツである。

Q：この授業の本当の目的はなにか。決めることを通して何を学ぶのか。
A：これは民主主義の教育。会議、議論の経験、調整に必要な知識や方法を体験する。また、失敗や衝突を経験し、そこからどう調整するかを学ぶことが非常に大切だと考えている。

Q：教員の位置づけ、役割はどうなっているのか。
A：生徒と対等な立場。対等な立場の者として円の中に座っている。教員としてはどうしても何か言いたくなってしまうが、それを抑えるようにしなければならない。あくまでも子どもたちの意見を尊重し、主体性を大切にしなければならない。しかし、それは簡単なことではない。自分の役割として大切なのは、議論のルールをみんなが守っているかのチェッ

クをすること、調整をすることである[4]。

Q：参加の度合いが弱い生徒がいるが、先生はどう見ているのか。
A：この時間は教員から発言を求めることはしない。参加しなければ「参加
　　態度チェック係」の生徒が注意をするだろう。通常の授業では「発言す
　　ること」が評価対象となり、成績にも反映してくるため、教員もできる
　　だけ生徒たちに発言させるように促すが、このホームルーム
　　（Klassenrat）の場ではそういったことは行わない[5]。他の教科で注意さ
　　れて学ぶということもある。

【感想】

　授業の主導権がほとんど全て生徒にあることがなによりも驚きであった。
司会や板書などの係もうまく機能しており、概ねスムーズにホームルームの
運営がなされていた。そのことを支えているのは、これまでの教育全般で培
われた理念と意識であり、それが今回の授業で具体化したということであろ
う。生徒の主体的な積極性と同じくらい印象的であったのが教員の自制的態
度であった。その2つがうまく相まって今回の授業が実現したのであろう。

　ただし、この生徒たちが他の授業でどのような姿勢で授業に臨み、どのよ
うな実践をしているかはわからなかった。今回のホームルームでも積極的な
発言をする生徒もいれば、何も発言しない生徒もいた。発言しないからと
いって授業に対し消極的だとは必ずしも言えないが、そういう明らかに積極
的参加の程度が弱い生徒に関しては、その学びの内実を少しでも把握するた
めに、授業後にジャーナルなどを書いてもらい、それをポートフォリオとし
て活用していくのもよいのではないかと感じた。

　見学者から見ると多数決に至るまでの議論が短く感じる事例があったが、
これも「異なる意見を尊重する」という立場から考えれば、そもそも他者と
の間で意見が異なることが前提視されているわけで、自分とは異なる他者の
意見を理解することがなによりもまず求められる態度となる。つまり、お互
いの理解を深めるための議論は必要であっても、時間をかけて協議をして1
つの意見に収斂させていき、共通理解を形成するということはそれほど重要

視されないということなのかもしれない。それは多様性に寛容で民主的に見える反面、一方で多数決による数の論理を背景にした議論につながりやすく少数の意見を充分に拾い上げることができない面があることに注意すべきであろう。

　また別の見方をすることもできる。確かに、問題の解決、合意の形成が果たして行われたのだろうかという疑問を感じざるを得ないほど議論の最後があっけない印象を得た事例もあったが、それは、まずは色々な意見があることを知り、どんな意見があるかを知ることで自分とは異なる他者の意見を尊重することが重要視されており、合意形成を急ぐ必要はないという認識があるからではないかと感じた。その時間に問題が解決しなかった議題は、次のホームルームの時間に持ち越しをするという流れもできているようであったので、今回の見学時の議論全てが短かったとは言えないであろう。

3.3　その他に気づいたこと

　見学する授業の待ち時間を利用して生徒の自習室を訪れることができた。図書が整備されており、机と椅子もあって生徒が本を読んだり勉強をしたりすることができる。それほど広くはないが傍らにはステージのようなものが設置されていて、クッションなども備え付けられていた。勉強に疲れた時などはそこで寝転がってリフレッシュするのであろう。

図 1　自習室の風景

　興味深いことに、ここに連邦政治教育センターが発行している教材が置かれていた。司書のような職員に尋ねたところ、先生が自分で持ってきて置いたり、学校が政治教育センターに注文をし、定期購読をしたりしているとの

ことであった。利用状況も尋ねたところ、内容がやや難しい面もあり、低学年はあまり利用しないが、高学年になると利用者が出てくるそうである。そういう資料があることを先生に紹介されて見に来たり発表前や試験前に調べに来たりするパターンが多いとのことである。なお、連邦政治教育センターの教材を置くということはかなり昔から行われているそうである。

4. Carolus-Magnus-Gymnasium（アーヘン市）

　ベルリンでの授業見学を終えた後、列車に乗ってアーヘンに移動した。到着したのは夜であったが、コーディネーターと教員が駅まで迎えに来てホテルまで送ってくれた。翌日の朝も迎えに来てくれ、午前中の早い時間から学校を訪問することができた。午後2時ごろまでの滞在であったが、授業1コマ、ホームルーム1コマ、生徒会を見学し、その合間には教員や生徒と懇談するなど密度の濃い訪問であった。

4.1　政治教育授業の見学

【授業に関する情報】

授業：「政治」の授業（Politik）8:50 – 9:35

担任：ヘス先生（Herr Hess）

生徒：小学6年生30人前後（ゲストの生徒4名を含む）

座り方：教室の左右の壁に背を向けて教室中央を向きながら、壁に沿うようなゆるやかな楕円形の輪になった形で左右それぞれ片側1列が内向きに座る。それに挟まれるような形で中は左右2人が横に並ぶ普通の教室スタイル。教員は前に立っている。

役割の確認：司会係（男女2名）、記録係（1名）、板書係（1名）、参加態度チェック係（いたかどうか不明）。

テーマ：難民の子どもたちの教育体制について考える。

授業で取り上げる課題は、その分野に興味関心を強く持っている「エキスパート」と呼ばれる数人の生徒が自分たちで設定するとのことである。資料などもエキスパートが用意する。教員は相談を受

けたり情報提供したりする役割を担っている。今回の授業では開始前にすでに板書がなされていた。これについては「授業の流れ」で説明をする。

【授業の流れ】
(1) 導入
　教員が生徒の方を向いて椅子を机の上にあげ、向かって左から右へ移動させる。これはシリアからドイツに到着したことを示すメタファーである。アリ（仮名10歳）という生徒の話であると説明。具体的な設定が与えられている。

図2　導入時の様子

図3　事前に板書されていた黒板

(2) 課題設定（板書済み）「学校として何ができるか」

板書は先に触れたエキスパートの生徒が事前に行ったものと思われる。この黒板は観音開きで、かつ左右の扉の部分は両面に書ける形となっている。

（3）エキスパート3人が前に出てきて具体的な回答例を提示（板書済み）

　黒板には一緒に授業を受ける統合授業を行うかドイツ語の難民向け取り出し授業を行うかということが左右に分けて書いてある。表1にドイツ語と翻訳を示す。

表1　事前に板書されていた内容の翻訳（上の表が黒板の左、下の表が黒板の右）

ドイツ語	日本語
1. Klassenmodell	1. 統合授業
- Schüler gehen direkt in die deutschen Klassen.	・生徒は直接ドイツのクラスに編入
-zusätzlich bis zu 10 Stunden Deutschunterricht (5. + 6. Stunde)	・それに加え10時間までのドイツ語の授業を受ける（5時間目と6時間目）
- Für 2 Jahre	・2年間
-Zuordnung nach Alter z.B. 11 Jahre = 6. Klasse.	・年齢に応じた編入、たとえば11歳なら6年生

ドイツ語	日本語
2. Flüchtlingsklassen	2. 難民向け取り出し授業
-Schüler gehen in spezielle Flüchtlings-klassen	・生徒は難民用の特別クラスに入る
-Erhalten bis zu 30 Stunden Deutschunterricht, erst dann nach 1–2 Jahren in die Klassen	・30時間までのドイツ語授業を受け、1〜2年後に一般クラスに移る。
-Zuordnung nach Sprachkenntnissen	・語学能力に応じてクラスに編入

（4）ディベート

　自主的に手を挙げた生徒が数名選ばれて黒板の前に向かい合って座り、短時間のディベートを行う。エキスパートたちがその意見を板書していく。他の生徒はそれを見たり聞いたりしている。表2にドイツ語と翻訳を示す。

図4　ディベートの様子

表2　ディベート時の意見の翻訳（上の表が黒板の左、下の表が黒板の右）

Klassenmodell		統合授業	
Contra	Pro	反対意見	賛成意見
Müssen dann auch noch Englisch, Französisch lernen	Schneller lernen	・英語、フランス語なども学ばなければならなくなる。	・早く学ぶことができる。
	besseres Kommunizieren		・よりよくコミュニケーションが取れる。

Flüchtlingsklasse		難民向け取り出し授業	
Pro	Contra	賛成意見	反対意見
-Sie leben sich mit ihrer Sprache ein.	-Verschiedene Altersklassen	・自分たちの言語で新しい環境に慣れることができる。	・いろいろな年齢の生徒が同じクラスになる。
-Sie können in den anderen Fächern sonst nicht mitmachen.		・この方法でなかったら他の教科を学ぶことができない。	
-Sie können sich auf Deutsch konzentrieren.		・ドイツ語（学習）に集中できる。	

(5) 個人で考える

　授業1（統合授業）と授業2（難民向け取り出し授業）の長所と短所をプリントに書く。図5・表3がそのプリントである。なお、表3の上に出てくる「CMG」は、学校名の略称である。また、項目内の書き込みは生徒によるものであり、空欄はその時点で未記入であったためである。

図5　自分の意見をプリントに書く

Politikunterricht – Integration von Flüchtlingen am CMG

授業科目「政治」－CMG における難民との統合

表3　プリントの内容の翻訳

Aufgabe 1: Gemeinsamer oder getrennter Untereicht?

課題 1 ：統合授業？それとも別々に授業（難民向け取り出し授業）？

Vorschlag 1 Gemeinsamer Unterricht: Das Klassenmodell 提案 1 統合授業： 標準クラスに入る	Vorschlag 2 Getrennter Unterricht: Bildung von Flüchtlingsklassen 提案 2 難民向け取り出し授業： 難民クラスを作る
Die Flüchtlinge werden direkt in die normalen Klassen integriert (nur zum Deutschunterricht getrennt) 説明：難民の子どもたちは通常の標準クラスに直接統合される。（ドイツ語の授業のみ別々）	*Die Flüchtlinge kommen in speziellen Klassen bis diese ausreichend Deutsch sprechen* 説明：難民の子どもたちは、ドイツ語が充分に話せるようになるまで特別クラスに入る。
Vorteile: メリット： • Kinder und Flüchtlinge lernen wie man miteinander umgeht 　（難民以外の）子どもたちと難民（の子どもたち）は、お互いにどのようにつきあえばいいかを学ぶことができる。 • Flüchtlinge lernen im Alltag Deutsch, weil sie sich miteinander verständigen müssen 　難民（の子どもたち）は日常生活においてお互いに理解し合う必要があるため、そこでドイツ語を学ぶことができる。	Vorteile: メリット： • Sie haben viel Deutschunterricht 　ドイツ語の授業がたくさんある。

66　名嶋義直・野呂香代子・三輪聖

Nachteile: デメリット：	Nachteile: デメリット：
• Sie haben nicht so oft Deutschunterricht ドイツ語の授業があまりない。 • Sie verpassen im normalen Unterricht in der 5.+ 6. Stunde den durchgenommenen Stoff 5、6時間目の通常の授業で扱われた学習内容を学ぶことができなくなってしまう。	• Sie lernen nicht, wie man sich mit Mitschülern unterhalten （難民以外の）生徒とどう話せばいいか学べない。 • Sie haben nur Deutschunterricht ドイツ語の授業しかない。

Aufgabe 2: Chancen und Schwächen der Integration von Flüchtlingen am CMG
課題２：CMG における難民統合がもつ「チャンス」と「弱点」

Das läuft gut: うまくいくこと： Durch das Klassenmodell lernen die Flüchtlinge wie man sich verhält und sie müssen Deutsch reden, wenn sie sich mit den Mitschülern unterhalten. 難民（の子どもたち）は「統合授業」を通して自分自身がどうふるまえばいいかを学ぶし、学校の友達と遊ぶときはドイツ語を話さなければならない。	
Das läuft schlecht: うまくいかないこと： 	

(6) 全体で考える

　まず一般的なメリットとデメリットを全員で確認し、そのあと、ペアワークで自分たちの意見とその根拠をまとめる。次に全体で意見が違う人同士がディスカッションし、聞いている生徒たちがそれをその場で評価する。

(7) 自分の考えを「投票」して、クラスの総意を決定する

　一人一人が黒板の板書されている授業1（統合授業）と授業2（難民向け取り出し授業）のうち、賛成する方にシールを貼る。そしてシールの多かった授業1（統合授業）をクラスの総意とした。

図6　各自がシールを黒板に貼って投票している様子

(8) ゲストによる意見表明

　ゲストとしてクラスに来て議論を聞いていた6年生（同じクラス）／8年生（ゲスト）の難民の生徒たちが自分たちの経験を踏まえて話をし、6年生全員でそれを聞く。ゲストは皆授業1（統合授業）の方が望ましいとコメントした。

(9) 授業1（統合授業）の改善案を話し合う

　クラスの総意となった授業1（統合授業）であるが、(4)〜(6)で考えたようにデメリットも存在する。そこでそのデメリットを小さくするための改善案について話し合う。生徒それぞれの発言を教員がうまく関連づけまとめていった。

図7 他生徒の意見を聞きながら発言機会を得るため挙手を続ける生徒たち

(10) (5) のところで使用した個人の意見を書いたシートを集めて終了。

【生徒への質問】

　授業の最後に生徒と質疑応答する時間を設定してもらえた。以下、Q&A形式で記載する。生徒の回答は複数人の回答を列挙している。

Q：自分と他の人と意見が違う時に気をつけていることは？
A：個人的な攻撃をしない。テーマについて議論する。
　　相手を悪く位置づけない。
　　相手の立場を尊重する。
　　意見は違っても過半数で決まるから違う意見があってもいい。
　　大きい声を上げない。
　　相手の意見を聞き、自分の意見も言う。わかり合うための議論をする。

Q：投票の基準は？
A：主張がわかりやすいかどうか。
　　言い淀みが少なく流暢かどうか。
　　質問に簡潔に答えているかどうか。繰り返しなどが少ないほうが良い。

Q：(終わってから個人的に質問) 授業は楽しいか。なぜそう思うか。

A：楽しい。議論が好きだから。他の人の意見が聞けるから。

【感想】

　見学者 3 人の感想を、名嶋・三輪・野呂の順にそれぞれ並記する。

《名嶋の感想》

　ベルリンの学校見学の時以上に生徒の主体的で積極的な言動に圧倒された。部外者の視察を受け入れることが多い学校でもあり、教員も生徒も見られることに慣れていたり、なんらかの事前準備をしたりしている可能性を排除できないが、それを別にしても、非常に活発に、考え、意見を主張し、相手の意見を聞き、それを受け止めて自分の意見を言う、という民主的な調整を建設的に行っていた。ここでも主導権は教員ではなく生徒にあった。もちろん「政治」という科目の「授業」である以上、教員に権力があるのはそのとおりである。しかし教員は、授業の導入時や節目節目の活動の切り替え時、最後のまとめ的な活動といった授業の流れの調整として発言はするものの、議論の方向を特定の方向に導いたり、考え方を強要したりということは行っていなかった。ディベートやディスカッションといった授業内の小活動も、ベルリンの学校と同じく係が決められており、その係の主導で展開されていた。そしてその運営はうまく機能していた。

　そのような光景に圧倒されながらふと思ったのは、同じことを日本の小学校 6 年生や中学校の生徒がどの程度できるだろうか、という疑問であった。知識があって「知っていること」を尋ねれば日本の小学校でも間髪入れず手が挙がるだろう。しかし「自分の意見とそう考える根拠」を尋ねれば、挙手の数は減り、手が挙がるタイミングも緩慢になることは確実であろう。ここまでの土台となっている教育の質と量の違いを思わずにはいられなかった。

　その一方で、特に見学者からの質問に対する生徒たちの答えを聞いて思うのであるが、生徒たちの持っている政治教育やそこで求められるリテラシーに関する理解と実践は、批判的な検討を経て自分の考えとして形成され行動に移されているものなのだろうか。学校や教員から「望ましいもの」として提示され訓練してきたものを、「優等生」的な態度で、無批判に、一種の教

条主義的に受け入れている面はないのだろうか、という疑問も生じる。もし学校や教員という権力の言説を無批判にそのまま受け入れているのなら、それは政治教育が本来目指す方向とは正反対のものになる。今回の見学でその点を確かめることはできなかったが、見学者自身がドイツでの実践を教条主義的に無批判に受け入れてしまわないようにするためにも、あえて批判的な視点での感想も記しておきたい。

《三輪の感想》

　今回の見学でドイツの政治教育の底力を見たような気がする。どこまでその実践が機能しているかは学校によって、そしてクラスによって異なっていて当然だと思うが、「学校」という現場にこれほどまでに民主的な土壌が根付いていることに感動した。そのような土壌に足を踏み入れて現場の教員や子どもたちの声を聞くことができたのは非常に大きな収穫であった。

　しかし、名嶋のコメントにもあったように、「政治教育」も教え方によっては本来の「政治教育」ではなくなってしまう可能性が大いにあると感じた。様々な議論や見解があることを知り、批判的に向き合って考えた結果の選択であるべきだと思うが、見学をしていて、子どもたちは果たしてどこまで批判的な思考を経ているのか、それによってどこまで自分のものにすることができているかをもっと探りたいと思った。偏った政治的な課題を学校での政治教育の課題としてしまう教化の恐れだけでなく、「政治教育」という1つの考え方や行動、姿勢を絶対的なものとして子どもたちに教え込んでしまうことによって、子どもたちが自分のものにすることができないまま自動的に反応してしまっている状態も危険なのではないだろうかと感じた。

　もう1つ気になったことがある。ゲストとしてクラスに入っていた難民の子どもたちは、今回の議論のテーマに関してはまさに当事者であったにも関わらず、議論の間はまったく参加しないままであった。他の子どもたちが当事者に意見を聞こうとすることもなかったし、それぞれの授業形態のメリットとデメリットを書くワークシートも配布されないままで、ただ教室の後ろのほうに座って聞いているだけという状態であった。言葉の問題があったからかもしれないが、この議論における難民の子どもたちの位置づけがど

うなっているのかを知りたいと思った。

《野呂の感想》

名嶋の「優等生的な態度で、無批判に、一種の教条主義的に受け入れている面」がないかという疑問、また、三輪の言う「政治教育における教化」の恐れについて感じたことを書きたい。二人は「政治教育」が抑圧に向かう可能性について述べている。むろん、そうした可能性を想像することはできるが、これに関し自分がよく抱く疑問がある。それは、フレイレの言う、「対話」か「伝達」かという二極構造、つまり、対話がエンパワメントの方向へ向かい、伝達が抑圧（銀行型）の教育となっていくという、二項対立のことである。教育は2つの方向性しかない、それはAかBかという単なる選択肢ではなく、人間解放か支配抑圧か、という全く真逆の方向性に向かうというものである。

すると、「政治」や他の授業で人権について学び、議論することを学んだ（つまり、エンパワメントに向かう）生徒たちが「教条的に」教員の言説をそのまま受け入れることができるのだろうか、という疑問が湧くのである。権力に抵抗することに慣れてはいない日本の子どもたちの丸暗記型授業を思い浮かべると、「優等生」と「無批判」がつながるかもしれないが、根拠を示して自分の意見を築いていくことを練習する政治教育においては、みなを説得する根拠づけとともに自分の意見を言うことができる生徒が「優等生」であるように思う。どんな答えであっても、納得のいく根拠を述べ論理的に意見を主張することの方が重視される。また、社会参加という点で言えば、たとえば、教員がデモという手段で社会に訴えることを教え、実際に生徒がデモを起こすとする。それは教員の言うことを教条的に受け入れていることにはならないだろう。デモを行うに当たっては自己の意見表明をしなければならないからである。実際に筆者の勤めていた学校でも、学校中の生徒が校長室に向かってデモをする、ということをやっていた。動き回ったりしゃべり続けたりする生徒を静かにさせる、など、生徒の発達段階に応じた「権威的手段」に頼らざるをえないという側面もあるが、一般的に批判的に物事を見る目が育てられるような教育はなされていると感じる。

4.2　教員・生徒会メンバーとの意見交換（授業後）

　授業終了後に、談話室のようなところで懇談の機会を持つことができた。学校側の参加者は、先ほどの政治の授業の担当であったヘス先生と生徒会主要メンバー2人、および普通の生徒1人である。そこに我々授業見学者と通訳という構成である。まず最初に学校側から「生徒会と学校運営委員会について」の説明があった。

（1）生徒会と学校運営委員会について

　学校には生徒会が設置されており生徒からの意見や要望を会で取り上げて議論し、生徒側の利害を代弁している。生徒会はクラスの代表から構成され、その中から8人が選ばれて「生徒会執行部」のような役に就くという。その生徒会代表の8人はさらに別の組織である学校運営委員会の構成員となる、という階層構造になっている。

　この学校運営委員会が学校運営の意思決定を行っているそうである。定数は24名、内訳は生徒会代表の8人、教員代表8人、保護者代表の8人である。その内訳からわかるように、生徒は「子ども扱い」されていないし、教員や保護者も「特別扱い」されていない。人数もそれぞれ8人であり、数の多い少ないで力関係が不均衡になってはいない。その対等な立場の三者が学校運営の課題を話し合い、最終的には多数決で方針を決定していくのだそうである。特筆すべきことは、校長はこの委員会には関与できず、この会議で決まったことはたとえ校長であっても原則的には尊重しなければならないということである。権力を一か所に集中して意思決定を行うようなことはしないというのは、歴史から学んだ知恵なのかもしれない。ただし、課題によっては時間をかけても多数決で決まらない場合が出てくることもあり、校長の裁量で決める場合も例外的にありうるとのことであった。

　では生徒の側になって、何か学校に対して要望があったとき、どのように課題遂行に向けた行動をとるのかを見ておきたい。

　まずクラスの中から何らかの意見が出てきたとする。それをホームルームで協議し、生徒会に上げるかどうかを決める。これが第一段階である。生徒会に上げられた意見は生徒会で協議をされ、必要であれば生徒会で生徒の総

意として意見を取りまとめる。そしてそれを学校運営委員会に提出する。これが第二段階である。そして最後の段階として学校運営委員会で議論をする。先に述べたように、学校運営委員会の定数は、生徒8、教員8、保護者8で、多数決で方針を決定する。その結果がこの学校の今後の運営に反映されることになる。これはまさに「社会」における政治的な問題解決プロセスである。

　生徒たちが授業で議論したことが、民主主義的なプロセスを経て自分たちの学校のルールとして実現されていくという仕組みになっている。授業やホームルームに端を発し、クラスで議論されることは、ほぼ全てこのような手順で学校のシステムに反映されていくという。このように、子どもたちが「自分たちのコミュニティである学校運営に関わっている」という実感、「自分たちの手で変えることができるんだ」という実感が得られることは非常に大切で、政治参加を促進するもととなるに違いない。もちろん、クラスの協議の時点で議論が止まり生徒会に上がらない議題もあるであろうし、生徒会止まりとなって学校運営委員会に上程されない場合もあろう。また当然のことながら、学校運営委員会に諮られたとしても、生徒の希望する形で物事が決まるとは限らない。そこには成功体験もあれば失敗体験もある。しかし、それこそが教育効果を高めるように思われる。成功した体験はリテラシーを高め動機づけを高める。失敗体験はなぜ失敗したのかという内省を行うことによってそれまでの自分たちの考え方や行動を改善することになり、それによってさらに課題解決リテラシーが向上する。生徒たちはこのようなことを繰り返して、自分たちで物事を決定していく経験を積み重ね、学びを深めていくのである。

　これまでに行った生徒主体の運動例は以下のようなものであると説明を受けた。

(1) オランダ語の授業を実現

　アーヘンは地理的にオランダと国境を接している。オランダの学校の生徒たちとも交流があるらしい。そのような日常的な環境から学校でもオランダ語の授業をしてほしいという生徒の声があった。語学授業を行う際は教員の予算的な問題もあり、隣接された総合学校と一緒に行う必要があるため運営

面から教員側は反対した。しかし生徒と保護者は実現を求めた。当初の議決時には賛成12反対12だったが、最終的には教員側も賛成に回り、同じ地域内の他校との協力体制が必要という条件付きだが認められた。試験的に始めてみたところ、教員の印象も徐々に変わり、「やはりやってみてよかった」という意見が多くなったということである。

(2) プリンターのカートリッジなどのリサイクル運動
　学内に回収ボックスが設置されていた。リサイクル活動で得た費用は生徒会の運営費用に充てるとのことであった。

図8　生徒手作りのカートリッジ回収ブース

(3) 食堂のメニューの改善
　フライドポテトなどの揚げ物や肉が中心だったメニューに対し、生徒たちが「野菜を食べたい」「もっと健康的なメニューにしてほしい」と要望し、食堂の関係者と交渉した結果、メニューに野菜が増えたとのことである。なお、給食業者は民間事業者だそうである。

(4) 携帯電話の学校内持ち込み可否
　携帯持ち込みについては最近で一番紛糾した問題だったが、結果として条

件付きで持ち込み OK となった。使用ルールも子どもたちが決定した。自分たちでルールを決定したことで、子どもたちはそのルールをきちんと守るようになっているとのことである。

(5) ベルギーの原発に反対する運動

　アーヘンはベルギーにも国境を接しており、国境から 70 キロ程度のところにティアンジュという町があり、運用開始から相当年が経過した原発が存在している。過去には小さな事故も起こっている。そのため数人の生徒が生徒会に提議し、学校運営委員会へ挙げていった例である。結果として、学校をあげて脱原発運動を行うこととなり、700 人の全校生徒のうち 500 人がベルギーの原発担当大臣にハガキを出して脱原発の行動をとるようアピールをした。このことは新聞にも取り上げられたそうである。

図 9　談話室内に掲示してあった新聞記事

(6) 反「多様性不寛容」宣言（名嶋の命名）

　学校をあげて、ジェンダー、移民、などに対する不寛容さやレイシズムを批判する活動を行っている。この反「多様性不寛容」宣言では、生徒達たちがコラージュで作品を作ったり、教員たちが協力して「私は生徒である」といった相対的な弱者側に立っているメッセージを掲げた写真を掲示したりして、図 10 のようにその作品や写真を学内に展示し啓蒙活動を行っている。また教室に貼ってある様々な掲示物の中には図 11 のような「環境は大切」とか「子どもには権利がある」という手書きの紙もあった。

図10　廊下の壁に掲示してあった反「多様性不寛容」宣言

図11　教室内の手書きポスター

(2) Q&A

次にこれらの説明を受けながら確認したり質問したりして得た情報をまとめて記載する[6]。Aのところにある（S）は生徒の回答、（T）は教員の回答を意味している。

Q：学校運営委員会に「どうしてもこれは受け入れることができない」という意見が挙がってきたらどうするか。
A：（S）毎週生徒会を開いている。その中で民主的に他者を説得できるかどうかでチェックがかかる。
　　（T）2年に一回ぐらい大きな対立があるが、普段から分かり合うためにコミュニケーションをしているので調整ができると思っている。

第2章　ドイツにおける学校教育について　77

Q：周囲から圧力や苦情はないか。

A：（T）ない。議論が分かれているものは両方紹介する（ボイテルスバッハ・コンセンサス）。たとえば、生徒たちから右派の AfD（ドイツのための選択肢）党を呼んで話を聞きたいという声が挙がってきたら、他の政党も呼ぶ等のバランスをとる。「偏り」ということについて言えば、授業でテーマとして取り上げているのは実際に社会に存在する問題である。教員としての自分の意見はそのテーマから外れていない。だから他の意見と違いはなく、内容がどうであれ偏っていることにならない。

Q：自分の親と対立することはないか。

A：（S）あまりない。

Q：これからの政治教育はどうあるべきか。今の問題点は。

A：（S）政治の授業が少なすぎる。1 年の中で半年しか授業がない。他の授業を削ってもっと政治の授業に時間を割いて欲しい。

（T）賛成。一方で政治の授業は学びの形が目に見えにくいという問題がある。

4.3 ホームルーム見学

【授業に関する情報】

授業：ホームルーム（Klassenrat）10:40–11:25

担任：担任の先生とヘス先生（最初に見学した政治の授業担当教員）

生徒：小学 6 年生 27 人

座り方：教室の壁に沿って大きくぐるっと丸く座る。担任の先生は前に座っている司会役の隣に座る。ヘス先生は担任とは反対側で円の外の机に座る。

役割の確認：司会係（男女 2 名）、記録係（1 名）、板書係（1 名）、参加態度チェック係

テーマ：テスト結果が友達に知られるといじめられる。それをどう防ぐか。

板書済み。

その他：このホームルームでは発言権を可視化するために、布でできた細長い赤鬼の人形を発言者に回すというルールが設けられていた。自分の発言が終わったら、挙手している人の中から一人を選び、その生徒に人形を投げて渡すことで発言権も移行する[7]。

【授業の展開】

（1）アイスブレーキング

全員が立つ。まず議長が「私のメッセージ（I Message）とアクティブ・リスニングがゴードンモデルの重要な構成要素である」と言ってからチーンと鐘を鳴らして、初めは右回りに、続いて左回りに先週の学校生活で良かったことを出し合う。

（2）導入

話し合いのルールの確認が行われた。前回ホームルームの議事録の確認も記録係が読み上げる形で行われた。

（3）課題設定（板書済み）

「テスト結果が友達に知られるといじめられる。どう防ぐか」。この教室の黒板も観音開きで、かつ扉は両面に書ける形となっている。

（4）具体的な回答例の提示（板書済み）

教員が板書箇所を示して提示、それを司会係の生徒が読み上げて確認する。

（5）決めた議題について意見を出し合う

ここで決まった規則は「成績を見せる必要がない」ということで、それを投票で決定した。そのあとが今回の中心となる課題のようであった。このクラスの生徒同士の間で起こった問題のようで、板書の内容は以下の通りであった。

第2章　ドイツにおける学校教育について　79

問題になっているのは…

1. いじめと挑発（21票：テーマに取り上げるかどうかの投票）
2. グループ作業における問題（8票）
3. 係がうまく機能していない（3票）

「（これらは）今問題となっているか？」

（6）教員が途中で意見を整理

　板書して整理する。表4のように、左に問題点、右に解決策を書く。

　ここでもう一人の教員が「特定の生徒二人だけの議論になっている。他の人の意見もあるはずだ」と意見を促す。手を挙げた生徒もいたが、別方向の話をしそうになったので教員が話を差戻す。どうも議論がうまく展開していないように見える。

表4　（6）の板書内容の翻訳

（黒板左）問題	（黒板右）解決策
生徒AとBの問題 公式の場ではなく私的な場での侮辱[8]	・同席を避ける ・がまんして、努力する ・関係性の改善 ・問いかけて互いに努力 ・試験期間を設け同席してみる ・近くに座る、2週間試してみる
生徒CとDが他の生徒を怒らせる	・改善[9] ・整理係 ・掃除係

（7）議論の収束

　（教員が司会係に何かを囁くとしばらくしてから）「解決策をまとめよう」という提案が司会係から出された。それを受けて解決策案が生徒から出てきた。それを教員が板書していく。

　見学者はこの時点でわかったのだが、このクラスの中にトラブル当事者がいたようである。トラブル当事者がクラスにいるからこそ、その当事者を交えて問題解決へ向けた話し合いをしていたということである。議論が収束した（教員によって収束させたというのが正確であるが）後で、当事者同士が握手をした。教員に促されたのかどうかは不明であった。

次に解決案を多数決で決めることが提案され、1つの案が多数決で決まった。教員は選ばれた解決策の評価とその内容を確認し、もう一度生徒たちに守れるかどうかを考えさせ、2週間テスト運用して、その結果をみてもう一度考えることを確認した。

(8) 再度の議論
　(6)で話が逸れそうだったので教員が生徒の発言を制止して話の流れを差し戻したことを述べたが、議論が終わった段階で教員がその生徒に発言の機会を与えた。ところがその生徒は「別の当事者間でも同じようなことがあったこと」を指摘した。その発言で名前を出された当事者も意見を言ったが、それに対してはブーイングも出された。議論が再度起こった。
　当事者はきちんと規則を守ると約束したが、他の生徒からは本当に守れるのかという懸念が出され、守れないなら罰作業を課すという提案も本人から出された。担任ではない方の教員が「もう授業が終わる時間だからまとめなければ」と発言し、担任の教員が「他の意見を踏まえて罰を決めます。多数決します」と述べ、議決を行い、罰則も付されることになった。

(9) ホームルームの総括
　担任により総括がなされた。今回は個人的ないくつかの問題は解決できたが、まだ他の暴力的な問題が残っているとのことであった。
　ホームルーム時の様子を図12で紹介する。

図12　ホームルーム時の様子

第2章　ドイツにおける学校教育について　81

【生徒への質問】

　この授業の最後でも生徒と質疑応答する時間を設定してもらえた。また、生徒から質問も受けた。以下、Q&A形式で記載する。生徒の回答は複数人の回答を列挙している。

Q：発言権は誰に？　どう選ぶのか？
A：そこで話し合っているテーマの当事者優先、皆権利を持っているが偏る場合もある。

Q：一人の人の発言が長い時にコントロールするのか。
A：おおまかなルールが共有されている（壁に貼ってある）のでそういうことはあまりない。
　　司会係がルールに則ってコントロールすることはある。

Q：議論に積極的に参加せず発言しない権利もあるのか。
A：自分で権利を行使しないのは自由だしそれでいいが、誰かに意見を聞かれたら答えてほしいし、意見とまではいかなくても率直な感想ぐらいは言うべきだと思う。しかし、発言するプレッシャーをかけるのは良くない。

Q：（生徒から見学者に）日本でもこのように生徒が発言権を持っているか。
A：（見学同行者の高校生が）日本ではこのような授業はあまりないのではないか。
A：（見学同行者が）クラスや学校によって差がある。

【感想】

　ホームルームの授業はベルリンの学校でも見学しており、全体的な流れや行われていることは同じようなものであると感じた。ただ、アーヘンで見学したホームルームの活動は、生徒間の人間関係という情緒面に関わるものであったせいか、ややもすると感情的なやりとりにも思われる局面もあり、それゆえに2名の教員の介入も見られた展開であった。そのことは、民主主

義の理念を理解し、平和で寛容な社会を目指そうとしても、どこかで強制的な指導が必要になってくる可能性がある、という現実的な面を私たちに見せてくれた貴重な事例であった。しかしだからこそ、このように初等中等段階の公教育の場で繰り返し繰り返し民主的シティズンシップの教育を実践していくことが必要であり、それは意味のあることなのだと言える。

　相対的に見て、という話になるが、もしかすると民主主義的な調整に関する重要な学びは、生徒たちにとっても教員たちにとっても、成功体験よりは今回のような「うまくいかない部分があったがなんとか調整して治めた経験」の方なのかもしれない。そのうまくいかなかった事例を内省し課題や対策を考え、次の事例で試行し、また内省を繰り返す。そのような学びの連関を継続していくことが民主主義的なリテラシーの育成に不可欠であると感じた。その意味でも、民主主義は面倒臭いものであるが、諦めずに粘り強く実践していくことが何よりも重要なものなのであろう。

4.4　生徒の活動に関する Q&A タイム（授業後）
(1) 脱原発運動の紹介
　1回目の懇談時に簡単な話を聞いていたが、今回はその活動が取り上げられた新聞記事も見せてもらいながら詳しい説明を聞いた。

図 13　脱原発運動について説明をする生徒たち

説明をまとめると次の3点になる。
　　1) ベルギーの原発（ティアンジュ）が事故を起こしたらどうなるか

と不安に思って行動を起こした。

2）プラカードをぶら下げて写真を撮ってポスターを作ったり、ベルギーの安全省にハガキを出したりした。

3）このような運動や原発のことについて知識のない人が多くて大変だったが、親たちの取り組みを見て参考にしたり、それを取材に来た人たちにレクチャーしてもらったり、教員にアドバイスを求めたりして勉強した。

　説明を聞くだけではなく、こちらからもいくつか質問をしてみた。以下にQ&A形式で掲載する。

Q：EUに働きかけは行ったのか？
A：していない。直接問題のあるところ（ベルギーの原発なのでベルギー政府にという意味）にアピールしたほうがいいと思っている。

Q：安全省から返事は来たか？
A：来ていない。まだ送ってからそれほど時間が経っていないからだと思う。

Q：次のアクションはどのようなことを考えているのか？
A：6～7月にアーヘンからベルギーまでヒューマンチェーンを作る話があるので、それに加わる[10]。

Q：アクションをしようと決めてから、その進め方などについてはどうやって計画したのか。
A：生徒会にテーマを持ち込んだら、仲間がいてグループを作った。興味を持ってくれた先生が資料を紹介してくれたりしてサポートしてくれた。ポスター掲示などは学校の許可を取っている。

Q：ベルギーの学校との協働はしているのか？
A：していない。ベルギーの人は安全神話を信じている人が多い。

(2) ブッククラブの紹介

　次に説明があったのはブッククラブについてである。これは図書に関する情報を学内の生徒に対して発信し、図書館の利用と読書を働きかけるような活動をしているクラブである。

図14　ブッククラブの説明をする生徒たち

Q：なぜ始めたのか。
A：一般図書館のクラブに入ろうと思ったが、その一般図書館が閉館してしまったので、自分たちでつくろうという話になった。

Q：どんな活動をしているのか？
A：定期的に本の情報を提供している。そのためにレビューを始めた。毎週集まって相談している。お薦め本の背中にシールを貼ったりレビュー記事を書いたりしている。選ぶ基準は個人の好み。

Q：クラブはどのような仕組みなのか？
A：クラブ員の階級制度のようなものがあって、分野別にエキスパートがいる。試験を受けて昇級していく。階級が上がるといろんな活動ができるようになる。

　説明してくれたのは、新聞に書評を掲載したり、書店の店員がお薦めの本や話題の本のポップを作ってお客さんにアピールしたりするような活動で

あった。学内で読書向けの図書をプロデュースするような活動であると言えよう。活動の甲斐もあって読書量も少しずつ増えているとのことであった。

4.5 その他に気づいたこと

ここまでのところで紹介することができなかったが非常に重要だと思われることを特記事項としてまとめておく。それは「学校における政治教育の問題点」である。たしかに政治の授業やホームルームの授業で見学した様子は感銘を受けるものであった。しかし学校という組織の中で行われている政治教育に何も問題はないのだろうか。聞いてみると難しい問題が存在していることが明らかになった。箇条書きで記す。

（1）教員の多様性の問題

これは簡単に言うと、他の教員の中には政治教育にあまり理解がなかったり政治教育的な活動（たとえば生徒会活動なども含むと思われる）に対して非協力的だったり懐疑的に思っていたりする人が一定数存在するという問題である。実際の授業を見学しても、また、普段の生活においても言えることであるが、民主主義的な意思決定プロセスは、時間がかかり、時には対立も生じ、調整が必要であり、なかなか面倒臭いものである。そのため、中には「トップダウンで決めれば早いのに」などと言う理解のない教員もいるとのことである。

（2）生徒の多様性

次に問題として挙げられたのが「生徒の多様性」である。たとえば、政治の授業でモデルとなっていた「アリ」は10歳であった。しかし現実には、難民や難民の子どもたちは低学年ばかりではない。難民としてドイツにやってきて学校で学ぶ人の中には高学年生も存在する。そのような高学年生の中には、すでに人格形成がある程度できていて、他の生徒と価値観や理念に違いがある人がいるとのことであった。たとえば、男性優位的な考え方などが具体的な考え方の違いとして挙がった。そのような「自分の価値観や理念」をしっかりと持っている生徒の場合、他の生徒たちがある程度共有している

民主主義的な価値観や理念とギャップが生じ、調整も難しく、時として意見や考え方の対立が顕在化することがあるとのことであった。

（3）教員による評価の問題

　これは政治教育の問題というより教員としての適性の問題かもしれないが、教員の中に生徒の成績（評価）を公表する教員がいるという話があった。これに類する話題はホームルームを見学した時にも議論に挙がっていた。学校における民主主義的なルールを破る人が教員という権力者側にいて弱者側の生徒が被害を受けているという「解決しなければならない実際の課題」が存在するということである。

　以上のような問題が存在しているということであった。そのため、当然のことながら、常に問題解決のための調整が必要となる。見学者の目から見れば優れた授業を展開している学校であるが、その学校民主主義が常に危険に晒されているのである。なお、（1）と（2）の「多様性」に関わる意見は非常に重要な意味を持っている。これについては次の5節で考えたい。

5．考察

　このセクションでは見学者3人がそれぞれ自分自身の興味関心に応じて個別に考察を行う。同じ授業を見ていても3人の意見は少しずつ異なり、かなり対立する箇所もある。しかし、本章執筆にあたり、無理に意見の統一をすることは避けた。相手の意見に無関心だったのではない。何度も対話を行い、その結果3人がそれぞれ他者の意見を受け止め尊重し、それゆえに3人の意見を並記することにした。これも本書なりの「多様性を受け入れる実践」の1つである。

【名嶋の考察】

　ベルリンとアーヘンとで合計4つの授業やホームルーム活動を見学し、教員や生徒の懇談、クラブ活動や生徒会活動の様子もうかがい知ることがで

きた。そこで見たものは、民主主義の作法に則った教育実践であり、理念に裏づけられた教員の真剣な取り組みであり、民主的シティズンシップを伸ばしていく過程の生徒たちの姿であった。

一方でアーヘンの学校で教員から伺ったことや、ベルリンの学校で見学した１つのホームルームの混乱した運営状態から考えたことは、学校の政治教育環境を維持するためには、さまざまな問題を調整したり解決したりするための不断の努力が必要だという点である。

話を単純化するために「教える側」と「学ぶ側」という２つの「側」に分けて話を進める。4.5節で確認したように、教える側の教員全員が政治教育に意義を見出し積極的に取り組んでいるかというとそうではない場合もある。そのため学校で政治教育を推進していくためには、教員間における現実的な政治的調整が常に必要であると言える。同じことが学ぶ側にも言える。生徒の多様性を尊重するとはいうものの、実際にはドイツの政治教育における民主主義的な価値観や理念とは距離のある多様な価値観や理念を持っている生徒も存在する。そのような生徒を寛容に受け入れた上で政治教育を行うわけであるが、教える側の教員はもちろん、実際にクラスで一緒に授業を受ける他の生徒にとっても、そして何よりもその当該生徒にとっても負担の大きい実践となることは容易に想像できる。多様性を受け入れるがゆえに生じるジレンマとも言える。一種の皮肉のような状況である。そのほかにも、生徒の成績を公表する教員や生徒がいたりというように、学校における民主主義は常に問題を抱え、ややもすると今まで努力して築いてきたその学校の民主主義が後退してしまいかねない危機に晒されている。

さらに批判的な検討を行うなら、「政治教育を重視しない教員」や「男性優位的な考え方などを持つ高学年の難民生徒」がいてそれが「問題」になっているという認識は、その段階ですでに「多様性に寛容になる」という民主的シティズンシップの目指す方向とは逆を向いているおそれもある。多様な教員や生徒がいることを「問題として捉えていること」それ自体が多様性に寛容ではない面を、本人が認識しているかいないかはわからないが、顕在化していると言えるからである。そしてなぜ「問題として捉えている」のかというと、それは、問題視している教員にとって、「政治教育の理念やその理

念に基づいた実践」の障害となっているからである。ここで指摘しておく必要があるのは、「その政治教育は誰にとって望ましいのか」という批判的視点の重要性である[11]。アーヘンのギムナジムの事例の場合は「政治教育を推進する教員側にとって望ましいもの」になっているのではないかと考えることができる。言い方を換えれば、「自分たちが行っている政治教育は正しいもの、必要なもの」という考えが前提視されているということが、「政治教育を批判的に考える」という実践や言説を否定したり排除したりすることにつながってしまうという危険があるということであり、この点において政治教育は内面的に本質的な矛盾をはらんでいると言えるかもしれない。

　自分たちの取り組みにとって障害になるようなものを「問題」とみなすのではなく、異なる意見と向き合って対話を続けていくことで、目指しているところに到達するには何をどう調整すればよいかということを共に考え模索し続けていく姿勢が必要なのかもしれない。その上で、自分たちが実践している政治教育をメタ的に、批判的に考えることが常に必要だと思われる。

　しかし、逆説的な言い方になるが、だからこそ学校における政治教育の実践には大きな意義があると言えるのではないだろうか。学校教育の中で、授業を通して、また授業と連動した生徒会やクラブ活動といった諸活動を通して民主主義の作法を学び実践している場において、民主主義が常に解決すべき問題をはらんでいて潜在的には常に後退の危機に晒されているということは一見すると矛盾するように見えるかもしれない。しかしこれこそが現実社会なのではないだろうか。社会と切り離された一種の理想的なユートピアのような空間の中で生徒は学んでいるのではない。学校という狭い社会ではあるがそこは現実の社会の縮図である[12]。生徒は授業で理念としての民主主義を学び、授業や学校生活の中で民主主義を実践し、民主的シティズンシップを伸ばしていく。一方教員も授業で生徒に対して民主主義を教え、授業や学校生活の中で民主主義の実践を支援していくだけではなく、民主主義を教え育てる場を確保し守るために、民主主義的な方法で日々問題解決に取り組んでいる。学校の中に種々の問題が存在することが、学校で民主主義の教育・民主的シティズンシップ教育を行うことの必要性を補強し、その実践の場となって教育に貢献していると考えられる。先に「逆説的な言い方になるが」

と書いたのはそのような意味からである。

　もう1点批判的に考えたことは、これもすでに触れたことであるが、今回の見学で見た生徒たちは本当に民主主義の重要性を「自分のことばで理解をして」あのような実践を行っているのだろうかということである。はっきり言って、生徒たちはよくできていた。主体的であり積極的であり寛容であり調整能力があった。実に民主主義の作法に則って実践していた。そういう意味ではモデルになる生徒たちであった。しかし、あえて問うのであるが、その行動が「自分なりに咀嚼して解釈した民主主義の理念」ではなく、「学校で教員から教えられた行動様式」であり、「そのように振る舞うことが求められている」から「このように振舞っている」ということはないだろうか、という疑問である。もしそのようなことが、生徒全員にではないとしても一部の生徒に当てはまるとしたら、それは民主的シティズンシップ教育が目指す方向とは正反対の方向を向いていることになる。無批判な順応は権力の一極集中を招き全体主義へと繋がっていく恐れを持っている。ドイツや日本がたどった過去の歴史を振り返ると、同じことがこの現代に生じていても不思議ではない。そういう意味でも、一般論として、民主主義と民主的シティズンシップは常に後退の危険に晒されていると言えるだろう。

　しかし、繰り返しになるが、ここで批判的検討を加えた問題は民主主義と民主的シティズンシップの必要性と重要性の証にもなる。私たちはそれらを不断の努力と取り組みで守り育て次の世代に渡していかなければならない責務があるのである。だから学校において民主主義の作法を学び、民主的シティズンシップを身につけ育てることは必要不可欠なことなのである。

【三輪の考察】

　教育現場での教員のスタンスによっては、子どもたちにとっての民主的な振る舞い、姿勢が「自分なりに解釈した民主主義の理念」ではなく、「学校で教員から教えられた行動様式」となってしまう可能性もあると思う。なぜ民主主義の理念がいいのかという点が子どもの中でちゃんと自分の意見として咀嚼され、意見が持てていないと、それは上辺だけの学校でとるべき「民主主義的な行動様式」で終わってしまうような気がする。しかし、ギムナジ

ウムに入ったばかりの 5 〜 6 年生の子どもたちはまだ発達段階上、自然な
ことなのかもしれない。これから様々な教科や学校生活の中で経験を積み重
ねていくなかで、きっと自分なりの民主主義の理念に関する考えができあ
がっていくのだろう。

　そして、積み重ねていく経験に「対話」は必要不可欠である。従って、先
述のように、合意形成や問題解決といったこともももちろん大切だが、それま
での「対話」がどのように行われたかというところが何よりも重要なのでは
ないかと思う。

　一方で、このような対話的教育を受けることで自ずと批判的に考える人間
が育つというわけではないだろう。どちらも関連性は強いが、双方を意識し
た実践を意識的に考える必要があると思う。

　とにかく今回の学校見学で自分自身が受けた教育現場と最も違うと感じた
ことは、「他者の意見に耳を傾ける姿勢があること」、「耳を傾けた上で自分
の考えたことを発言できる行動力があること」、「なんでも言える環境ができ
あがっていること」という点である。このような寛容で民主的な土壌、環境
を現場に作ることが何よりも大切なのだろうと感じた。そのうえで、上の名
嶋のコメントにあるように、いかなる場合も「自分たちの取り組みにとって
障害になるようなものを『問題』とみなすのではなく、異なる意見と向き
合って対話を続けていくことで、目指しているところに到達するには何をど
う調整すればよいかということを共に考え模索し続けていく姿勢が必要」な
のだと思う。

【野呂の考察】

　民主主義を教える政治教育に含まれうるディレンマに名嶋、三輪が言及し
た。自分もそれについて考えてみたい。

　1 つは、ベルリンの学校見学の感想でも書いたが、教員の理想像が、授業
を成立させるために権威的態度を取る一方で、生徒の発言に正面から応える、
というものである。生徒に民主主義を教えるにも、まずは授業を成立させる
ために権威的態度をとらざるを得ないのである。民主主義を成立させるため
に独裁的になるという、それ自体、矛盾を内包しているという点でも「民主

第 2 章　ドイツにおける学校教育について　91

主義」維持の困難さがつきまとう現実があると思う。

　2つ目は、政治教育の教化、強制をどう捉えるかという点である。歴史を繰り返してはいけない、戦後の民主主義を守り抜かなければならない、という強い意志が政治教育に反映しているとすれば、たとえ、強制であっても教えた方がいいのではないか、と考えてしまう。授業で何度も取り上げられるナチスの勉強はもうごめんだという子供たちの声を聴くが、それぐらい執拗に歴史教育をしなければ、歴史がまた繰り返されるという危惧が教育者側にあるのだろう。思考停止の子供たちを生まないためにも歴史教育を行い、無理にでも常に自分の意見を言わせる教育をしているのではないかと思うのである。これが「強制」の持つディレンマである。

　3つ目は、「強制」と生徒のエンパワメントの関係である。上でも書いたが、フレイレを例にとると、銀行型教育は抑圧のツールとなるが、対話的教育により人間が解放される方向に向かう。つまり、エンパワメントが獲得されていくことになる。政治教育（や他の教科の教育）で、批判的にものを見ること、議論することを学べば、発育の段階はあるにせよ、その過程でエンパワメントが備わるのではないだろうか。生徒がそのようなパワーを身に着けると、権威的な教員に対して「おかしいんじゃない、先生」と言えるようになるのではないか、と思うのである。

　しかし、最近の出来事で政治教育の効果について考えざるを得ない事態が生じた。2017年の総選挙で極右政党（AfD、ドイツのための選択肢、などと訳される）が第三党になったのである。政治教育が成功しているなら、このような事態は生じないのではないか。これに対して考えられ得る答えは、政治教育の歴史が浅い旧東ドイツの州でAfDが圧倒的強さを持つということである。それは政治教育の効果を示す証拠にもなる。ただし問題は、AfDの票が旧東ドイツだけに限定されるものでなかったということである。その点からも、ドイツの政治教育を権力闘争の中において、つまり、歴史修正主義者と戦後民主主義擁護派とのたゆまない勢力闘争というコンテクストの中で考えなければならないことがわかる。政治教育は、常に頭をもたげる可能性のあるナチスへの憧憬との闘いだと言える。

6. まとめ

6.1 そこから学ぶもの

今回のドイツの学校見学の現場から私たちは何を学ぶことができるだろうか。私たちは私たちの責務を果たすために何をすべきだろうか。

なによりもまず言えることは「教育に関わる者の意識変革」の必要性であろう。今の社会もそうであるがこれからの社会を考えた時、社会の多様性は高まる一方である。もはや「日本に住んでいる人＝同じ国籍＝同じ民族＝日本語＝同じアイデンティティ＝同じイデオロギー」という均一性や同質性は期待できない。そこで求められるのは「共に生きる多様な人々」と「折り合いをつけながら、平和的になんとかうまくやっていく」能力である。平和で安定した生活しやすい社会を目指すならば、できる限り非寛容さや分断を招かないことが望ましい。そのために「共に生きるわたしたち」には民主的なシティズンシップが求められるのである。それを身につけ育てる場の1つとして教育の果たす役割は大きい。もはや教育は「知識を授ける」だけの場ではあり得ないのである。なぜなら、（1）知識を持っているだけでは他者の行動を模倣することはできても自分の考えを充分に形成できずどのように主体的に行動するかを決めることができない、（2）自分の考えを形成するためには批判的リテラシーが不可欠である、（3）グローバルな社会でのコミュニケーションを考えると自分と異なる他者に自分の意見を受け止めてもらうには情緒に頼るだけではなく論理に立脚した主張が必要である、というような側面があり、「主体的な学びを展開するためには知識を活用する」能力が必要となるからである。そのような社会的要請を受け入れ対応していくためには教育関係者（そこには学びの当事者である児童・生徒も含まれる）の意識変革が不可欠なのである。

次に求められるのは「実践や試行を積み重ねること」であろう。どのような素晴らしい理念であっても実践されなければ文字通り絵に描いた餅である。したがって「教育に関わる者の意識変革」が達成されたら、その理念のもとでさまざまな「実践や試行を積み重ねること」が重要である。たとえば、日本でもヘイト・スピーチが問題になっているが、その原因の1つには特定

の国やその国の国民に対する否定的な捉え方がある。その否定的な捉え方は、日本の西欧志向と並行してアジアの諸国をどう位置づけ関係性を構築していったかという歴史を学ぶ中で解体していくことも可能である。また、もしある人が社会的な配分の不平等さから排外的な思考や言動にとらわれているとしたら、教育を通してその社会における配分の不平等さが何に起因しているかを学ぶことで、本来自分が向き合うべき相手を認識することも可能となる。それらの実践や試行の中には成功する例もあれば失敗する例もあろう。それぞれ内省を行い、次の実践や試みにつなげていき、実践・改善・試行の連関サイクルを絶えることなく回し続けることが教育の場で重要である。

　その上でさらに求められるのが「実践例の共有」であろう。それぞれの個々の取り組みをつなげていくこと、つなげることでさらに大きな取り組みに発展させていくことである。アーヘンのギムナジウムの生徒も参加して行われた脱原発運動のヒューマン・チェーンを思い出してみよう。大人が両手を広げても2メートルくらいであろう。しかしその手と手をつなげば90キロの人間の鎖ができるのである。教育における取り組みも同じであろう。一人の教員、1つのクラスでできることは小さいかもしれない。しかし、他の教員や他のクラスと連携すればその規模は大きくなる。1つの学校と別の学校が連携すればさらに影響力は大きくなる。さらにその連携を広げ、たとえば、日本語教育界の取り組みと英語教育界やドイツ語教育界の取り組みが連携し、そこにアジアの言語である中国語教育界や韓国語教育界の取り組みも加わり、言語教育だけではなく公の学校教育や成人教育までもが加わればどうなるであろうか。その連携を紡ぎ出す第一歩が「実践例の共有」であろう。

6.2　3・4・5章に向けて

　以上述べてきた意味で言えば、本書の序章と1・2章は「教育に関わる者の意識変革」を促す役割を持っていると言える。同じ観点で言えば、6章以降では「実践や試行を積み重ねること」とその「実践例の共有」が目的となっている。その間に挟まれている3・4・5章はどういう位置づけを与えられるだろうか。それらは、「理念と実践とをつなぐ」役割を担っている。言い方を変えれば、理念に具体的・個別的なコンテクストを与え、抽象的な

理念を具体的な取り組みへと変換させる方法論のようなものを構築するということである。

　そこで続く 3 つの章では、日本語教育というコンテクストの中で、政治教育の理念、民主的なシティズンシップの教育をどのようにして展開していくことができるかについて論じる。具体的には、3 章で野呂が複言語教育の理念と可能性について、4 章で三輪が民主的シティズンシップ教育の理念と日本語教育における実践の可能性について、5 章で名嶋が批判的談話研究の理念と実践の可能性について、それぞれの立場から論じる。複言語主義や複言語教育を論ずると、おのずから民主的シティズンシップ教育と文化間教育への言及が入ってくる。この点で 3 章野呂論文と 4 章三輪論文とは重なる部分がある。また、民主的シティズンシップ教育に関する言及をすれば、「批判的」という点で批判的文化アウェアネスと批判的談話研究の教育における重要性に触れることになり、この点で 4 章三輪論文と 5 章名嶋論文には共通点がある。それぞれが少しずつ重なりながら重層的な関連を持って展開していくのが 3・4・5 章の特徴である。

注

1　その通訳も授業を観察する中で業務を行うという制約があったため、じっくりとすべての発話を通訳できたたわけではない。その点を踏まえてこの記録を読んでいただきたい。

2　筆者（野呂）自身、総合学校の教員として勤務していたときに、クラスマネージメントの 1 つとしてこのような常套手段があることを知って驚いたが、一方でその有効性に気づいたという経緯がある。教員による席替えはそれほど特別なことではないと考えられる。

3　あとで取り上げるアーヘンのギムナジウムの場合はこのシステムがしっかりできあがっていた。学校間で差があるのかもしれない。

4　生徒に参加態度チェック係がいるが、教員はさらにその上をいってチェックをするということであろうと思われる。

5　三輪によると、今回見学したこの学校とは異なる別の学校のホームルーム（Klassenrat）では、「意見は言わなくてもいいが自分の気持ち（いいと思うか悪いと思うかなど）だけは表明したほうがいいと思う」という意見を言う子どもがいたそうである。

6　意味の整合性を考えて部分的に意訳している箇所がある。

7　筆者（名嶋）は東日本大震災後の 2011 年 6 月にあしなが育英会のファシリテーター養成講習を受けたが、その時に同じルールで研修を受けた経験がある。

8　見学者の一人は「Beleidigung unter lockerer Atmosphäre」というメモを残している。別の見学者によると「気楽な場面での侮辱」とも言えるのではないかとのことである。

9　この部分に関しては充分なメモが残っていないのであるが、「また今度 C と D が他の生徒を怒らせたら整理係か掃除係の仕事を課す、あるいはちゃんと改善する」ということだと思われる。

10　「ベルギー―オランダ―ドイツ「危険な原発閉鎖を」国境越え 5 万人「鎖」」
<http://www.tokyo-np.co.jp/article/world/list/201706/CK2017062602000240.html>
（東京新聞 2017.6.26 配信）
産経新聞「原発閉鎖へ 5 万人の「鎖」独蘭ベルギー 3 国 90 キロ結ぶ」
<http://www.sankei.com/world/news/170626/wor1706260006-n1.html>（2017.6.26 配信）

11　この視点については、2017 年 7 月 22 日に凡人社大阪事務所で開催された「凡人社日本語サロン研修会『民主的シティズンシップ教育をどう日本語教育に活かすか―ドイツ、小学校教育の見学から―』（講師：名嶋義直）」の参加者であったベティーナ・ギルデンハルト氏（同志社大学グローバル・コミュニケーション学部准教授）の指摘に示唆を得た。記して感謝申し上げる。

12　このように考えると、日本で生徒に対してよく言われる「社会に出たら〜」という言い方は、日本の学校社会がいかに現実の社会から切り離されているかを示していると言えよう。

参考文献

パウロ・フレイレ、里見実・楠原彰・桧垣良子訳（1982）『伝達か対話か－関係変革の教育学』亜紀書房.

パウロ・フレイレ、三砂ちづる訳（2011）『新訳　被抑圧者の教育学』亜紀書房.

Freire、Paulo and Donaldo Macedo（1987）*Literacy: Reading the Word and the World*. Westport, Connecticut, London: Bergin & Garvey.

第 3 章

複言語教育の社会的意義

野呂香代子

1．複言語主義とは何か？

　本章では、まず、欧州評議会の言語政策部で進められている複言語主義に焦点を当てる。複言語主義の理念が生まれた背景、その理念に含まれる政治的、社会的意味を確認し、次に、複言語主義に基づく言語教育が果たし得る社会的意義について考察する。また、ヨーロッパのコンテクストの中で生み出された複言語主義から日本社会や日本語、日本語教育を捉えるとどのような可能性が見えてくるのか、その社会的意義はいかなるものかを問いかける。

1.1　基本理念としての複言語主義

　欧州評議会言語政策部の掲げる複言語主義は言語教育政策の基本理念である。よく似た用語である「多言語主義」との混乱を避けるためにまずは言語政策部の記述した定義をみておく[1]。

　　多言語（主義）(Multilingualism) とは地理的に存在する 1 つ以上の言語変種をさす。その大きさは問わない。つまり、公的に言語として認められていようとなかろうとある社会集団の話す様式である。そのような地域では個人は自分たちの変種だけを用いる単一言語話者かもしれない。
　　複言語（主義）(Plurilingualism) とは多くの個人が用いる言語変種

のレパートリーをさす。したがって、それは単一言語（主義）の逆である。レパートリーには「母語」または「第一言語」と呼ばれている言語変種から、その他どの言語や変種をも含む。したがって、多言語地域においてある者は単一言語話者であり、ある者は複言語話者である[2]。

　「主義（-ism）」という意味に重点を置くと、多言語主義は地域の多言語性を認めようとするもので、複言語主義は個人の言語のレパートリーを豊かにしようとするものである。では、現在のヨーロッパにおいて複言語主義の意味するところは何であろうか。

　欧州評議会の3つの核となる価値、「民主主義」「人権」「法的支配」に裏打ちされた言語教育政策が促進するのは、（1）複言語主義、（2）言語の多様性、（3）相互理解、（4）民主的シティズンシップ、（5）社会的結束である[3]。これら5項目は個々に存在しているのではなく、複言語主義が中心概念となって、他の4つの要素と密に関連し合っている。これは、政治、経済をはじめあらゆる場で巨大な力をもつ英語による単一言語支配を否定するばかりでなく、ヨーロッパの個々の国民国家アイデンティティを超えたものとして、超国家ヨーロッパの言語・文化の多様性の擁護を民主主義、人権の観点から取り組み、ヨーロッパのアイデンティティを打ち立てようとするものである。

　それぞれの国民国家内でアイデンティティを築こうとする動きとヨーロッパという超国家のアイデンティティを探ろうとする二重性の中、複言語主義は、徹底した形で上記の価値の人権的、民主主義的な方向性をとることで、ヨーロッパの結束を図ろうとする。もはや言語アイデンティティは、特定の（国民国家に基づく、その多くは支配）言語に置くのではなく、言語を取り巻く共有の価値に求められることになった。

　言語・文化の「多様性」と言えば響きがいいが、それは言語共同体間や民族間、宗教間のさまざまな緊張関係を生みかねない。多様性は権力関係のなかで排他性を生む。たとえば、これまで強力な支配言語のもとでマイノリティや移民の言語は公的な場から締め出されてきた。排他性という負の側面を持つ「多様性」を複言語主義は逆に「財産」というポジティブな価値に転

換することで、排除される言語変種やその話者を擁護する姿勢を打ち出している。複言語、複文化性をもはや国家ではなく、個々人に帰するものとし、多様な言語、文化、その担い手が 同等な価値を持つという考え方に支えられているのである。複言語主義に求められるのは、多様な価値観や考え方の違いに気づき、受け止める寛容的態度（批判的文化アウェアネス）であり、違いを乗り越え、人々と積極的に対話を図ろうとする社会的参加への意志である。複言語主義は、民主的シティズンシップ教育と文化間教育[4]と深く関連し合いながらヨーロッパのアイデンティティを築こうとしているといえる。

1.2　複言語主義と民主的シティズンシップ教育、文化間教育

　欧州評議会の定義する「民主的シティズンシップ」とは何か。

　これまで使われていた「シティズンシップ」の育成とは、「市民として必要な情報を得て、それを理解する」ということを意味した。それに対し、欧州評議会の「民主的シティズンシップ」の育成とは、知識を得るだけではなく、「社会の一員として、積極的に社会に参加する（Gollob et al. 2010: 24）」こと、ひいては、既存の社会をより民主的なものへと改革することをも意味する、非常にダイナミックな概念である。日本の学校教科にある「公民」だと、知識を得る、そして、理解する、というところで止まっているのではないだろうか。

　民主的シティズンシップ教育には、(1) 民主主義「について」の教育、(2) 民主主義「のため」の教育、(3) 民主主義「を通して」の教育という 3 つの次元がある（Gollob et al. 2010: 29–31）。民主主義「について」の教育とは認知的次元をさし、民主主義や人権に関する知識を獲得することである。民主主義「のため」の教育とは参加的次元をさし、社会に参加するためのさまざまな方法を駆使する能力や政治的意思決定、行動能力を学ぶ。最後の民主主義「を通して」の教育とは文化的次元を言い、自分の参加する共同体において尊重や責任など民主主義および人権の価値と態度を養うものである。また、欧州評議会の言語教育である複言語主義について書かれた Council of Europe（以下 CoE）の『言語の多様性から複言語教育へ─ヨーロッパ言語教育政策策定ガイド』（CoE 2007: 36、訳：59）には複言語主義と民主的シ

ティズンシップ教育、そして文化間教育との関係が以下のように記されている。

　　複言語主義を進めるのは単に機能上必要だからということではない。複
　言語主義は、民主的行動の本質的な要素でもあるのだ。話し手の複言語
　的レパートリーの多様性は言語的相違の受容へと、（中略）個人および
　集団の言語権に対する尊重、表現の自由に対する尊重、（中略）地域間、
　国家間のコミュニケーションにおける言語の多様性に対する尊重へと導
　くものである。言語教育政策は民主的シティズンシップの価値観を教え
　る教育と密に関連しあっている。それらの目的が補完し合うものだから
　である。異文化間の接触にとって理想的な場である言語教育は、異文化
　間の民主的な生き方を学ぶ教育が教育システムの中に取り入れられる一
　つの分野なのである。

　複言語主義を謳う言語教育の現場がまさに民主的シティズンシップ教育と
文化間教育を実践できる大きな可能性を持っていることをここでしっかり押
さえておきたい。なお、文化間教育の詳細は次章を参照されたい。
　次に「民主主義」「人権」を土台に「多様性」を財産とするという理念が
どのようにして生まれたのか、その歴史的背景を簡単に見てゆきたい。

2. 複言語主義の理念が生まれた背景

　先の戦争に対する反省から、1949 年に欧州評議会が設立され、「人権」
「民主主義」「法の支配」という三本の価値を中心に活動することが確かめら
れた。この価値は言語政策においても常に念頭におかれ、決してぶれない軸
として機能する。
　言語政策関係では、1954 年に締結された、文化、教育分野での協力を
謳った欧州文化条約の 2 条も大きな意味をもつ。そこでは加盟国間の「言
語」「歴史」「文明」の学習を奨励することが定められた。他の加盟国のこと
を知ろうとする態度が条約という形となって相互確認されたことになる。言

語と国家、領土の関係を当然視する当時の発想と相互理解という理想が多言語主義を生む土壌になっているのがわかる。

　1957年には「現代語部門」（現在の言語教育政策部）ができ、現代語が非常に重視されるようになってきた。言語教育をエリート達の占有から解放し、ヨーロッパ内の移動やコミュニケーションを盛んにすることの重要性が認識されるようになったのである。やがて、ヨーロッパ言語共通参照枠（CEFR）の前身といえる Threshold Levels の開発が「コミュニカティブアプローチや国々の言語教育プログラムに大きな影響を与え」（CoE 2014: 12）、やがてコミュニケーションのための言語教育が主流を占めるようになった。

　「人権」「民主主義」「法の支配」という価値の共有が謳われる一方、現実には、さまざまな大きな政治的・社会的な動き、変化があった。たとえば、西独時代のトルコからの多くの移民、ベルリンの壁の崩壊に象徴される冷戦体制の終結にともなった東欧諸国の欧州連合や欧州評議会への加盟の増加、東欧からの移民、グローバル化の急激な広がり、等々が挙げられる。そして、現在、ヨーロッパは大規模な難民問題、極右政党の進出にさらされている。カタルーニャ州の独立運動も今大きな緊張を呼んでいる。これらは、すべて言語に関わる問題でもある。何も手を打たなければ、言語、文化の「多様性」から政治的、社会的緊張関係が生まれる。普遍的価値と現実の社会問題との乖離をどう解決していくかが、言語政策、言語教育政策の指針となる。そういう意味で、現実的な政治的、社会的不安とそれに対抗しようとする民主化の歩みから言語教育政策を見ていくことができる。

　移民の増加にも関わらず、依然、国民国家的アイデンティティを維持する同化主義的な発想が支配的で、マイノリティの人権や言語権は無視されがちであった。そうした事態を共有の価値に近づけるためにまずは多言語主義が生まれたといえよう。国家という単位から言語を捉えるという見方が一般的であったことにより、多言語主義は、領土にあるさまざまな言語を認めようとする態度を示すものである。その結果、言語的、文化的寛容性がある程度認められるようになった。とはいえ、多言語主義は、多くの言語の併存状態であり、多様性をまとめあげることができない。また、国家が基本単位となるかぎり言語間の不平等性の（少なくとも理念的な）解決にならない。では、

言語的、文化的多様性を民主的に扱うにはどうすればよいか。これを問い詰めていくと、複言語主義がその先に見えてくることになる。東欧諸国の加盟が増えた 1989 年から 1997 年の時期は「言語教育と民主的シティズンシップ」がプログラムに盛り込まれ（CoE 2014: 13）、東欧の民主的な言語教育が進められた（ただし「西欧化」が東欧における「民主化」かどうかという議論もできそうである）。1997 年からは複言語主義と異文化間コミュニケーションが言語政策のキー概念として用いられるようになった。コミュニケーションのための言語教育の社会改革への不十分さ、つまり、没政治性、そして、多言語主義が陥りやすい弊害（分離主義や移民統合の妨害など[5]）を超えたのが複言語主義であり、超国家であるヨーロッパを個人であるヨーロッパ市民一人ひとりが民主主義に基づいて社会を築き上げようという理念なのである。

3. 理念に含まれる政治的、社会的意味

3.1 複言語主義の基本的な捉え方

　言語教育政策における民主主義を推し進めるために、複言語主義はすべての言語、レパートリー、変種を平等に認めるという社会言語学的な捉え方をとる。現実の社会では無論さまざまな権力関係のなか、マイノリティが無視されがちなのであるが、理念上平等とすることで現実との乖離を問題視することが可能になる。そして複言語主義の基底にあるのは批判的な捉え方である。すぐにそのまま信じてしまわない、一度疑ってさまざまな方面からチェックしていく、違いに対する気づきを促す、さらには社会をよりよい民主的な方向に持っていこうとする意志を示すもので、批判的談話分析（談話研究）、批判的リテラシー、批判的教育学、および、批判的言語アウェアネス、批判的文化アウェアネスなどがそういった方向性、態度を示す。

　また、もう 1 つの特徴は、社会構築主義的な捉え方をすることである。社会構築主義は、本質的に「真実」や一定の「社会」が存在するとは考えない。もし「真実」と言われるものがあるとすれば、その真実にまつわる言説はどこでどのような権力関係の中で作られたかを考察するということや、み

んなで新しい社会を築いていこう、社会の意味づけを自分たちで行おうという考え方がそれに含まれる。

3.2 文化間対話

　欧州評議会は 2008 年に「文化間対話：尊厳を持って対等に共生する」（White Paper on Intercultural Dialog: "live together as equals in dignity"）という白書を出した。高まるヨーロッパの多様性に民主的な方法で対応するために、ヨーロッパの未来を担うキー概念として「文化間対話」が用いられた（CoE 2008: 3）。

　3.2 節ではこの白書を中心に、欧州の多様性と文化間対話の意味することについて考えたい。

　複言語主義は、さまざまな言語・文化が 1 つの統合体となっている個人にその基盤が求められる。その個人が対等に尊厳を持って共に生きる人々と社会を作っていくこと、また、個々人があらゆる人間への尊厳と開かれた精神を持つことが目指される。

　単位を国家ではなく、個人に落として文化的多様性、民主主義を見ていくと、なかなか注目されない個人内の、個人間の、そして共同体間の「対話」という役割が見えてくる。ここでは、単なる概念としての文化的対話ではなく、対話を実践するという社会的行為が重視されるのである。しかも実践するのはあらゆる意味で、全員、つまり全ての個人なのである。白書は、あらゆる人間への尊厳と開かれた精神、それがあって対話ができる、そういう社会を築いていこうという意志を示したものと言える。

　しかし、どうして対話が重視されるのか。それには対話のない社会というものを考えてみるとよいだろう。そうした社会は「他者をステレオタイプ化し、相手に対する疑心暗鬼を、緊張や恐怖を生み、マイノリティをスケープゴート化する。概して、非寛容性、差別を助長」し、「過激思想やテロ」（CoE 2008: 16）を生む可能性すらある。特に移民・難民の急増や右翼政党の台頭によりますますばらばらになる危惧のもたれるヨーロッパの社会的結束を強めるためには、すべての人々の人権を認め対等な者として対話する社会を目指さざるをえないというわけである。

言語や価値の多様性というものは日本にいればなかなか気づかなかったり、支配言語話者の持つ（と考えられているような）価値観が、当然視されたりする傾向が強い（「やっぱり日本人なら…」）。そのために対話というものの必要性があまり議論されないのかもしれない。しかし、ヨーロッパの多様性の中にある排他性、排斥主義、差別、平和を脅かす暴力等々を減じようとする努力のなかで、互いに尊重しあい対話する複言語主義的市民を育成しようとする動きは出るべくして出てきたと言えよう。そうしたなか、言語教育政策においてますます社会的、政治的次元が強調されるようになってきたのである。民主的な言語教育政策を推し進めることでさまざまな現実的な問題に対応していこうとする姿勢が見てとれる。白書では、多様な文化間の対話には寛容性、そして、積極的な政治参加が必要であり、歴史の振り返りも重要な要素であるとしている。しかも、ホロコースト、虐殺などが繰り返されたり、その歴史的事実が否定されたりしないように、非常に問題を引き起こしそうなテーマであっても絶対に対話すべきだと同白書は主張する（CoE 2008: 30）。「対話」の推進など、一見きれいごとを述べているようではあるが、実は切実な「多様性」の現状があってのことである。そこで、「対話」が基盤となった社会づくりへの教育が必要不可欠となってくるのである。

3.3　多様性、ハイブリッド性

　ここで今一度、多様性という概念を別の側面から見てみたい。普遍的な価値観（人権・民主主義・法の支配）を共有し、維持しなければならない、だから、多様性を財産としてみていこうとする考え方を上で見た。その多様性というのは、個人の中で見た場合、決して、均質的なものがばらばらに併存している状態をさすのではなく、ハイブリッドなものだと気づくだろう。さまざまなレベルで、言語、変種や文化が混ざり合い、自分という統一体を作っている。同様に、国家単位であれ、欧州単位であれ、言語、文化のハイブリッド性が認識されるはずである。これだけの移民化が進むヨーロッパで均質的な国民（性）について語られるならそれは政治的イデオロギーとしてでしかないだろう。言語・文化のハイブリッド性に目をやると、国民国家の均質性というイデオロギーのもつ欺瞞性や危険性に気づくとともに、複数の

言語や文化が融合した個人である人々が互いの言語・文化を尊重する、複言語主義の進める民主的市民のあり方が浮かび上がる。

　Starkey（2002）は、シティズンシップは、（たとえばフランス人かイギリス人かといった排他的なアイデンティティではなく）多様な状態のアイデンティティに基づき構築されるであろうとし、言語教育がそうした複雑なアイデンティティを構築する重要な要素だと述べている（Starkey 2002: 19）。ハイブリッドな個人の中の文化間対話、ハイブリッドな他者との文化間対話を促す言語教育が、民主的シティズンシップの育成へとつながっていくのである。ハイブリッド性は、個人内のアイデンティティの葛藤や共同体間、国家間の対立を相対化する概念であり、言語教育の中においてもそうした概念を取り入れると、言語活動に新たな可能性が開けるのではないだろうか。

4. 複言語主義から日本社会、日本語、日本語教育を捉える ―その可能性と社会的意義

4.1 価値の共有、維持は行われてきたか

　では、複言語主義に基づく言語教育がどのような社会的意義を持ちうるかを日本のコンテクストで考えていきたい。

　複言語主義的言語教育を通して、（言語権も含む）基本的人権を擁護する、人種差別に反対する、寛容性をもって積極的に政治参加する、歴史を振り返る、平和を願うということが可能になり、言語教育の場がすなわち民主的シティズンシップ教育、文化間教育を実践する場になることをこれまで見てきた。それは、言語教育が、普遍的な価値（民主主義、人権、法の支配）を擁護する社会の構築の一翼になる、ということを意味する。

　欧州評議会は、戦争に対する反省から生まれた普遍的な価値「人権、民主主義、法の支配」の共有を活動の基盤としていると再三書いたが、日本の場合はどうであろうか。たとえば、憲法について考えてみたい。憲法前文には「主権在民主義、民主主義、国際平和主義」[6] という 3 つの柱が掲げられているが、果たして、私たちはこの価値をずっとぶれない軸として行動の指針にしてきただろうか。学校では確かに学んだが、国を挙げてそれと現実をつな

げる努力がなされてきたのだろうか。せいぜいのところ内容を理解するという段階で終わり、継続的な活動が教育機関やその他の活動においてあったとは言えない。国民的な価値の共有ができていないからこそ、今日の改憲の動きにおいてもすぐに反応できる人が少ない、と言えるのではないだろうか。

4.2　文化間対話の欠如

　現実的問題として、今も単一民族観の幻想（日本・日本語・日本人、中国人、韓国人…）に囚われている人々が少なからずいる。（私たちは、あなたたちは、あの人たちは）日本人、中国人、韓国人というように非常に均質的な、まるでそれらのカテゴリー下でみなが同様な考え方をし、同様な行動をとる、とでもいうような非常に固定した静的な捉え方がまだまだ社会的に幅を利かせているのではないだろうか。それにともなって異質なものに対する排除意識が芽生えやすく、激しいヘイトスピーチや社会的弱者に対する言葉によるいじめや、それがエスカレートした暴力がなくならない。私たちは教育の中で、日本社会の多様性への気づきさえも学ぶ機会がなかったのだろうか。正面から社会問題と取り組むということを教育のなかでしてこなかったのではないだろうか。

　もう1つ、日本語、日本語社会の問題として気になるのは、国会でよく見られるような議論の儀式性である。初めに答えありきであるのに、形式上は議論の形をとる。答えが既にあるのに、もっともらしく議論の形をとるための根拠を探すがゆえに、その根拠が一転二転する。また、隠蔽を目的とした決まり文句（「記憶にございません」等々）が蔓延している。典型的には一定の政治家や官僚の言葉、言葉遣いが挙げられるが、そこには対話の努力が全くないように見受けられる[7]。また、職場をはじめとした社会のいろいろな場で、根回しという、議論の場で議論しない習慣がまかりとおっている。たとえば、記者会見という公的場においても質問、回答が用意されているのが常である。これでは、政治家とジャーナリストの議論は成立しない。

4.3　複言語主義における「政治」と日本のコンテクストにおける「政治」

　ここで押さえておきたいのが、複言語主義における「政治」の意味である。

（1）市民一人一人が、（2）日常生活の中で、（3）文化・言語が異なるかもしれない人々と対話し、（4）異質性を尊重し、寛容的に接する態度で、（5）積極的に社会参加し、意思決定に携わること、これが政治である。学校であれ、コミュニティであれ、あらゆるレベルの個人や集団が、さまざまなレベルで積極的に社会参加する、という考えが「政治」という言葉の意味を支える。

　他方、日本のコンテクストの中で「政治」とは、また、「政治的中立」とは何を意味するのかを考えてみよう。18歳以上の若者にも選挙権が与えられるようになった途端に「教師は政治的中立性を確保しなければならない」とか、憲法のことを話題にすると、「政治的中立性を失う恐れがある」という発言を耳にするようになった。こうした考えの底には、政治を語ってよい人と語ってはいけない人がいるという思想がある。誰が政治を語ってよく、誰がいけないのか。

　このような「政治」の使われ方をする日本において、「政治」という言葉を聞くだけで感情的になったり、話を避けようとしたり、委縮したりする人がいるのが現状である。政治家やメディアなどが公的空間を通して語るものを政治だと定義すると、「政治的中立」という言葉がその担い手（時の権力者）から使われる場合には、公的政治空間に関わらない人々が政治について語ることはいけない、というメッセージが出されていることになる。

　しかし、上述した複言語主義における「政治」のように、今必要なのは「政治」という言葉の意味や用法を市民の力で転換し、日常的に誰もが使える市民の概念として広める努力をすることである。公的空間の政治と市民が日常の空間で用いる政治が有機的につながると、民主的シティズンシップに根差した社会が築かれることになる。

4.4　複言語主義から日本語教育を捉える―まとめにかえて

　最後に、複言語主義的発想を日本語教育に取り入れることは可能か？という問いを立ててみよう。複言語主義が海外の新たな発想として学問界で流行し始めているから、いつものように海外の動向を紹介するといったこともあろう。ヨーロッパからの輸入品だから知識としてだけ受け入れるという考え

方もあるだろうが、私はそうではないと言いたい。

ここで、複言語主義から日本語教育を捉えた場合、少なくとも 3 つの方向性があると思われる。(1) 複言語主義を能力から捉える見方、(2) 普遍的な価値の共有から理念（価値）としての複言語主義を捉える方向性、(3)（その価値の下での）社会的結束を試みる活動などである。

まず (1) の能力としての複言語主義に焦点を当てたものでは、行動主義に基づく CEFR の記述文の、日本語による文脈化を図ろうとした国際交流基金の JF スタンダードがその実施例であろう。

次に (3) を見てみよう。(3) は日中韓の「社会的結束」の必要性を訴えるものである。たとえば、言語教育と日中韓の歴史教育の連携という発想（山川 2010: 62）や、日中韓の 若者が互いの言葉で発信できるようにするための言語教育の研究（庵 2017: 152–155）等の例を挙げることができる。後者は複言語主義の言語への目覚め活動（大山 2016）に通じるものがある。また、複言語主義を意識したものではないが、明らかにその線上にある日中韓の青年の対話の実践（室田 2014、本書 9 章）を挙げることができる。その他、直接、複言語主義の範疇に入るものではないが鳩山由紀夫氏による「東アジア共同体」構想の主張も興味深い。クーデンホーフ＝カレルギーが Ｅ Ｕの基礎となる汎ヨーロッパ主義を唱えたが[8]、彼の汎ヨーロッパ運動に関する書物『Totaler Staat- Totaler Mensch』（『自由と人生』）を翻訳する強い意志を示し出版したのが、祖父の鳩山一郎氏で[9]、その政治的理念を由紀夫氏はずっと持ち続け、政治家を引退した今も「東アジア共同体研究所」を設立して活動している。

そして、(2) は、理念（価値）としての複言語主義を重視した日本語教育であり、本章はここに注目し、複言語主義を根付かせるための民主的シティズンシップ教育や文化間教育そのものを日本語教育の場で行うことの意義を主張した。

普遍的な価値の共有については先ほどの憲法を例に普遍的価値の維持という点から述べた。この価値を維持しようとする努力は市民団体以外では個人レベルでも国家レベルでもあまりやってこなかった。さらには、現行憲法を否定しようとする動きが政権与党をはじめとしたいくつかの政党で見られる。

これも市民を巻き込んだ政治参加の中で民主主義という観点から取り組んでいく問題である。同時に現行憲法と自民党の現法草案の文言の意味を吟味するような批判的リテラシーという視点から日本語教育において取り組むことのできる大きなテーマでもある[10]。

　そして、個々の具体的な実践は後章にゆずるが、（批判的）言語・文化アウェアネスの促進や寛容性の促進、積極的社会参加というものが初級をはじめさまざまなレベルの日本語教育の授業において実践できるのではないかと考える（6章参照）。

　上述した、日本、日本語、日本人という単一民族観の幻想やヘイトスピーチに見られる異質なものへの排除意識、社会的弱者に対するいじめ、そして、初めに答えありきの政治家、官僚の言葉といった議論の儀式性、言葉の軽視、根回しといったものに対抗する取り組みは、批判的にテクストを読むという作業だけでなく、具体的な政治の動きと今置かれている自分たちの立場や経験などを結びつけ、社会に向けてのさまざまな活動をすることで可能となるのではないだろうか。授業においては民主的な「政治的文化」の土壌の育成を学習者や教師との協働作業を通じて行うことができる。

　最後に言葉の担い手という点で重要なのは、「政治」以外にも「民主主義」「人権」などの言葉を従来のシティズンシップにとどめるのではなく、市民が日常から用いる概念として広げることである。日常的に議論すること、意見を言語化すること、それによって問題を可視化すること、問題を共有することで、市民の「政治参加」への第一歩を踏むことができる。それが教室の中においても可能なのではないかと考える。筆者は支配的な談話に対する「対抗する談話」という概念に大きな関心を抱いているが[11]、日常的に議論することで対抗する談話が生み出される契機が見つかるかもしれない。それにより日本人のハイブリッド性が可視化され、単一民族観の幻想が明らかになろう。異質なものの排除意識の象徴であるヘイトスピーチについても、実際に悲しい、不快な思いをしている人が、特に日本語教育を受けている学生のなかにいるかもしれない。正面から授業において議論をすることで、そうした学生を救うこともできるであろうし、自分たちのこれまでの世界観が再考される可能性も生まれるかもしれない。

第 3 章　複言語教育の社会的意義　111

日本語教育を、複言語主義を支える民主的シティズンシップ教育および文化間教育から捉えなおすと言語教育が大きく社会変革をも伴ったものになる可能性が見えてくるのではないだろうか。

注

1　欧州評議会言語政策部ホームページから筆者が和訳。Council of Europe> Democracy> Education and Languages, Language Policy.
　　<http://www.coe.int/t/dg4/linguistic/Division_EN.asp>（2018.1.29 リンク確認）

2　注 1 に同じ。「主義」という訳語が必ずしもこの定義の中では合わないため、随時、（主義）とかっこ付きにした。

3　注 1 に同じ。

4　intercultural を欧州評議会の intercultural education をさす場合には「文化間」、その他一般的には「異文化間」という訳語を用いた。

5　注 1 に同じ。

6　文部省（1947）『あたらしい憲法のはなし』実業教科書、国立国会図書館デジタルコレクション、5 頁より採用。<http://dl.ndl.go.jp/info:ndljp/pid/1113070>（2018.1.29 リンク確認）

7　野呂／山下（2012）、野呂（2015a, 2015b, 2017）では、政治家、官僚の対話の欠如を問題にした。

8　山川（2010）、p.56.

9　クーデンホーフ・カレルギー、鳩山一郎訳（1953）『自由と人生』洋々社／鹿島研究所出版会

10　改憲をめぐる言説を読み解く研究者の会（2016）において、批判的リテラシー育成を目指したブックレットを作成した。

11　「対抗（する）談話」については、野呂（2014、2015a、2015b、2019）などを参照のこと。

参考文献

庵功雄（2017）「マスコミの言説に潜む誘導性―NHK「時事公論」の場合」名嶋義直編『メディアのことばを読み解く 7 つのこころみ』pp.141–159. ひつじ書房.

大山万容（2016）『複言語主義に基づく教授法　言語への目覚め活動』くろしお出版.

改憲をめぐる言説を読み解く研究者の会（2016）『それって本当？　メディアで見聞きする改憲の論理　Q & A』かもがわ出版.

野呂香代子（2014）「批判的談話分析」渡辺学／山下仁編『講座ドイツ言語学 3 ドイツ語の社会語用論』pp.133–161. ひつじ書房.

野呂香代子（2015a）「『環境・エネルギー・原子力・放射線教育』から見えてくるもの」名嶋義直／神田靖子編『3.11 原発事故後の公共メディアの言説を考える』pp.53–100. ひつじ書房.

野呂香代子（2015b）「『硬直した道』から『やさしい道』へ」義永美央子／山下仁編『ことばの「やさしさ」とは何か』pp.209–240. 三元社.

野呂香代子（2017）「鹿児島県知事の川内原発再稼働記者会見について」名嶋義直編『メディアのことばを読み解く 7 つのこころみ』pp.51–86. ひつじ書房.

野呂香代子（2019）「難民・移民をめぐるコミュニケーション―『対抗する談話』構築のための予備的考察」高田博行／山下仁編『断絶のコミュニケーション』pp.193–214. ひつじ書房.

野呂香代子／山下仁（2012）「読めたのに読み解くことのできなかった原発安全神話」『ことばと社会』14 号、pp.160–191. 三元社.

林斉丈（2013）「リヒャルト・クーデンホーフ・カレルギーの思想とその源流」創価教育研究所紀要『創価教育』第 6 号、pp.101–114.

室田元美（2014）『いま、話したいこと―東アジアの若者たちとの歴史対話と交流』子どもの未来社.

山川智子（2008）「欧州評議会・言語政策部門の活動成果と今後の課題」東京大学ドイツ・ヨーロッパ研究センター『ヨーロッパ研究』(7)、pp.95–114.

山川智子（2010）「『ヨーロッパ教育』における『複言語主義』および『複文化主義』の役割」細川英雄・西山教行編『複言語・複文化主義とは何か』pp.50–64. くろしお出版.

ヨーロッパ日本語教師会／国際交流基金（2005）「1.1　ヨーロッパの言語教育政策」『ヨーロッパにおける日本語教育事情と Common European Framework of Reference for Languages』pp.18－30.

Council of Europe, Language Policy Division. （2006） *Plurilingual Education in Europe－50 Years of international co-operation.* Council of Europe.
<http://www.coe.int/t/dg4/linguistic/Source/PlurinlingalEducation_En.pdf>（2018.1.29 リンク確認）.

Council of Europe, Language Policy Devision. （2007） *From Linguistic Diversity to Plurilingual Education: Guide for the Development of Language Education Policies in Europe.* Council of Europe. （欧州評議会言語政策局著、山本冴里訳（2016）『言語の多様性から複言語教育へ―ヨーロッパ言語教育政策策定ガイド』くろしお出版）.
<http://www.coe.int/t/dg4/linguistic/Guide_niveau2_EN.asp>（2018.1.29 リンク確認）.

Council of Europe. （2008） *White Paper on Intercultural Dialogue- Living together as equals in dignity.* Council of Europe.
<https://www.coe.int/t/dg4/intercultural/publication_whitepaper_id_EN.asp>（2018.1.29 リンク確認）.

Council of Europe, Language Policy Unit. （2014） *Languages for democracy and social cohesion-Diversity equity and quality Sixty years of European co-operation.* Council of Europe.
<http://www.coe.int/t/dg4/linguistic/Source/Source2014/LPU-60ans_EN.pdf>（2018.1.29 リンク確認）.

Gollob, Rolf, Peter Krapf and Witrud Weidinger. （eds.） （2010） *Educating for democracy-Background materials on democratic citizenship and human rights education for teachers.* Strasbourg: Council of Europe Publishing.

Starkey, Huge. （2002） *Democratic citizenship, Languages, Diversity and Human Rights: Guide for the development of Language Education Policies in Europe From Linguistic Diversity to Plurilingual Education, Reference Study.* Council of Europe., Language Policy Division.
<https://www.coe.int/t/dg4/linguistic/source/starkeyen.pdf>（2018.1.29 リンク確認）.

第4章

民主的シティズンシップ教育としての
日本語教育を考える

三輪　聖

1. はじめに

　日本語を学ぶ人たちの多様化が指摘され、それに対応して日本語教育も細分化・専門化・個別化が進んでいる。一方で、教育現場の個別的・具体的特性のみが重要視され、日本語教育という総体が、教育として何を目指すか、教育を通して社会にどのように貢献するか、という大局的な観点からの議論はまだ充分には行われていないように思われる。そこで本章では、これからの日本語教育は何を目指すのかという問いを立て、それに対する1つの答えとして「民主的シティズンシップ教育の実践」という方向性を提示する。

　第3章においてヨーロッパ評議会の複言語主義が生まれた背景が明らかになり、複言語主義の理念が日本社会においても必要であることが示された。本章では、日本語教育においても、複言語主義に基づいた言語教育が重要であり、民主的シティズンシップ教育、政治教育（politische Bildung）、文化間教育の実践を通して、寛容性、社会的結束性を高め、他者との対話を促進し、民主的で平和な社会やコミュニティーの形成に繋がっていくものであることを述べる。

2. 日本語教育が目指す方向性の再考

　学習者の増加や、学習目的・所属・年齢・学習環境などの多様化に伴い、それぞれの現場での学習者にはどのようなニーズがあるのか、どのような能力が求められているのか、そして教師はそのニーズにどう応えられるのかということが論点となり、教育現場の個別的特性が重要視された日本語教育が語られることが少なくないように思われる。筆者が現在生活の拠点としている国においても、教育現場の具体的な特性が重視されるあまり、横断的な繋がりが持ちにくくなってしまっているところも少なからず見られる。このような横断的な繋がりのない個別の議論においては目先の目標に捉われてしまい、「多様性」に価値を見出すことができず排他的になりかねない。グローバル化が進む現在、そもそも日本語教育という総体は教育として何を目指すのか、教育を通して社会にどのように貢献するのかという大局的な観点からの議論を行う必要があるのではないだろうか。

　本章では、複言語・複文化主義の観点から「外国語教育」「言語教育」のあり方を捉え直し、日本語教育が目指すことのできる1つの方向性について考えたい。

　何のために日本語を学習するのか。何のために日本語を教えるのか。教育現場や実践者の位置付けや考え方が異なれば、その実践のあり方も異なる。実践者の目指す方向性が学習者に及ぼす影響は多大である。学習者は言語を学ぶことによって何ができるようになればいいのか。どんな能力、人材を育んでいけばいいのだろうか。彼らはコミュニティや社会においてどのような個人として存在し、生きていくことになるのか。1つの可能性は、言語を学ぶことによって、その人がより豊かになり、コミュニティや社会において人と共に生きることができるようになることだろう。つまり、社会的存在としての言語使用者である学習者個人が、社会において他者と共に生き、主体的にコミュニティや社会に参加し、共にコミュニティや社会をつくっていくことができるようになる事である。実際に日本に行ったときにこのように行動することができれば、その人は1人の市民としてそこで生きることができていることになり、その人生はより豊かなものとなるのではないだろうか。

116　三輪　聖

また、このようなビジョンが有効であるのは日本における生活に限ったことではない。日本語という1つの言語が加わることによって、共に生きる力がより多元的になり、豊かになる。その力は個人の資源となり、どこにいても生きる力となるのである。言語教育は、人とものの移動・交流、価値の多元化が進む社会で生きていくために必要な能力を育むことができるような教育であるべきではないだろうか。

このような観点から日本語教育の目指しうる方向性を捉えた場合、「他者と議論し、違いを受容し、交渉し、妥協し、解釈し、共に生きていくための道を模索できる能力、自身の考えや行動を方向付けることができる能力、互いに尊重し合う姿勢、そして、それを支える日本語能力を育成する」という教育の目標が1つの可能性となってくる。

3. 「共に生きる力」の獲得を目的とした言語教育とは

上記の能力を伸ばすことのできる具体的な実践を考えるにあたって、複言語・複文化主義の価値的側面と深く関わる「民主的シティズンシップ教育（Education for Democratic Citizenship）」および民主的シティズンシップの育成を目指した教育モデルである「文化間教育（Intercultural Education）」（Byram 1997）が参考になる。後者の教育モデルでは「批判的文化アウェアネス（Critical Cultural Awareness）」が軸になっており、自他文化および自身がもつ複数の文化の明示的および暗示的な価値に気づき、複数の文化を相対的に見る意識の必要性が強調されている。民主的シティズンシップには欠かせない姿勢である。

以下、複言語・複文化主義に基づいた幾つかの教育モデルを概観し、日本語教育のあり方を再考したい。

3.1 複言語・複文化教育ではぐくまれる能力

複言語主義に基づく言語教育は、一言で言えば、ヨーロッパにおけるさまざまな言語や文化、人々の持つ違いや複数性に対する意識を高め、尊重を促すということであろう。複言語・複文化教育を通して、他者が持つ異質なも

第4章　民主的シティズンシップ教育としての日本語教育を考える　117

の、あるいは自分自身を含めた個々の人が有する複数性に気づき、それを尊重するといった寛容な姿勢が対話を通して育まれていくのである。このような教育を進めることで、社会に存在する言語や文化や人などに対する偏見や差別から人々が解放され、人が人として尊厳を持って共に生きていくことができるような社会を目指しているのである。

　欧州評議会は、複言語教育によって促進させられる能力や姿勢として次のような内容を挙げている（Language Policy Division、Council of Europe 2006: 5）。

・学習者が選んだ（複数）言語をなぜ学ぶか、どう学ぶかということに対する意識
・（他の）言語学習にも応用できるスキルに対する意識とそれを用いる能力
・社会で認識されている地位に関わらない、他者の複言語性、様々な言語や言語変種の価値の尊重
・様々な言語のもつ文化や他者の文化的アイデンティティの尊重
・様々な言語や文化の間にある関係性を理解し、それらを仲介する能力
・カリキュラムにおける言語教育の包括的で統合されたアプローチ

　まず、自らの複言語・複文化能力に自覚的になることで、自分が学習している言語の意味づけができるようになり、また、他者の複言語性、様々な言語の価値を認められることで、寛容な態度が育つ。さらに、それらを関係づけたうえで仲介できるような能力によって、文化と文化、人と人をつなぎ、平和な社会づくりへと導いていくことができるようになるのである。
　このような姿勢、能力を意識的に育むことを目指す方向性を考慮することは、社会参加を目指す日本語教育においても重要になってくるのではないだろうか。

3.2　民主的シティズンシップ教育と文化間教育ではぐくまれる能力

　価値の多元化が進むグローバル化社会で生きていくには、どんな能力が必要なのだろうか。それは、先に見た複言語・複文化能力に加えて、他者と共

に生き、主体的、積極的に社会に参加し、共に社会を築き上げるのに必要な能力ではないだろうか。互いに尊重し合う姿勢、そして、他者と議論し、多様性や違いを受容し、交渉し、解釈し、妥協し、共に生きていくための道を模索できる能力、自身の考えや行動を方向付けることができる能力、そしてそれを支える言語能力が求められるのである。

　この多様性を受け入れ、尊重し合うといった価値観は、複言語・複文化主義の考えそのものであり、このような姿勢を促す教育は複言語主義に基づいた教育ということになる。「ヨーロッパ市民」の形成を目指す複言語・複文化主義という理念は、民主的社会の確立、社会的結束の必要性から、多様な価値観や態度を持つ人々の間のコミュニケーションを重視したものだと言える。

　本節では、上述のような能力を育むことのできる教育として、ヨーロッパにおいて超国家レベルで取り組まれている「民主的シティズンシップ教育（Education for Democratic Citizenship）」および「文化間教育（Intercultural Education）」（Byram 1997）に注目したい。

　1997 年に欧州評議会によって推進が決議された民主的シティズンシップ教育には以下の 3 つの目的がある（Dürr 2000: 13）。

・民主的な市民社会への積極的参加に必要な知識、スキル、能力を獲得すること。
・対話、談話、問題解決、合意形成、コミュニケーションおよびインターアクションの機会をつくること。
・コミュニティ内の権利と責任、行動規範、価値、倫理・道徳問題への気づきを促すこと。

さらに、Dürr（2000）は以上の目的を以下のようにまとめている。

　民主的シティズンシップ教育は、人権、自由、差異の平等、法のルールなどの基本的に共有される価値を認め、それに関与することに基礎をおく民主主義の文化を促進し、強化することに目的があり、コミュニティ

の意思決定プロセスに積極的に参加し、責任がもてるように青少年や成人を支援する、ボトムアップ式アプローチとして開発された様々な実践や活動である。(Dürr 2000: 14、中山訳 2010)

　また、福島（2011b）は民主的シティズンシップ教育で育成される能力に関して以下のようにまとめている。

　　民主的社会のルールを身につけ（認知）、他者との関係を考慮しながら自己の価値観に基づくアイデンティティ形成を行い（情動・価値）、共同、議論、討議、調整を通して社会を形づくる（行動）能力を育成。（福島 2011b: 4）

　つまり、市民として必要な資質、能力というのは、国民としての義務や責任を果たすといった国家と個人の関係性ではなく、民主的な市民社会にアクティブに関与し、人と関わり、議論・調整をしながら自分たちのコミュニティや社会を形作っていけるような個人の姿勢や知識、スキルを指すということである。

　Audigier（2000）は、上記の目的を達成するには以下の3つの側面において教育される必要があるとしている。また、これらの側面は3つに分けてはいるものの相互依存の関係にあると説明している。

・認知的側面（cognitive dimension）：知識、概念、システムの獲得
　　a. 法律、政治システム、現代の世界情勢、人権、民主的シティズンシップに関する原則と価値の知識
　　b. 主張したり再検討・反省したりする能力のような様々な状況で必要になってくる手続き的性質の能力（procedural nature）
　　c. 人権、民主的シティズンシップの原則や価値に関する知識

・社会的側面（social dimension）：様々な場面での民主主義の実践、行動、価値の選択

a. 他者とともに生活し、協力し、共同作業を構築・実施し、責任をとる能力

b. 民主的な法律の原則に則り、対立を解決する能力

c. 公的な場および生活の中における議論に参加し、選択する能力

・情意・価値的側面（affective dimension）：価値への気付きと内面化
　　a. 民主的シティズンシップ教育で推奨されている原則を遵守する姿勢
　　　（例：自由、平等、連帯）

　民主的シティズンシップを高めるには、知識だけでなく情意面でのトレーニングが非常に重要であることは容易に想像できる。異文化を学び、新たな文化や価値に接することは学習者に自己の世界観の脱中心化を可能とし、相対性を受け入れる寛容な態度を促し、多様なアイデンティティを開発する。しかし、新たな文化や価値に気づくことができ、それを解釈する力やそうしようとする態度は自然に獲得されるものではなく、教育されなければ得られないものである。さらに、知識や態度（情意）を生かして実際に行動する場面も必要である。

　上記の側面をどのように外国語教育の実践につなげるかを検討する前に、ここで、民主的シティズンシップをはぐくむ1つの教育モデルであるByram（1997）による文化間教育の「ICC モデル」に目を向けてみたい。

　Byram の「ICC モデル」では、文化間コミュニケーション能力（intercultural communicative competence）の育成が目的とされているが、文化間で行動するということは、2つの文化に関係性をもたらすことである（Byram 2008）。それには、複数の異なる文化がどのように関連し合っているかを把握する能力、異なる文化の間の仲介者として行動する能力、様々な文化の中で社会化されている人々の間を仲介する能力が必要となる（Byram 2008）。そして、この「仲介する」という行動には、自分が「当たり前」だと思っている習慣ややり方を異なった側面から分析し、必要な場合は新たな価値を生み出すことができる能力が欠かせない。これは、物事と批判的に向き合うことができる能力と言い換えることができる。物事を分析的に深く考

察した上で、さらに自分の置かれた現状を振り返ることができる力であり、「『当たり前』の現状に内在する社会的・慣習的な前提を問い直し、能動的に関わっていこうとする意識・視点・姿勢・態度」（佐藤他 2015）である。この力は民主的シティズンシップが発揮される際には間違いなく必要になってくるのである。Byram（1997）の ICC モデルにおいても「批判的文化アウェアネス（critical cultural awareness）」がその軸となっている。「批判的文化アウェアネス」とは、自他文化および自身がもつ複数の文化の明示的および暗示的な価値に気づき、複数の文化を相対的に見る意識を指し、これは民主的シティズンシップには欠かせない姿勢である。

　Byram（1997）によると、文化間コミュニケーション能力は図1のように「言語能力」「社会言語能力」「談話能力」といった言語に直接的に関わる3つの能力と「文化間能力」とで構成されている。

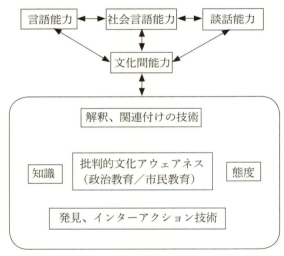

図1　文化間コミュニケーション能力（ICC）モデル（Byram 1997）

　ICC モデルで特徴的な「文化間能力」に含まれる要素は以下の4つの側面にまとめられている。

・態度（attitudes）

a. 自分の価値観と他者の価値観を解釈する際に相対的に見ようとする態度、別の見方を見出すことに関心を持つ姿勢

・知識（knowledge）
a. 自身や他者の属する社会的集団や自他文化に関する背景的知識
b. 異なる文化を持つ個人同士および社会的なインターアクションのプロセスに関わる手続き的知識

・技術（skills）
a. 自他文化、自身の持つ複数の文化の解釈と関連付けの技術
b. 新たな知識や価値観を習得する（対話相手から聞き出す）技術、インターアクションの際に知識、態度、技術を駆使する能力

・批判的文化アウェアネス（critical cultural awareness）
a. 自他文化の明示的・暗示的価値を特定し、解釈する能力
b. 多様な文化をクリティカルにかつ明確な観点および基準を参考に、出来事や文書を比較、分析、評価する能力
c. 文化間のやりとりにおいて、自身が有する知識、技術、態度を駆使してインターアクションや仲介を行い、共通の基準を探し、合意を調整し、違いを受容する調停能力

このような「文化間能力」に言語的な能力が関わり合うことによって、シティズンシップが発揮されるということになる。言い換えれば、民主的シティズンシップを身につけるには、言語的な側面以外にこんなにも多くの文化間能力を獲得する必要があるとされているのである。

ヨーロッパは、多様性を尊重し、人権を擁護し、ヨーロッパという国民国家を超えた社会的結束を図り、超国家的な社会とアイデンティティを創り出すことによって民主的で平和な社会を実現しようとしている。そして、人と人、人と社会が関わり合う際の相互的な文化間コミュニケーションに必要なのは、ある共通言語ではなく、複言語主義に基づいた理念であるとした。そ

第4章 民主的シティズンシップ教育としての日本語教育を考える 123

の理念を実現するために必要なシティズンシップが図1のモデルで示した
様々な能力から成り立っていると言える。

　このような能力をはぐくむ教育現場としては、学習者の総合的な成長を促
す言語教育こそふさわしいと考える。言葉の学習は、他の文化、習慣、考え
方、価値観との出会いの場であり、新たに言葉を学ぶことは異質なものを尊
重し、理解しようとする姿勢を学ぶことになる。さらに、尊重する姿勢があ
るうえで重要なのは、自分や他者の文化、習慣に対して疑問に思ったり、問
い直したり、そこから能動的に発展させていく態度や行動力である。言語教
育の現場には、このようなことに取り組めるきっかけが至るところに存在し
ている。日本語教育の現場も例外ではない。このような観点から日本語教育
を実践することで、学習者の民主的シティズンシップに日本に関わる要素が
加わることになり、それは個人がより豊かになるだけでなく、日本語話者と
の民主的で平和な繋がりも期待できるようになるのである。

3.3　ドイツにおける政治教育（politische Bildung）

　本節では、Byram の文化間教育や民主的シティズンシップ教育に深く関
わる「政治教育（poitische Bildung）」に着目したい。

　近年、欧州でもテロの多発、右派政党の支持率上昇、英国の EU 離脱、そ
してドイツでは移民や難民、外国にルーツのある人たちがターゲットとされ
る事件が相次ぎ、難民の受け入れに伴う様々な問題が身近なところで多く見
受けられるようになっている。放っておくと、社会における分断、分裂がど
んどん進んでしまう恐れがある。ヨーロッパに住んでいると日々このような
危機感を身近に感じざるを得ないが、こんな時、教育がどれほど重要である
かということを思い知らされる。ドイツは第二次世界大戦後、二度と同じ過
ちを繰り返すまいと民主主義の強化、平和な社会づくりを目指して「政治教
育（politische Bildung）」を実践してきている。Byram は、どのようなレベ
ルであってもなんらかの政治的なことと関わり、その中で適切に判断し行動
できるような能力が必要だと指摘し、この「政治教育（politische
Bildung）」の概念を取り入れた「文化間シティズンシップ（intercultural
citizenship）」を育む教育のあり方を提唱している（Byram 1997: 33、2008:

157, 162)[1]。

　ドイツの学校教育では、政治教育がすべての教育の基盤にあると言える（特に歴史、地理、経済、倫理の教科）。ナチス独裁体制を経験したドイツは政治教育という手段により、人々の実際の政治についての理解を促進し、民主主義の意識を確かなものとし、政治に参加する用意を強化する（近藤2009: 13）ことで、平和な社会をつくることを目指している。欧州評議会（2014: 7）は政治教育が生涯必要な教育としたうえで、その根本的な目的を以下のように定義している。

　　政治教育および人権教育の基本的な目的は、学習者が、知識、理解力、様々な能力を身につけるだけでなく、人権、民主主義、法治主義の価値を守るために社会において積極的に行動しようとする意思を持つことができるようにすることである。

　上記のような姿勢、態度を身につけたうえで、文化間の対話を促し、社会的な結束性を強め、多様性の尊重、非暴力的な問題や衝突の解決をすることができる能力の獲得へと繋げていくのである。

　しかし、この政治教育も歴史的に必ずしも十分に機能していたわけではないようだ。冷戦下の激しいイデオロギー対立は政治教育に分裂をもたらした。政治教育で課題にすることが革新派と保守派とで異なってしまったのである。この対立は、連邦国家のドイツにおいて、それぞれの州政府を保守派と革新派のどちらが握るかにより教育内容が根本的に異なるという事態をまねいた。このような政権によって内容が大きく変わるような状況から政治教育を救ったのが、いわゆるボイテルスバッハ・コンセンサス（der Beutelsbacher Konsens）である（近藤2009: 12）。このボイテルスバッハ・コンセンサスの3つの原則を明確にすることで、政治教育を教化とは厳格に区別し、ある特定の政治的立場から政治教育の課題を設定してはいけないことをはっきりと示した。このボイテルスバッハ・コンセンサスは今日にいたるまでドイツにおける政治教育の基本原則とされている。その内容は、以下のようになっている（Sander&Steinbach 2014、近藤2009）。

第4章　民主的シティズンシップ教育としての日本語教育を考える　125

・圧倒の禁止

　　生徒を期待される見解をもって圧倒し、自らの判断の獲得を妨げること
　　があってはならない。これは正に政治教育と教化の違いである。教化は、
　　民主主義社会における教師の役割規定、そして広範に受け入れられた生
　　徒の政治的成熟という目標規定と矛盾する。

・論争のある問題は論争のあるものとして扱う

　　学問と政治において議論のあることは、授業においても議論のあるもの
　　として扱わなければならない。多様な視点が取り上げられず、別の選択
　　肢が隠されているところでは教化が始まる。

・個々の生徒の利害関心の重視

　　生徒は、政治的状況と自らの利害関係を分析し、自らの利害関心にもと
　　づいて所与の政治的状況に影響を与える手段と方法を追求できるように
　　ならなければならない。

　上記のような原則のもとで政治教育が実践されることで、生徒は知識とス
キルを活用し、自ら自分の関心に合った判断や答えに到達することができる
ようになり、様々な意見を知ることで、ある意見はその中の1つであること
が意識でき、1つの意見を絶対的なものとして見ない態度が育成される。
様々な意見や論争があることを知り、それを尊重したうえで自分の位置付け
を考えるプロセスは複言語・複文化主義の発想とも共通し、民主的シティズ
ンシップに欠かせない考える力である意思決定力にもつながる重要な教育理
念である。

3.4　民主的シティズンシップ教育としての日本語教育の可能性

　先述のとおり、Byram（2008）は 3.3 で概観した政治教育をカリキュラム
に組み込むことでまさに文化間コミュニケーション、つまりシティズンシッ
プに必要な能力が育成されるとしている。真のグローバル人材に必要な能力、
つまり他者と共に生き、主体的に社会に参加し、共に社会を築き上げること
ができるような能力を育む言語教育には、民主的シティズンシップ教育
（ECD）、文化間教育（ICC モデル）、政治教育（PB）を統合したフレーム

126　三輪　聖

ワークが有効だと考える。本節では、これらの教育理念をもとに、以下の側面別にそれぞれの教育内容を整理し、日本語教育の実践というコンテクストで解釈し直してみたい[2]。

・知識
・比較・関連付けの技術
・態度
・行動
・言語

表1　EDC, PB, ICC モデルの統合フレームワーク：知識

知識	
民主的シティズンシップ教育	文化間教育、政治教育
認知的側面	**知識**
・法律、政治システム、現代の世界情勢、人権、民主的シティズンシップに関する原則と価値の知識 ・様々な手続き的知識 ・人権、民主的シティズンシップの原則や価値に関する知識	・自身や他者の属する社会的集団や自他文化に関する背景的知識（日常生活、社会など） ・異なる文化を持つ個人同士および社会的なインターアクションのプロセスに関わる手続き的知識 ・学習言語が使われている国の統治形態に関する知識 ・民主主義やグローバル化などに関する知識 ・多文化に付随する社会構造や他者の観点から見た自文化と自国の制度の考察

　まず、日本語の授業で扱うテーマを再考することが必要であろう。「生活世界、社会、文化の動向」といった社会と関わりのあるものを選択することで、新たな文化を知り、自然と授業中に対話が起こり、対話によって自明視していた価値観や文化を批判的に見直すことができるようになる。しかし、こういった社会的な問題に関わるテーマは中級以上で扱うものという意識が強いのではないだろうか。社会に関わるテーマにも家族、住居、就職、冠婚葬祭のような日常レベルの内容で初級から扱えるものはある。また、その活動を行うことで育成したい能力によっては、学習者の使用言語は必ずしも日本語である必要はないだろう。意見を述べたり議論する際の言語を自由にす

れば、扱えるテーマの可能性はさらに広がる。

表2　EDC, PB, ICC モデルの統合フレームワーク：比較・関連付けの技術

比較・関連付けの技術	
民主的シティズンシップ教育	**文化間教育、政治教育**
	比較に基づく技術 ・自他文化、自身の持つ複数の文化の解釈と関連付けの技術 ・自民族中心主義的観点に気づき、その原因を説明する技術 ・インターアクションにおいて衝突が起こったことに気づき、衝突の原因を分析する技術
・自己の世界観の脱中心化を促す。 ・違い受け入れる寛容な態度を促す。	・判断が対立する場合、仲介する技術

　民主的シティズンシップ教育の内容には比較・関連付けの技術に関する具体的な記述は見受けられないが、文化間教育や政治教育で必要とされている技術は、民主的シティズンシップで重要視されている自己の世界観の脱中心化および違いを受け入れる寛容な態度を促進することに繋がるだろう。

　日本語の授業でも、異なる言語や文化と接したときに感じた違和感、びっくりしたことなどを意識化し、クラスで共有することができるだろう。その「違う」という事実をただ確認するだけではなく、他者や他国の言語、文化と自身の言語、文化を比較しながら関連付けていき、違和感、衝突の原因を分析し、クラスで考えることが重要である。

表 3　EDC, PB, ICC モデルの統合フレームワーク：態度

態度	
民主的シティズンシップ教育	文化間教育、政治教育
情意・価値的側面 ・民主的シティズンシップ教育で推奨されている原則を遵守する姿勢（自由、平等、連帯など）	**態度** ・自分の価値観と他者の価値観を解釈する際に相対的に見ようとする態度 ・別の見方を見出すことに関心を持つ姿勢 **批判的文化アウェアネス** ・自明視されていることを疑問視する姿勢 ・自他文化の明示的・暗示的価値を特定し、解釈する能力 ・多様な文化をクリティカルにかつ明確な観点および基準を参考に、出来事や文書を比較、分析、評価する能力 ・文化間のやりとりにおいて、自身が有する知識、技術、態度を駆使してインターアクションや仲介を行い、共通の基準を探し、合意を調整し、違いを受容する調停能力

　先に見た「生活世界、社会、文化の動向」といった社会と関わりのある
テーマを授業で取り扱うことで、批判的文化アウェアネスを引き出すことが
できるだろう。新たに出会った日本の生活や文化、社会に見られる価値観と
自身の経験に基づいた価値観を相対的に見ることで、新たな見方や価値観を
見出すとともにこれまで自明視していたことを認識し直すきっかけにもなる。
それによって、複数性や多様性への気づき、寛容性、価値への気づき、自己
と他者の尊重の姿勢を促すだけでなく、学習者個人の中での新たな文化や言
語の位置づけも明確になり、それらを繋ぐ仲介能力も高まることになること
が期待される。

表 4　EDC, PB, ICC モデルの統合フレームワーク：行動

行動	
民主的シティズンシップ教育	**文化間教育、政治教育**
行動・社会的側面	**行動のための技術**
・他者とともに生活し、協力し、共同作業を構築・実施し、責任をとる能力 ・民主的な法律の原則に則り、対立を解決する能力 ・公的な場および生活の中における議論に参加し、選択する能力	・新たな知識や価値観を習得するための方法（対話相手から聞き出す）を見出す能力 ・インターアクションや仲介行動の際にリアルタイムで知識、技術、態度を駆使する能力

　日本語を駆使して仲介し、インターアクションする行動そのものが民主的シティズンシップを発揮している場だと言える。この民主的な行動をグループワークを取り入れるなどして授業で実践することが行動のための技術を開発することに繋がる。

表 5　EDC, PB, ICC モデルの統合フレームワーク：言語

言語	
民主的シティズンシップ教育	**文化間教育、政治教育**
	・言語能力 ・社会言語能力 ・談話能力 言語アウェアネス ・言語と思考の関係性を分析 ・複数の言語間での比較対照 ・個人が有するそれぞれの言語能力の比較対照 ・複言語のレパートリーを増やす

　これらは言語に直接的に関わる言語能力、社会言語能力、談話能力の育成に関わる側面である。日本国内の地方やコミュニティにおいてどのような日本語（方言、変種）がどのような人にどのように使われているかを分析してみることも一案であろう。また、自身の中にある日本語を含めた複数の言語に着目し、人の身体の形の輪郭を描いた線画上に位置付けていく言語ポートレート[3]を使ってそれぞれの言語が自分にとってどのような意味があるかを考える。その結果をクラスで共有することで対話が生まれるだろう。日本語

とその他の言語レパートリーとを比較対照することによって、言語を相対化し、分析することが可能になるのである。

4. 民主的シティズンシップ教育、文化間教育、政治教育の枠組みから日本語教育を捉える―おわりにかえて

　以上見てきたように、「言語教育・外国語教育」を「文化間教育」「民主的シティズンシップ教育」として捉え直すことによって、その目的も実践のあり方も大きく変わる。言語教育そのものが民主的シティズンシップ教育や文化間教育になるのであれば、複言語主義的言語教育は、日本語教育にも新しい可能性を与えてくれるのではないだろうか。多様な価値観が共存するヨーロッパ共同体におけるこのような教育的試みは、社会に積極的に参加する能力の育成を目指した日本語教育として大きな可能性を秘めている。学習者一人一人が日本語を学ぶことによって民主的シティズンシップと文化間能力を高め、日本語使用者として社会への参加意識を持つことによって民主的シティズンシップを備えた「共に生きる人」が増えることになる。また、複言語・複文化主義に基づいた教育に日本語教育の実践を重ねることで、日本語が学習者の中の複数のレパートリーの1つとして位置づけられ、言葉が、生きていく中で必要な力として総合的に育成されることになるだろう。そのような教育の実践、行動の積み重ねが民主的で平和なコミュニティーや社会の形成に繋がっていくことを期待している。

注

1　Byram（2008）が使用している「相互文化的市民性（intercultural citizenship）」という言葉は、言語教育に政治教育を組み合わせることにより、アイデンティティよりも能力に焦点を当てたものになっている。国家レベル、国家より小さいレベル、または国家を超えるレベルのどれであっても、複数の政治的統一体において人々が賢明に行動できるようになるためには、ある能力を身につける必要があるとい

う考えである。

2 ここでの整理は Byram（2008）をもとに、バイラム（2015 細川監修 山田・古村訳）pp.256–259 の翻訳を参考にした。

3 言語ポートレートは移民の子どもたちが自分の言語にどのような感情を抱いているのかを知る手段として使用されることが多かったが、子どもだけでなく大人も自身の言語や言語使用状況について考えるきっかけをつくるものとして有用である。言語ポートレートを使用することで、その人の言語に関して総合的に把握することができるようになる。色を使うことによってその言葉に対する感情、気持ちが視覚化され、描かれた輪郭によってその言語に対して持っている価値観が具体化される。その意味で、言語ポートレートは、抑圧されてきた自身の言語バイオグラフィーと初めて向き合うきっかけを与えてくれると言える。(Krumm 2010)

参考文献

近藤孝弘（2009）「ドイツにおける若者の政治教育―民主主義社会の教育的基盤―」『学術の動向』10: pp.10–21. 日本学術会議.

佐藤慎司・高見智子・神吉宇一・熊谷由理（2015）『未来を創ることばの教育をめざして―内容重視の批判的言語教育（Critical Content-Based Instruction）の実践』ココ出版.

中山あおい（2010）「シティズンシップ教育をめぐるヨーロッパの動向―リスボン戦略と EU の取り組みについて―」『大阪教育大学紀要 第Ⅳ部門 教育科学』58（2）: pp.119–129. 大阪教育大学.

バイラム・マイケル　細川英雄監修 山田悦子・古村由美子訳（2015）「相互文化的能力を育む外国語教育―グローバル時代の市民性形成をめざして」大修館書店.（Byram, Michael.（2008） *From Foreign Language Education to Education for Intercultural Citizenship*. Clevedon: Multilingual Matters Ltd.）

福島青史（2011a）「『共に生きる』社会のための言語教育―欧州評議会の活動を例として」『リテラシーズ』8: pp.1–9. くろしお出版.

福島青史（2011b）「社会参加のための日本語教育とその課題―EDC、CEFR、日本語能力試験の比較検討から―」『早稲田日本語教育学』10: pp.1–19. 早稲田大

学.

細川英雄・西山教行（2010）『複言語・複文化主義とは何か』くろしお出版.

松浦依子・宮崎玲子・福島青史（2012）「異文化間コミュニケーション能力のための教育とその教材化について―ハンガリーの日本語教育教科書『できる』作成を例として―」国際交流基金『日本語教育紀要』8: pp.87–101. 国際交流基金.

山川智子（2010）「『ヨーロッパ教育』における『複言語主義』および『複文化主義』の役割」細川英雄・西山教行（編）『複言語・複文化主義とは何か』pp.50–64. くろしお出版.

Audigier, François. (2000) Project "Education for democratic Citizenship. Basic Concepts and core competencies for education for democratic citizenship". Strasbourg: Council of Europe Publishing.

Byram, Michael. (1997) Teaching and Assessing Intercultural Communicative Competence. Clevedon: Multilingual Matters Ltd.

Byram, Michael. (2008) From Foreign Language Education to Education for Intercultural Citizenship. Clevedon: Multilingual Matters Ltd.

Byram, Michael. (2013) Foreign language teaching and intercultural citizenship. In Iranian Journal of Language Teaching Research. Urmia: Urmia University.

Council of Europe, Language Policy Division (2006) Plurilingual Education in Europe. Strasbourg: Council of Europe Publishing.

Council of Europe, Language Policy Division (2007) From linguistic Diversity to Plurilingual Education: Guide for the Development of Language Education Policies in Europe. Language Policy Division, Strasbourg: Council of Europe Publishing.

Council of Europe (2014) Europarats-Charta zur Politischen Bildung und Menschenrechtsbildung. Strasbourg: Council of Europe Publishing.

Dürr, Karlheinz. (2000) Project on "Education for democratic Citizenship. Strategies for Learning Democratic Citizenship". Strasbourg: Council of Europe Publishing.

Gollob, Rolf Krapf, Peter and Weidinger, Wiltrud. (eds.) (2010) Educating for democracy-Background materials on democratic citizenschip and human rights education for teachers. Strasbourg: Council of Europe Publishing.

Krumm, Hans-Jürgen. (2010) Mehrsprachigkeit in Sprachenporträts und

Sprachenbiographien von Migrantinnen und Migranten. In *AkDaF Rundbrief 61*. Jona: Arbeitskreis DaF.

Sander, Wolfgang and Steinbach, Peter. (2014) *Politische Bildung in Deutschland: Profile, Personen, Institutionen*. Bonn: Bundeszentrale für politische Bildung.

Starkey, Hugh. (2002) *Democratic Citizenship, Language Diversity and Human Rights: Guide for the development of Language Education Policies in Europe, From Linguistic Deversity to Plurilingual Education, Referece Study*. Language Policy Division. Strasbourg: Council of Europe.

第 5 章

なぜ批判的談話研究を日本語教育に
取り込むのか

名嶋義直

1. なぜ日本語教育で批判的リテラシーに焦点を当てるのか

　3 章の 1.1 節では、欧州評議会の推進する言語教育政策において複言語主義が中心概念となり「言語の多様性」・「相互理解」・「民主的シティズンシップ」・「社会結束」という 4 つの要素が密接に関連し合っていると述べられている。そして 3.1 節ではその複言語主義の捉え方の特徴として、「批判的な捉え方」と「社会構築主義的な捉え方」とがあることが示されている。それを筆者なりに解釈をすれば、社会構築主義的な捉え方を実践するためには批判的姿勢や思考が不可欠であり、複言語主義において「批判的な捉え方」は大きな意味をもつことになる。一方、民主的シティズンシップ教育としての日本語教育を論じている 4 章でも「批判的文化アウェアネス」ということばが何度も使用されている。ここでも「批判的」という姿勢や実践が重要な意味を持っていることがわかる。

　現実の社会に目を向けると、そこにはさまざまな問題が存在する。そのため、市民として社会に主体的に参画し、民主的な社会を作り、その社会を維持し発展させていくためには、課題を見出し、それについて考え、他者と対話し、時には議論し、異なる意見や姿勢を調整し、民主的なプロセスを通して課題解決に取り組む力が求められる。人間相手の教育に関わる日本語教師は、日本語を学ぶ人がそのような批判的リテラシーと民主的な調整能力とを

135

伸ばしていく過程を支援していく役割を担うことになる。その目標を達成するためにも、学ぶ人自身が社会を体験し、観察し、気づき、分析し、一般化を行うという実践が不可欠であり、かつ重要な意味を持つ。

　当然のこととして、批判的リテラシーを伸ばす授業を行う日本語教師には批判的リテラシーが求められる。批判的リテラシーなくして批判リテラシーを伸ばす授業をデザインすることはできないからである。しかし私たち日本語教育関係者は充分なレディネスを備えているだろうか。残念ながら一般的に言って、言語の自律性や中立的立場を研究や教育の前提として受け入れてきた日本語教育・日本語教師において、そのようなレディネスが充分であるとは言えないように思われる。ではどうすればいいだろうか。

　その1つのヒントとなるのが批判的談話研究（Critical Discourse Studies; CDS）である。そこで本章では、実際にテクストの批判的談話分析を行い、分析の際の着目点や分析結果を共有し、批判的リテラシーの重要性を再認識し、それによってメタ的な批判的リテラシーを伸ばす場を構築したい。

2. 批判的談話研究という姿勢と分析における政治性

2.1 批判的談話研究について

　批判的談話研究についての概説は、本書共著者の野呂香代子氏の著作に詳しい説明があるのでそれを参照していただくとして[1]、ここではそれを踏まえて以下のように位置づけておく。

　CDSとは、単なる談話分析の理論や手法ではなく学問的姿勢である。具体的には、社会の問題に目を向け、弱者側に立ち、談話の分析を通して、権力の意図と実践を明るみに出し、それと向き合う方法を考え、最終的には研究者自身も社会変革のために行動する姿勢を指す。具体的には、テクストやそのテクストを取り巻く文脈、関連情報などを詳細に分析し、そこに隠された談話主体や力を持っている集団（以下、権力）の意図などを可視化し、それを通して、批判的に情報に接する態度や手法を世に広げたり、個別的な社会問題に対して異を唱えたり、問題解決のための提案や行動を行ったりする。決して狭い研究の世界という閉じていて守られた環境の中で、研究者が自分

の意見を好き勝手に言って終わり、というものではなく、むしろその逆で、責任ある行動を引き受ける覚悟と姿勢で行われるものである。

ヴァン・デイク（2010: 134）はCDSについて以下のように述べている。

　　一定のアプローチ等を指すのではなく、学問を行う上での一つの―批判的な―見解なのである。すなわち、いわば『姿勢を伴った』談話分析だと言える。その焦点は社会問題にあり、特に権力の濫用や支配の再生産および再生産における談話の役割にある。

CDSの多くは学際的なアプローチを取り、分析に活用できる資料や情報はテクストの外にも広く求める。また、弁証法的関係のアプローチ・社会認知学的アプローチ・談話の歴史的アプローチ・デュースブルグ学派のアプローチなどいくつかの代表的な枠組みがあり、その枠組みが提唱する着目点に沿って分析を進めていけば初学者でも一定の分析が可能である。

2.2　政治性について

　おそらく日本語教育に限らないと思われるが、授業で使用する新聞記事や動画などを選ぶ際に、政治的な内容のものは敬遠されることが多いのではないだろうか。それは「政治性を避ける」ため、よく言えば「偏りを避ける」ためであろうが、そもそも政治的で偏っている話題を授業に持ち込んではいけないのだろうか。教室で見たり聞いたり読んだりするものは非政治的な内容で中立的なものでなければならないのだろうか。これについてはドイツにおける政治教育に対する考え方が参考になる。

　1976年にドイツの著名な政治学者たちが集まり、政治教育の理念に関する最低限の合意をめざして協議をし、「ボイテルスバッハ・コンセンサス」が生まれた。40年以上前のことであるが、今ではそれが「ドイツの政治教育の基本的原則として広く受け入れられている」（近藤 2015: 13）という。ボイテルスバッハ・コンセンサスは一般的に3つの原則に要約される。

ボイテルスバッハ・コンセンサス

(1) 圧倒の禁止

生徒を期待される見解をもって圧倒し、自らの判断の獲得を妨げることがあってはならない。これが正に政治教育と教化の違いである。教化は、民主主義社会における教師の役割規定、そして広範に受け入れられた生徒の政治的成熟という目標規定と矛盾する。

(2) 論争のある問題は論争のあるものとして扱う

学問と政治において議論のあることは、授業においても議論のあるものとして扱わなければならない。多様な視点が取り上げられず、別の選択肢が隠されているところでは教化が始まる。

(3) 個々の生徒の利害関心の重視

生徒は、政治的状況と自らの利害関係を分析し、自らの利害関心にもとづいて所与の政治的状況に影響を与える手段と方法を追求できるようにならなければならない。（近藤 2009: 12）

　この原則のもと、「政治教育は、特定の思想に基づく『正しい』見方や考え方を生徒に伝達するのではなく、社会に存在する様々な対立する考え方を理解させることを通じて、1人ひとりが自分で政治的立場を形成できるようになることを共通の目標とする」（近藤 2015: 13）ことになったという。そして近藤は続けて次のように述べている。

　　ボイテルスバッハ・コンセンサスは、まさに中立性についての開放的な理解を体現していると言ってよいだろう。中立性をより厳格に解釈し、政治的な対立点を学校から排除することも論理的には可能だが、それでは有効な政治教育は行えない。政治とは対立的・論争的なものである。教育の中立性は、本来、個人が自由に人格を発達させる権利を保障することを目的としているが、そのためには国家が独裁制などに陥ることなく自由民主主義を維持する必要がある。政治教育には正にその点での貢献が期待されているのであり、中立性の要件が不明確であるという理由でそれを実施しないのは自己矛盾と言わなければならない。（p.13）

ボイテルスバッハ・コンセンサスやそれに関する近藤の説明は日本におけ
る政治教育への 1 つの指針となると思われる。ドイツで採用されているか
らということではなく、そこで述べられていることは一貫して論理的で納得
できると思われるからである。

　ボイテルスバッハ・コンセンサスに沿って教材を選び使用するなら、政治
的な内容のテクストを使用することに躊躇する必要はなくなる。そして何よ
りも、批判的な読みを実践するにあたり、政治的内容のテクストは格好の素
材となる。なぜなら批判的リテラシーの育成のための非常に効果的な訓練と
なるからである。政治には当事者の政治的な考え方・姿勢・態度・立場・価
値観・イデオロギー等が必ず関わっているが、それらは非明示的に表現され
ていることも多い。しかし批判的な読みを実践すれば、一部であってもそれ
らを顕在化させることができる。よって、そのテクストを読み解いていく過
程の体験は教育効果を持つと考えられる。批判的リテラシーの育成を目指す
教育で、政治的な内容のテクストを使用しない手はない。

2.3　分析するテクストと着目点について

　本章で分析するテクストは沖縄・辺野古に関する問題について書かれたも
のである。それらを選んだ理由は、筆者が沖縄県の琉球大学で勤務している
こと、米軍基地や安全保障に関する問題は留学生にとっても自分の社会の問
題であること[2]、沖縄・辺野古に関する問題は、よく言われるように沖縄県
だけの問題ではなく日本全体の問題であることを踏まえると、程度の差こそ
あれ、多くの人の利害関心につながる内容であると考えられること等である。

　テクストのジャンルは新聞の社説である。社説を選んだ理由は日本語教育
的観点と批判的リテラシー的観点から考えてのことである。日本語教育的観
点からは、一定の長さの文章を批判的に読むという学習目標に合致している
点を重視した。社説を使用すれば書き言葉的表現や文法を自律的に学ぶ機会
も提供できる。批判的リテラシー的観点からは以下のような利点がある。社
説には新聞社の主張が色濃く反映される。またその主張の意図は新聞社が読
者、ひいては社会全体への働きかけであり、単純な言い方をすれば世論形成
のためである。したがって、新聞の社説を批判的な姿勢で読むことは批判的

第 5 章　なぜ批判的談話研究を日本語教育に取り込むのか　139

リテラシーを伸ばすために大いに役立つと考えられる。

　分析するテクストは読売新聞と産経新聞の社説である。この二紙を選んだのは本章の筆者の考えとはかなり異なる論調であったからである。つまり、筆者自身の利害関心から出発しているのと同時に、一般に言われる「辺野古新基地建設反対」という沖縄県民の多数を占める民意ともずれがあると思われたからである。民主的シティズンシップは、多様性や異なるものへの寛容性を重視する。それが排除ではなく受け止めや受け入れにつながり、対話や調整へと展開するからである。つまり、自分とは異なる意見を、頭ごなしに排除したり感情的に否定したりするのではなく、如何に批判的に読むかという実践を行いたいということである。トピックは安倍首相と翁長知事の会談・菅官房長官と翁長知事の会談の2つである。それぞれ読売新聞と産経新聞の社説が配信されている。資料として章末に引用する。

　この4本の社説を縦断的・横断的な視点で考察する。先に述べたようにCDSにはいくつもの分析枠組みがあり、また分析するテクストの外から共時的・通時的を問わず利用できるリソースは利用するという姿勢で行われるが、ここでは紙幅の都合もあるためイェーガー（2010）の枠組みを参照し[3]、段落ごとの内容・論理と構成・特徴あるディスコース・登場人物の位置づけ等に着目してマクロ的な分析を行い、語彙や文法の逐語的な読み（字義的意味の理解）からは読み取りにくい談話主体の関係性を探ってみたい[4]。また4本の社説を縦断的・横断的に比較することを通して、各新聞社の沖縄・辺野古に対する姿勢、言い換えればイデオロギー性についても明らかにしたい。

3. 4つの社説の批判的分析

3.1 読売新聞社説1と産経新聞社説1の比較

　読売新聞社説「首相VS沖縄知事　建設的対話重ねて接点を探れ」（以下、読売新聞社説1）を、段落ごとに分析した結果をまとめると表1になる。分析で着目した点は、段落ごとのおおまかな内容、論理・構成、特徴的なディスコース（文や節など）、誰寄りのどういう立場かという「位置づけ」である。

表 1　読売新聞社説 1 の分析結果

段落	内容	論理・構成	特徴あるディスコース	位置づけ
1	双方への提言	主張 1（一般論）	政府と沖縄県の隔たりは大きい、建設的な対話を重ねる中で、接点探るべき	中立（見せかけ）
2	会談の実現／首相の言動	事実叙述／談話引用	米軍普天間飛行場、辺野古移設、唯一の解決策、理解を求めた	首相肯定
3	首相の言動	談話引用	1 日も早い危険性の除去、我々も沖縄と思いは同じ、強調	首相肯定
4	知事の言動	談話引用	頑なな固定観念に縛られるべきではない、反論、中止を求めた、首相の訪米に言及、知事と県民が明確に反対、米側に伝えるよう要請	知事否定
5	会談の意義／双方への提言	評価／主張 2（一般論）	対立点を確認しただけ、率直に意見交換、意味は小さくない、対話を継続、信頼関係を築く、大切	中立（見せかけ）
6	知事の過去の言動	事実叙述	菅官房長官との会談、上から目線、政治の堕落、非難	知事否定
7	知事の言動への批判	評価	だが、相手を非難するだけ、米軍基地負担の軽減という共通目標、進展しない	知事否定
8	知事の過去の言動	事実叙述	県漁業調整規則、知事が移設作業の停止を防衛省に指示、〜したのに対し、関連法、林農相、指示の執行停止を決定	知事否定
9	防衛省の過去の言動	事実叙述	防衛省、生態系に大きな影響は与えていない、見解を公表	政府肯定

10	知事の今の姿勢	事実叙述／評価	知事は法廷闘争も辞さない構え、停止させる見通しは立っていない、政府との対立を一方的を深めるだけ、利益になるまい	知事否定
11	中国の動き	事実叙述／根拠（危機）	中国が軍事活動を活発化、中国機に対する自衛隊の緊急発進、過去最多の464回、中国公船の領海侵入、常態化	中立／政府肯定
12	米軍の位置づけ	主張3（具体論）／根拠（危機、利益）	在沖縄米軍の重要性、一段と増した、抑止力の維持、住民の負担軽減、両立する辺野古移設、現実的かつ最良の選択肢	政府肯定
13	地域振興策	談話引用／根拠（利益）	米軍基地の返還、地域振興策、着実に推進する考えを改めて示した	中立
14	基地返還	事実叙述／仮定根拠（不利益）	1048ヘクタールにもおよぶ県南部の米軍施設、28年度までに、順次返還される予定、仮に辺野古移設が停滞すれば、大幅に遅れかねない	中立／知事否定
15	政府への提言	主張4（具体論）	辺野古移設の意義と重要性、地元関係者に粘り強く説明、理解を広げねばならない	政府肯定

　次に同じ着目点について、産経新聞社説「安倍・翁長会談　危険性除去へ責任果たせ」（以下、産経新聞社説1）を分析した結果を表2にまとめる。

表 2 産経新聞社説 1 の分析結果

段落	内容	論理・構成	特徴あるディスコース	位置づけ
1	会談の実現	事実叙述	米軍普天間飛行場、辺野古移設、移設に反対する翁長雄志沖縄県知事、初会談	知事否定
2	会談の意義	評価	平行線をたどったものの、直接意見を交わした意義、小さくない、話し合いを継続する意向、双方が示した、よかった	中立（見せかけ）
3	双方への提言	主張 1 （一般論）	日本と沖縄の安全保障、移設実現への道のり、なお険しい、双方の意思疎通、粘り強く協議を重ねていく必要	中立（見せかけ）
4	首相と知事の言動	談話引用	唯一の解決策、丁寧に説明、理解を得るべく努力を続けたい、絶対に辺野古に新基地は造らせない、固定観念に縛られず、移設作業を中止してほしい、要求	中立（見せかけ）
5	課題の整理	主 張 2 （ 具 体論）／根拠（危機、利益）	世界一危険とされる普天間、危険性を除去、基地負担軽減を進める、日米同盟の抑止力を保ちながら、安全保障を確かなものにする、課題であることは変わりようもない。	中立（見せかけ）
6	辺野古移設の位置づけ	主 張 3 （ 具 体論）／根拠（条件）	この問題意識が共有されなければ、協議の進展は難しい、（上の）3点を実現できる案、苦慮の末に見出したのが辺野古移設	政府肯定

第 5 章　なぜ批判的談話研究を日本語教育に取り込むのか　143

7	知事の言動	談話引用	移設反対、オバマ大統領に伝えてほしい、代替案を示すべきではないかという疑問、こんな理不尽なことはない	知事否定
8	知事の言動を批判	評価	それでは普天間の住民の安全を確保できない、抑止力維持の観点、大いに疑問	知事否定
9	沖縄の位置づけ	主張4（具体論）／根拠（沖縄の負担は貢献）	沖縄の基地負担、世界の平和に役立っている、政府や国民が十分認識し、負担軽減に努める、当然だ	中立（ヘッジ）
10	米海兵隊の位置づけ	主張5（具体論）／根拠（危機）	同時に、辺野古に残る米海兵隊、台頭する中国、軍事的横暴、許さない、日米両国の意思、示す存在	政府肯定
11	政府への提言	主張6（具体論）	会談は30分強、安全保障を論じるには時間が足りなかった、今後もさまざまな機会を通じ、辺野古移設、なぜ唯一の解決策か、翁長氏や沖縄関係者に説くべき	政府肯定
12	知事への提言	主張7（具体論）	中国が奪取を狙う尖閣諸島のある県の首長として、基地負担を通じ、平和に貢献、意識持ってほしい	知事否定

　双方の社説には同様の特徴が観察された。まず会談中の発言を事実として複数提示し、それを受けて会談自体を評価し、一般論的な表現で対話継続の必要性を政府・沖縄県に対し提言している談話となっている。しかし、建設的な対話・粘り強く協議と言いながら、具体的な内容への言及が行われている段落では、政府の言動は肯定的に描かれ、沖縄県知事の言動は否定的に描かれている。社説内に複数見られる具体的・個別的な内容の主張の多くも政

府肯定／知事否定という論調となっている。知事の言説や行動は逐一反論され、抑止力や安全保障を根拠に最終的な主張として沖縄に政府案の受け入れを求めている。辺野古新基地が必要だと主張する根拠は、これまで政府が語ってきたものと同じである。中国の脅威と米軍の必要性である。中国を脅威として描くという点でも両紙は同じ傾向を見せており、「軍事活動の活発化」・「緊急発進」・「領海侵入」・「軍事的横暴」等の語を用いて否定的な位置づけを与えて叙述しているという共通点があった。両紙とも負担軽減という利益には言及しているが、沖縄の中で負担場所が代わるだけであって実質的な低減になるのかということには言及していない。

実はこの首脳会談の前には翁長知事と菅官房長官との会談内容も記事になって配信されている。次はその2つの社説を分析し比較する。

3.2 読売新聞社説2と産経新聞社説2の比較

読売新聞社説「菅・翁長会談　批判にも相手への配慮が要る」（以下、読売新聞社説2）の分析結果を表3に記す。分析の着目点は社説1と同じである。

表3　読売新聞社説2の分析結果

段落	内容	論理・構成	特徴あるディスコース	位置づけ
1	知事への提言	主張1（一般論）	政府を批判するだけでは問題は解決しない。具体策を探る努力、建設的な議論、欠かせない	知事否定
2	官房長官の言動	事実叙述／談話引用	唯一の解決策、予算の確保、負担軽減、努力を約束、理解を求めた	政府肯定
3	知事の言動　双方への提言	談話引用／評価／主張2（一般論）	反対、平行線、対話の継続で一致、意思疎通を重ね、信頼関係、接点を模索、大切だ	知事否定／中立（見せかけ）
4	知事の言動への批判	評価／談話引用	疑問なのは、激しい政府批判、終始、普天間飛行場、代替案、日本の政治の堕落、非難	知事否定

5	知事の言動への反論	事実叙述／根拠（歴史的経緯）	米国、民有地を軍用地として、強制接収は事実、一貫して県内移設が前提、知事も県議や那覇市長時代長年辺野古移設容認	知事否定
6	知事の言動への批判	仮定根拠（危機）／主張3（具体論）	移設が実現しない限り、危険な現状が継続、県内にも一定の容認論、辺野古移設追求、政治の役割	知事否定
7	知事の言動への批判	事実叙述／評価	粛々と進める、「上から目線」と批判、「〜使えば使うほど、県民の怒りは増幅する」	知事否定
8	官房長官の言動への賛同	事実叙述／評価	粛々と進める、使わないと明言、相手に対する配慮、建設的な協議に不可欠	政府肯定
9	知事の言動への批判	仮定根拠（利益）／主張4（具体論）	「普天間飛行場の早期返還」の実現を目指すなら、挑発的な言葉、避けて、冷静に議論してもらいたい	知事否定
10	負担軽減	事実叙述／根拠（利益、負担）	住宅密集地、普天間飛行場、辺野古、移設、騒音、重大事故の危険性、大幅に軽減、埋め立て面積は現飛行場の3分の1に留まる	政府肯定
11	基地返還／中国の動き／米軍の位置づけ	事実叙述／根拠（危機）／主張5（具体論）	県南部の米軍施設、約7割返還の計画の中核、中国の活発な海洋進出、在沖縄米軍の重要性が高まる、最も現実的な問題解決	政府肯定
12	政府への提言	主張6（具体論）	関係者の理解を広げながら、作業を計画通り進めることが重要	政府肯定

　続いて、同じ観点で産経新聞社説「菅―翁長会談　対話協力で一致点を探れ」（以下、産経新聞社説2）を分析した結果を表4として挙げる。こちら

も分析の着目点は社説 1 と同じである。

表 4　産経新聞社説 2 の分析結果

段落	内容	論理・構成	特徴あるディスコース	位置づけ
1	会談の実現	事実叙述	パイプが途絶えていた、ようやく実現した	中立
2	会談の意義	事実叙述評価	普天間飛行場、辺野古移設、すれ違いに終わった、顔を見ながら言葉を交わした意味、小さくないはず	中立（見せかけ）
3	官房長官の言動	談話引用	日米同盟、抑止力、維持、（普天間の）危険性除去、辺野古移設、唯一の解決策	政府肯定
4	知事の言動	談話引用	危険除去、（沖縄に）負担しろ、政治の堕落、県内移設に反対	知事否定
5	双方への提言	主張 1（一般論）	立場の開きは大きい、話し合いは続ける考え、対話を重ね、打開の道を探る、政治家としての務め、果たしてもらいたい	中立（見せかけ）
6	背景	事実叙述	上京を重ねていたが、会談は実現せず、意思疎通の欠如、印象付けてきた	知事否定
7	背景／会談の意義	事実叙述／根拠（既定事実）／評価	米軍基地の一部返還、菅氏の出席を契機に、会談が設定、政府首脳が沖縄に足を運び、初会談が実現、よかったのではないか	政府肯定
8	双方への提言	評価／主張 2（一般論）	双方の主張、直ちに変わることはない、移設阻止を掲げて当選した翁長氏、方向転換は難しい、対話を通じて一致点を見出す努力、あきらめるべきではない	中立（見せかけ）

9	双方への提言	主張3（一般論）	翁長氏が要望、安倍首相との面会、できるだけ早く実現する必要、普天間の危険性、このまま放置してよいのか、腹を割って話し合えるか	中立（見せかけ）
10	知事への提言／知事の言動への批判	仮定根拠（危機）／主張4（具体論）	世界一危険な基地、普天間の早期返還の実現、国にも沖縄にも責任、代案を示さないまま辺野古移設を拒めば、普天間の危険性が固定化される、翁長氏にはその点をどう考えるのか、さらに詳しく語ってもらいたい	中立（見せかけ）／知事否定
11	沖縄の位置づけ／中国の動き／知事への提言	事実叙述／根拠（危機）	抑止力における沖縄の地政学的な意味合い、抑止力の度合いを左右する辺野古移設の行方、尖閣諸島を狙う中国が注視、忘れてはなるまい	政府肯定／知事否定
12	負担軽減／経済振興	根拠（利益、負担）／主張5（一般論）	辺野古問題と併せ、基地負担の軽減策、経済振興策、円滑に話し合える環境の構築、急がれる	政府肯定／知事否定

　菅官房長官との会談に関する社説も両紙に共通の特徴が観察できる。一般論的な主張では双方に建設的な議論・対話の継続を提言しているが、具体的な内容を伴う主張は、沖縄県・翁長知事に対して政府の方針や政策に従うよう要求するものとなっている。官房長官の発言内容は肯定的な評価を伴って叙述されるが、翁長知事の発言内容は否定的な評価を伴って叙述され批判や反論を受けている。批判自体は推奨されるべき姿勢であるが、政府側に批判的ではないということは何を意味するのか注意すべきである。

　辺野古新基地が必要だと主張する根拠は、両紙の社説1と同じであり、これまで政府が語ってきたものとも同じある。中国の脅威とそれに対応するため米軍が必要だというものである。読売新聞の社説2では政府に対し明確に「作業を計画通り進めることが重要」と提言している。産経新聞の社説

2は段落10と11とで沖縄県知事に「詳しく語ってもらいたい」と対話の姿勢を見せつつも続く段落で中国の脅威を「忘れてはなるまい」と述べ、政府と同じ論理で再考を強く促している。

4. 4つの社説の共通点と相違点

　2つの新聞社の4つの社説を分析した結果、どの社説も政府の観点で書かれている部分は肯定的に叙述され、沖縄県知事の言動は否定的に叙述され、批判的対象として位置づけられていた。また、それぞれの社説の中には種々の提言が盛り込まれており、それが政府や沖縄県知事に向けられていたが、最終的な提言は、中国の脅威とそれに対応するための米軍の必要性を根拠に、沖縄県知事に対し、政府の方針を受け入れ、辺野古新基地建設反対の姿勢を転換するよう迫るものであった。読売新聞の社説も産経新聞の社説も、いずれの場合も同じであった。社説の主張、その主張の根拠にも新聞社や記事を超えた共通性があった。他にも共通の話題が取り上げられていた。観察された談話行動、姿勢や態度は、新聞社を超え、またメディアという枠を超えて政府と同一性を見出すことができるものであった。

　相違点としては、沖縄に対する発語内行為的な力の大きさが挙げられる。読売新聞社説1は沖縄県知事に対し地域振興に言及したり利益を失うと述べたりするだけで明示的には要求をしていない一方で、政府に対しては「地元関係者に粘り強く説明し、理解を広げねばならない」と明確に提言をしている。産経新聞社説1は政府に対しては「翁長氏や沖縄関係者に、辺野古移設がなぜ唯一の解決策かを説くべきだ」と提言し、知事である翁長氏には「基地負担を通じ、平和に貢献している意識も持ってほしい」と暗示的に受け入れを迫っている。読売新聞の社説に比べると産経新聞の社説の方が、沖縄や知事に対して考え方の変更や負担容認を迫る程度がより強いと感じられる。

　読売新聞の社説2では、沖縄県知事の翁長氏には政治の役割を果たしていないと批判したり冷静に議論してもらいたいと述べたりする一方で、政府に対しては「関係者の理解を広げながら、辺野古移設の作業を計画通り進め

ることが重要である」と提言している。産経新聞の社説1と同じ論調であ
るが、より明確に「作業を計画通り進めること」を提言している。産経新聞
の社説2は、最後の方の10・11段落で知事に「さらに詳しく語ってもらい
たい」・「基地負担を通じ、平和に貢献している意識も持ってほしい」・「円満
に話し合える環境の構築が急がれる」と婉曲的な要求をしている一方で政府
に対しては明示的な提言や要求をしていない。ただそこで述べられている知
事への要求は、すでにこれまで回答を提示しているが話し合いが平行線に終
わっているものであり、容易には調整がつかない非常に難しい課題である。
社説の中間部の段落8で調整の努力を諦めるべきではないと言った上で知
事にだけ回答を要求をするということは、調整という行為が本来は当事者双
方によって行われる方が望ましいものであることを踏まえると、知事側にだ
け考えを変えて政府に従うよう求めているものと言える。

　多少の差異こそあるものの、両紙の社説には共通するイデオロギー性が存
在する。それは「政府の方針」を変えることなく、沖縄県側を諦めさせ従わ
せようとするものである。異なる新聞社の、それぞれ10日ほど間を空けて
書かれた2つの社説、都合4つの異なる社説でありながら、縦断的にも横
断的にも多くの共通点が存在するということは何を意味するのであろうか。
そしてその共通点は政府の姿勢と方向を同じくするものであった。そこで述
べられているのは本当に個々の新聞社（及び社説執筆者）の意見なのであろ
うか。それとも他者、たとえば政府や特定の政治家の意見の代弁、つまり他
者による談話の再生産や強化なのであろうか。そもそも知事の言動はそれぞ
れの社説で見たように繰り返し逐一批判され否定されるべきものなのだろう
か。

　このような批判的読みの結果生じた「気づき」は次の学びへとつながる可
能性を有している。その批判的な気づきをもとに、他の記事を読んだり、沖
縄の地方紙を参照したり、政府・政治家の発言を探したり、また他者と対話
したり議論したりすることを通して主体的な学びを展開すれば、さらに当該
事象や社会・文化への洞察力は深まるであろう。自分の考えが確立したら他
者との議論や対話も可能となる。それらの活動によって、多様な考えを知り、
受け入れ、自らが思考し、主張し、対話し、調整するという民主的シティズ

ンシップ能力を伸ばすことが期待できる。しかし、批判的に読めと言われて読めるならわざわざ授業を受ける必要はない。多くの受講生はテクストを渡されて批判的に読めと言われても読めないのが普通であろう。したがって、このような授業を展開するには教師の関わり方が鍵となる。ボイテルスバッハ・コンセンサスが注意しているように、押し付けて教化するのではなく、学びの主体が自らそれに気づくことを支援する必要がある。それは教師の批判的リテラシーの問題であり、民主的シティズンシップの問題である。

5. 私たちにはどのような挑戦ができるか

　異なる新聞社の複数の社説を、CDS の視点を取り入れて読むことで、字義的な意味や言外の意味を理解するだけでは見えてこない諸特徴を明らかにすることができた。そこまで読み込んでから議論を始めるのと字義的な意味の理解のみをもとに議論をするのとでは、学習者の学びにも差が出るであろう。よって、教師が CDS の視点を持ちうることは語学教育にとって有益であると言える。

　それは言い換えれば、教師がある姿勢を伴った批判的な読みを実践できるかどうかが重要な意味を持つということでもある。私たちはどの程度それを実践しているだろうか。社会と主体的に関わる民主的なシティズンシップを伸ばすことを目指した日本語教育では、教師も社会と主体的に関わることが求められるが、私たちは学習者から「先生はこの問題についてどういう意見を持っていますか」と聞かれた時に、異なる意見の存在を排除せずに、かつ論理的にそして明確に自分の意見を言えるだろうか。異なる意見を持つ同僚と食事などをしながら自然に政治的な話題の対話や議論ができるだろうか。その人との人間関係を保ったまま批判的な議論ができるだろうか。私たちはそのような成熟した民主的シティズンシップを持っているだろうか。

　沖縄・辺野古の問題は、権力による「コミュニティの分断」を引き起こしている。それに対して無関心であることは「現状容認」であって「市民としての社会問題に主体的に向き合う」という「社会的・倫理的責任」を果たしていないと言えよう。では社会と主体的に関わり問題解決を目指す「市民」

としてはどうしたらいいのだろうか。必要なのは、「いま、ここで」その問題を「共に」「考える」ことであり、それこそが民主的シティズンシップの実践に他ならない。それは、「私という一個人が」「日本語教師という市民として」「社会とどう関わるか」という「日本語教師としての生き方・アイデンティティ」に関わることであり、また、それを問い問われることでもある。このことが沖縄・辺野古の問題に限ったものではないことはいうまでもない。

　このように日本語教育は相互交流を重視する語学授業という点において、「いま、ここで」その問題を「共に」「考える」ことが可能な教育分野であり、民主的シティズンシップ教育としての可能性を有している。しかし、教師が、必要以上に、社会や政治との関わりを躊躇したりそれらの要素を授業に持ち込むことを自制したりしては、その可能性を自らの手で封印してしまうことになる。私たちにはどのような挑戦ができるだろうか。今ここから何を始めるべきだろうか[5]。

付記：本章は『2015 年度 日本語教育学会秋季大会 予稿集』に収録された「パネルセッション　これからの日本語教育は何を目指すか― 民主的シティズンシップ教育の実践 ―」の 5 節を大幅に加筆修正したものである。パネルセッション時には時間の都合もあり、本章でいう読売新聞社説 1 と産経新聞社説 1 の概略を分析しただけであったが、本書収録にあたり、それぞれの社説 1 の分析をより緻密にした上で、読売新聞社説 2 と産経新聞社説 2 の分析を加え、縦断的・横断的に考察を行った点が大きな変更点である。なお、本章は科学研究費補助金事業（学術研究助成基金助成金）挑戦的萌芽研究 課題番号：16K13218 代表者：名嶋義直、の研究成果の一部である。

注

1　たとえば、ルート・ヴォダック／ミヒャエル・マイヤー編著）、野呂香代子監訳（2010）など。本章末の参考文献リストも参照のこと。

2　たとえば、授業中に大学上空を飛行するヘリコプターやオスプレイのため教室内

で声が聞こえなくなることは日常茶飯事である。また新聞報道などを見ればわかるように、普通に市民生活を送っている市民が、自分には瑕疵がなくても米軍関係者によって引き起こされた交通事故や傷害事件、強盗や性犯罪、殺人等の被害者になるおそれが常にあるという現実がある。

3　イェーガー（2010）の枠組みの全体像や詳細については、紙幅の都合で本章では割愛する。イェーガー（2010）、野呂（2014）、野呂（2015）などを参照願いたい。

4　テクストの出典は以下の通りである。

読売新聞社説1「首相 VS 沖縄知事 建設的対話重ねて接点を探れ」<http://www.yomiuri.co.jp/editorial/20150417-OYT1T50163.html>（2015.4.18 配信）、産経新聞社説1「安倍・翁長会談　危険性除去へ責任果たせ」<http://www.sankei.com/column/news/150418/clm1504180001-n1.html>（2015.4.18 配信）、読売新聞社説2「菅・翁長会談　批判にも相手への配慮が要る」<http://www.yomiuri.co.jp/editorial/20150406-OYT1T50121.html>（2015.4.7 配信）、産経新聞社説2「菅—翁長会談　対話協力で一致点を探れ <http://www.sankei.com/column/news/150406/clm1504060003-n1.html>（2015.4.6 配信）

5　この問題意識のもとで取り組んだ、より具体的な日本語教育授業での実践については7章を参照願いたい。

参考文献

近藤孝弘（2009）「ドイツにおける若者の政治教育」『学術の動向』14–10、公益財団法人日本学術協力財団、pp.10–21. <https://www.jstage.jst.go.jp/browse/tits/14/10/_contents/-char/ja/>（2016.2.16 リンク確認）.

近藤孝弘（2015）「ドイツの政治教育における中立性の考え方」『考える主権者をめざす情報誌　Voters』26: pp.12–13. 公益財団法人 明るい選挙推進協会.<http://www.akaruisenkyo.or.jp/wp/wp-content/uploads/2015/05/26%E5%8F%B7.pdf>（2016.2.16 リンク確認）.

ジークフリート・イェーガー（2010）「談話と知—批判的談話分析および装置分析の理論的、方法論的側面」ルート・ヴォダック／ミヒャエル・マイヤー編著野呂香代子監訳（2010）『批判的談話分析入門—クリティカル・ディスコー

ス・アナリシスの方法』第 3 章、pp.51–91. 三元社.

テウン・A・ヴァン・デイク（2010）「学際的な CDA―多様性を求めて」ルート・ヴォダック／ミヒャエル・マイヤー編著　野呂香代子監訳（2010）『批判的談話分析入門―クリティカル・ディスコース・アナリシスの方法』第 5 章、pp.133–165. 三元社.

名嶋義直・野呂香代子・三輪聖（2015）「パネルセッション　これからの日本語教育は何を目指すか―民主的シティズンシップ教育の実践―」、『2015 年度 日本語教育学会秋季大会　予稿集』pp.37–48. 2015 年 10 月 10 日発表（於　沖縄国際大学）.

野呂香代子（2014）「批判的談話分析」渡辺学・山下仁編『講座ドイツ言語学 第 3 巻』第 7 章、pp.133–160. ひつじ書房.

野呂香代子（2015）「「環境・エネルギー・原子力・放射線教育」から見えてくるもの」名嶋義直・神田靖子編『3.11 原発事故後の公共メディアの言説を考える』第 2 章、pp.53–100. ひつじ書房.

ルート・ヴォダック／ミヒャエル・マイヤー編著　野呂香代子監訳（2010）『批判的談話分析入門―クリティカル・ディスコース・アナリシスの方法』三元社.

資料新聞記事

読売新聞社説 1

首相ＶＳ沖縄知事 建設的対話重ねて接点を探れ

① 政府と沖縄県の立場の隔たりは大きいが、建設的な対話を重ねる中で、接点を探るべきだ.

② 安倍首相が沖縄県の翁長雄志知事と会談した。米軍普天間飛行場の辺野古移設について「唯一の解決策だ」と述べ、理解を求めた.

③ 首相は、「一日も早い危険性の除去では、我々も沖縄も思いは同じだと思う」とも強調した.

④ 翁長知事は、「唯一の解決策という頑なな固定観念」に縛られるべきではないと反論し、移設作業の中止を求めた。今月下旬の首相の訪米にも言及し、「知事と県民が明確に反対している」ことを米側に伝えるよう要請した.

⑤　対立点を確認しただけだが、2人が初めて率直に意見交換した意味は小さくない。政府と県は、対話を継続し、まずは一定の信頼関係を築くことが大切である.

⑥　翁長知事は今月5日の菅官房長官との会談で、辺野古移設を巡る政府の対応を「上から目線」「政治の堕落」などと非難した.

⑦　だが、相手を批判するだけでは、沖縄の米軍基地負担の軽減という共通の目標は進展しない.

⑧　翁長知事が3月下旬、県漁業調整規則に基づき、移設作業の停止を防衛省に指示したのに対し、関連法を所管する林農相が指示の執行停止を決定した.

⑨　防衛省は、移設作業に伴い辺野古沖に投入したコンクリート製ブロックについて「サンゴ礁などの生態系に大きな影響は与えていない」との見解を公表している.

⑩　翁長知事は法廷闘争も辞さない構えだが、移設作業を停止させる見通しは立っていない。政府との対立を一方的に深めるだけでは、県民全体の利益になるまい.

⑪　沖縄周辺では、中国が軍事活動を活発化させている。2014年度の自衛隊の中国機に対する緊急発進（スクランブル）は、過去最多の464回に上った。中国公船の領海侵入も常態化している.

⑫　在沖縄米軍の重要性は一段と増した。抑止力の維持と住民の負担軽減を両立する辺野古移設は、現実的かつ最良の選択肢だ.

⑬　安倍首相は会談で、米軍基地の返還に加え、那覇空港第2滑走路建設などの地域振興策を着実に推進する考えを改めて示した.

⑭　沖縄では28年度までに、計1048ヘクタールにも上る県南部の米軍施設が順次返還される予定だ。仮に辺野古移設が停滞すれば、この計画も大幅に遅れかねない.

⑮　政府は、辺野古移設の意義と重要性を地元関係者に粘り強く説明し、理解を広げねばならない.
<http://www.yomiuri.co.jp/editorial/20150417-OYT1T50163.html>（2015.4.18配信）.

産経新聞社説1
【主張】安倍・翁長会談　危険性除去へ責任果たせ

第5章　なぜ批判的談話研究を日本語教育に取り込むのか　155

① 米軍普天間飛行場の辺野古移設をめぐり、安倍晋三首相と移設に反対する翁長（おなが）雄志（たけし）沖縄県知事との初会談が行われた.

② 主張は平行線をたどったものの、国と沖縄県のトップ2人が直接、意見を交わした意義は小さくない。話し合いを継続する意向を双方が示したのもよかった.

③ 日本と沖縄の安全保障がかかる移設実現への道のりは、なお険しいが、双方の意思疎通を保ちながら、粘り強く協議を重ねていく必要がある。

④ 首相は会談で、辺野古移設を「唯一の解決策だ」と伝え、「丁寧に説明し、理解を得るべく努力を続けたい」と語った。これに対し、翁長氏は「絶対に辺野古に新基地は造らせない」とし、「固定観念に縛られず、移設作業を中止してほしい」と要求した.

⑤ 世界一危険とされる普天間の危険性を除去し、沖縄の基地負担軽減を進める。さらに日米同盟の抑止力を保ちながら安全保障を確かなものにする。この3点が課題であることは変わりようもない。

⑥ 首相と翁長氏の間でも、この問題意識が共有されなければ、協議の進展は難しい。3点を実現できる案として、政府が苦慮した末に見いだしたのが、辺野古移設なのである.

⑦ 翁長氏は辺野古移設反対をオバマ米大統領にも伝えてほしいと主張し、代替案を示すべきではないかとの疑問が生じることについては「こんな理不尽なことはない」と語った.

⑧ それでは普天間の住民の安全を確保できない。抑止力を維持する観点からも大いに疑問である.

⑨ 沖縄の基地負担は、日本やアジア太平洋地域をはじめとする世界の平和に役立っている。政府や国民が、そのことを十分認識し、負担軽減に努めるのは当然だ.

⑩ 同時に、移設後に辺野古に残る米海兵隊は、台頭する中国の軍事的横暴は許さないという日米両国の意志を示す存在であることも考えておく必要がある.

⑪ 会談は30分強で、安全保障を論じるには時間が足りなかった。首相をはじめ政府与党は、今後もさまざまな機会を通じ、翁長氏や沖縄関係者に、辺野古移設がなぜ唯一の解決策かを説くべきだ.

⑫ 中国が奪取をねらう尖閣諸島のある県の首長として、翁長氏には基地負担を通じ、平和に貢献している意識も持ってほしい.

<http://www.sankei.com/column/news/150418/clm1504180001-n1.html>

（2015.4.18 配信）.

読売新聞社説 2

菅・翁長会談　批判にも相手への配慮が要る

① 政府を批判するだけでは、問題は解決しない。現状を改善する具体策を探る努力と、建設的な議論が欠かせない.

② 菅官房長官が那覇市で沖縄県の翁長雄志知事と初めて会談した。米軍普天間飛行場の辺野古移設について「唯一の解決策だ」と述べるとともに、沖縄振興予算の確保や基地負担軽減への努力を約束し、理解を求めた.

③ 翁長知事は「新基地は絶対に建設できない」と反対する考えを強調した。会談は平行線だったが、対話の継続で一致したことは意味がある。時間はかかっても、意思疎通を重ね、信頼関係を築く中で接点を模索することが大切だ.

④ 疑問なのは、翁長知事が激しい政府批判に終始したことだ.
普天間飛行場について、「（強制接収で土地を）自ら奪っておいて、（辺野古移設以外の）代替案を持っているのか、という話をすること自体、日本の政治の堕落だ」などと非難した.

⑤ 米国が沖縄で民有地を軍用地として強制接収したのは事実だが、普天間飛行場の返還は 1996 年の日米合意以来、一貫して県内移設が前提だった。翁長知事も県議や那覇市長時代には長年、辺野古移設を容認していた.

⑥ 移設が実現しない限り、普天間飛行場の危険な現状が継続する。沖縄県内にも一定の容認論がある辺野古移設を追求することこそが「政治」の役割ではないか.

⑦ 翁長知事は、「移設を粛々と進める」との菅氏の発言を「上から目線」と批判し、「『粛々』という言葉を使えば使うほど、県民の怒りは増幅する」とも語った.

⑧ 菅氏は翌日、「不快な思いを与えたのであれば」と述べ、「粛々と進める」という表現は使わないと明言した。「粛々」が「上から目線」かどうかは見方が分かれようが、相手に対する配慮は建設的な協議に不可欠である.

⑨ 翁長知事も、「普天間飛行場の早期返還」の実現を目指すなら、挑発的な言葉を避けて、冷静に議論してもらいたい.

⑩ 住宅密集地にある普天間飛行場の辺野古沿岸部への移設は、騒音の影響や重大事故の危険性を大幅に軽減する。埋め立て面積は現飛行場の 3 分の 1 にとどまる.

第 5 章　なぜ批判的談話研究を日本語教育に取り込むのか　157

⑪ 辺野古移設は、県南部の米軍施設の約7割を返還する計画の中核だ。中国の活発な海洋進出で在沖縄米軍の重要性が高まる中、最も現実的な問題解決策でもある.

⑫ 政府は、関係者の理解を広げながら、辺野古移設の作業を計画通り進めることが重要である.
<http://www.yomiuri.co.jp/editorial/20150406-OYT1T50121.html>（2015.4.7配信）.

産経新聞社説2

【主張】菅—翁長会談　対話継続で一致点を探れ

① パイプが途絶えていた菅義偉官房長官と沖縄県の翁長雄志（おなが・たけし）知事の会談がようやく実現した.

② 焦点である米軍普天間飛行場の辺野古移設をめぐる主張はすれ違いに終わった。それでも、遠く離れて批判しあうのではなく、顔を見ながら言葉を交わした意味は小さくないはずである.

③ 会談で菅氏は、「日米同盟の抑止力の維持や（普天間の）危険性除去を考えたとき、辺野古移設が唯一の解決策だ」と述べ、移設工事を進めていく方針を伝えた.

④ 翁長氏は、「危険除去のために（沖縄に）負担しろという話をすること自体が政治の堕落だ」と語り、辺野古を含む県内移設に反対した.

⑤ 立場の開きは大きいが、両氏はともに話し合いを続ける考えは示した。対話を重ね、打開の道を探る政治家としての務めを果たしてもらいたい.

⑥ 翁長氏は昨年11月の知事当選以降、上京を重ねていたが、安倍晋三首相や菅氏との会談は実現せず、それが、政府と沖縄の意思疎通の欠如を印象付けてきた.

⑦ 今回は、米軍基地の一部返還に伴う行事への菅氏の出席を契機に会談が設定された。政府首脳が沖縄に足を運び、初会談が実現したのは良かったのではないか.

⑧ 双方の主張が直ちに変わることはないだろう。特に、移設阻止を掲げて当選した翁長氏にとって、方針転換は難しい。しかし、対話を通じて一致点を見いだす努力をあきらめるべきでない.

⑨ 翁長氏が要望した安倍首相との面会も、できるだけ早く実現する必要がある。

重要なのは、普天間の危険性がこのまま放置して良いのかについて、腹を割って話し合えるかだ.

⑩ 米側も「世界一危険な基地」と認める普天間の早期返還の実現には、国にも沖縄にも責任がある。代案を示さないまま辺野古移設を阻めば、普天間の危険性が固定化される。翁長氏には、その点をどう考えるのか、さらに詳しく語ってもらいたい.

⑪ 会談では、抑止力における沖縄の地政学的な意味合いも議論された。抑止力の度合いを左右する辺野古移設の行方を、尖閣諸島をねらう中国が注視していることを忘れてはなるまい.

⑫ 辺野古問題と併せ、基地負担の軽減策や経済振興策を円滑に話し合える環境の構築も急がれる.

<http://www.sankei.com/column/news/150406/clm1504060003-n1.html>
(2015.4.6 配信).

第 6 章

複言語・複文化主義に基づく対話に焦点を当てた日本語教育を考える
―民主的シティズンシップ教育と文化間教育の観点から[1]

野呂香代子・三輪聖

1. はじめに

　まず、筆者がドイツのある語学学校の日本語コース（中級前半）で教えていたときの実践経験を紹介したいと思う。同コースでは「J.Bridge to Intermediate Japanese」という教科書を使用しており、コースの参加者としては学生と社会人あわせて 5 〜 6 名程度であった。
　教科書の第 6 課ステップ 3 に入る授業のときのことである。テーマは「国際結婚」で、最初に以下の活動が提示されている。

INTRODUCTION（はじめに）

1. あなたは国際結婚についてどう思いますか。国際結婚のよいと思うところと、難しいと思うところを挙げてください。

2. あなたの息子や娘が他の国の人と結婚したいと言ってきたら、あなたは親として賛成しますか。それとも反対しますか。また、その理由は何ですか。

図 1　「J. Bridge to Intermediate Japanese」第 6 課ステップ 3

授業では教科書にある通り、ウォーミングアップという位置づけで2つのポイントについてディスカッションする時間を設けた。ドイツは様々な国にルーツを持つ人たちが共存している国であることから、受講者はきっと国際結婚に対して色々な意見を持っているだろうと思い、ディスカッションを楽しみにしていた。

　ところが、現実は教師側の期待とは大きくずれ、受講者からの意見はまったく出てこず、むしろ受講者に若干困惑の表情さえ見られた。そして受講者の1人から出てきた一言は、「国際結婚ってどういう意味ですか？」であった。これは「国際結婚」という言葉の意味が分からないということではなく、その定義を確かめたかったために出てきた質問であった。「国際結婚」の「国際」というのは一体何を指すのかということである。ドイツでは個人の国籍を意識することは少なく、この受講者も「〜人」と「〜人」の結婚という見方はこれまでしてこなかったのであろう。受講者にとっては、議論の前にテーマ設定の段階から自分との関わりを見出すことができていなかったのである。さらに、2に関しても受講者は経験上「親が子供の結婚に反対する」といった状況が考えられなかったため、問いかけの状況設定の段階から自分との関わりが見出せず、議論をスタートさせることができなかったようだ。

　教師としてそういったことに気づかずに議論を進めようと思ってしまっていたことを大いに反省した。受講者に教師側の価値観、世界観を押しつけてしまっていたのである。それにより、教師が与える学習内容および教師の世界が学習者の世界とうまく関わり合っておらず、教室の中の日本語の世界と学習者の経験の積み重ねでつくりあげられてきた世界が遊離している状態に陥ってしまっていたのだ。

　言葉を学ぶという活動は、自己の経験、思考を言葉にし、他の学習者や教師を含めた他者との対話を通して自己や社会を見つめなおし、新たな価値観や世界観を探り、発見していくプロセスである。そう考えると、図1の活動では、日本語の教科書で「国際結婚」というテーマ設定がなされているところから批判的に考え、議論していくことができたであろう。批判的に捉えることで、一度「当たり前」を崩し、自己や他者の価値観、文化、習慣を見

直すことが可能になり、新たな価値観との繋がりができる。そのうえで初め
て能動的に議論を発展させていくことができるのである。

2. 「言葉を学ぶ」から「世界を学ぶ」へ[2]

2.1 複言語主義とフレイレの識字活動

　上に述べてあるように「言葉を学ぶ」とは、自分の経験したこと、経験で
得た知識を元に、新たな他者、新たな知と対話し、対話を通して新たな世界
を学んでいくという作業だということになる。その作業には、人権尊重、相
互理解する努力、自分や他者、社会、その歴史的背景などを批判的に分析し
ようとする視線などが含まれる。

　本章では、こうした言語教育のあり方は、フレイレの民主主義を目指した
識字教育の一線上にあるということを主張したい。フレイレの「対話」概念
を言語教育に入れると、それは、民主主義を目指す言語教育実践ということ
になり、欧州評議会の複言語・複文化主義に基づく言語教育へとつながって
いく。

　ブラジル生まれのフレイレ（1921–1997）は、教育者として文字の読め
ない農民たちに対し画期的な識字運動を実践した。これまで識字運動は、農
民たちの置かれた政治的、社会的状況とは無関係のテキスト内容で文字を教
えるだけのものであった。それに対し、フレイレは文字を学ぶ作業と、自分
たちの置かれた社会状況の把握（社会への気づき）とを一体化させた。それ
により農民たちは言葉（文字）を学ぶ楽しさを獲得した。それと同時に、自
分たちの置かれた社会的状況への気づきが促されただけでなく、社会を批判
的に見、自分たちを尊厳ある人間だと認識する力、つまりエンパワメントが
得られたのである。

　具体的にどのような識字活動をしたのかを簡単に見ていこう（フレイレ
1982:107–125）。教育者側は既存の教科書を用いず、地域住民との会話を
通してその集団が使用している語彙の調査をする。その語彙を基に、生成語
と呼ばれる語彙を選択する。選択の基準は、音素が豊かで音声上の難易度に
合わせるということだが、何より重要なのは、単語が社会的、文化的、政治

第 6 章　複言語・複文化主義に基づく対話に焦点を当てた ―― 163

的現実と深い関わりを持つということである。そして、コード表示という、典型的な日常の労働場面の絵を示す段階に入る。絵によって学習者に現実を示すだけでなく、学習者に絵に埋め込まれた問題状況を解読するよう促すのである。生成語が絵とともに示され、議論を進めるなかで、学習者は批判的な意識とともに、読み書き能力も獲得し始める。生成語と現実との意味的つながりができると言葉だけが示され、次にそれが音声カードに示されるとそれが音節に分けられること、また、そのメカニズムを発見する。学習者は、そこから組み合わせを変えることで、他の語を作っていく。やがて、議論を続けるなかで、文まで書けるようになり、自分を表現できるようになっていく。ここでフレイレが述べているのは、対話に基づく態度を学習者側も教育者側も作っていく必要性である。フレイレは「教師」に対して「調整者」という語を使っているが、調整者が反―対話の危険な誘惑に流れるのを避けるために、「調整者を、教育を与える人間から対話者に形成する慎重な努力」（フレイレ 1982: 112）が必要だとしている。このような努力で目指されるものは何か。

> 私が強調したいのは、成人教育では機械的な暗記の方法や過程を避けて、学習者が批判的意識に到達するのを可能にしなければいけない、ということだ。それでかれらは、自学自習で読み書きができるようになる。活動的（教育）方法は、人が主体として、人間として、みずからの現実状況と課題を意識的に自覚するのを助けるがゆえに、かれが選択しながら生きるための道具となろう。それによって、かれはみずからを政治化するのである。（フレイレ 1982: 120）

この言葉に、対話をベースにした識字活動とエンパワメント、政治との一体性が読み取れる。フレイレの識字運動に対する考えを言語教育という場に押し広げて考えてみると、言語教育の場は、言語に関するアウェアネスを養う場だけではないことがわかる。言語教育の場は、言語を学ぶ自己を現に生きている社会との関連のなかにおくことにより、批判的言語アウェアネス、批判的文化アウェアネスを養う宝庫となるのである。学習者、そして教育者

一人ひとりの歴史、つまり個々の経験や知識の意味を具体的な政治的、社会的コンテクストの中で対話を通して探るという、民主主義と言語教育を結びつけた運動は複言語主義の教育政策の基底を流れるものとなるのである[3]。

2.2 フレイレの「対話」

　以下でフレイレの言う「対話」とはどういうものかをもう一度『伝達か対話か』（フレイレ1982）から見ていきたい。

　　それはAとBの水平的関係である。（中略）対話の二つの極が、かくして、愛、希望、相互信頼によって結ばれるとき、両者は共同して批判的探求へとむかうことが可能になる。真の交流を作り出すのは対話だけである。（フレイレ1982: 99）

　フレイレの「対話」の特徴は、対話の相手との「水平関係」にある。実際には教育において、教師と学習者との間には力関係が存在するのであるが、次の「愛、希望、相互信頼」などの表現からわかるように、人間として互いに尊重しあうという意味であることがわかる。人間としての尊厳が互いに守られるなかで、共に進もうとする姿勢が「対話」を成立させるのである。

　　教育は伝え合いであり、対話である。知識の伝達などではない。それは、語り合う主体相互の出会いなのだ。それぞれの頭の中にある考えを、お互いにとって意味あるものたらしめようとする努力なのだ。（フレイレ1982: 223）

　伝達は、教師から学習者への一方通行であり、知識の獲得は受身的な形を取らざるを得ない。フレイレの対話による授業の主体は、教師および学習者、あるいは学習者同士であり、その相互の出会いが授業である。そして、それぞれの頭にある考えを出し合って意味のあるものにしていこうとする努力が教育となる。このような教育は、参加者が社会構成的に意味づけを行う作業と位置づけることもできる。

第6章　複言語・複文化主義に基づく対話に焦点を当てた── 165

人間と世界から孤立させられるとき、好奇心は減退し、人はすべてに対して無感動になってしまう。それゆえに対話が必要なのだ。認識の基本的条件である対話を、他の認識主体との間に拡大することが重要なのだ。その場合、授業は（中略）知識が伝達される場ではなく、知識が追求される出会いの場となる。（フレイレ 1982: 242）

　他者、他なるものとの対話により、人間の好奇心、学習意欲が掻き立てられ、満たされたとき、感動が生まれる。授業は、人々の持っている経験知の出会いの場、そして、新たな知識の追求の場となる。

2.3 「対話」を通して何が得られるか

　まず、フレイレの「対話」を実践する前には「対話」が実践される土壌が教師の努力により育てられる必要があろう。人間の尊厳という意味での、教師と学習者間の水平関係を築くという作業を特に権力側にいる教師が日ごろから行う必要があるだろうが、それだけではなく、学習者一人ひとりに対する関心、好奇心を教師が抱くことで、学習者が生きる社会との接点が見出しやすくなる。学習者や学習者が生きる社会との関連性を教師が常に見出そうとする姿勢が、クラスの「対話」を促す空気を生みやすい。それではフレイレの言う「対話」を日々授業の中で実践することで何が得られるのだろうか。少なくとも以下の3点がそこに挙げられる。

（1）批判的言語／文化アウェアネスの獲得
　学習者のこれまでに得た経験や知識などを元に他者と対話するという行為を通して、価値観、世界観の見直しが行なえ、新しい状況に応じて今までとは違った新しい視点が見えてきたり、対象への新しい迫り方がわかってきたりする。

（2）学習者の「話す」こと、「議論する」ことへの動機づけ
　互いの価値観や考え方を「言葉」によって示そうとする対話により、話されている「対象」が何を意味しているのかを明らかにしていこうとするプロ

セスが生まれる。その中で自身（個人）と世界（具体的状況）の関係が問題
化され、新たな出会い、発見が生まれて、新たな世界を知ろう、相手と話そ
うとする好奇心が議論への動機づけとなる。

（3）相互理解、寛容性の促進
　他者との対話を通して、他者性を理解しようとし、違っていても受け入れ
ようとする気持ちが芽生える。他者を理解しようとする気持ちは自己肯定感
にもつながり、基本的人権の尊重という民主主義を支える倫理観が促進され
る。

3.　複言語・複文化主義に基づいた対話ベースの実践
─民主的シティズンシップ教育と文化間教育の観点から

　本節では、複言語・複数文化主義の理念に基づいた対話ベースの日本語の
授業実践をいくつか紹介したい。
　4章で概観したように、複言語・複文化教育としては複言語・複文化主義
の価値的側面と深く関わる「民主的シティズンシップ教育（Education for
Democratic Citizenship）」および民主的シティズンシップの育成を目指した
教育モデルである「文化間教育（Intercultural Education）」（Byram 1997）
が大いに参考になる。文化間教育モデルでは「批判的文化アウェアネス
（Critical Cultural Awareness）」が軸になっており、対話を通して自他文化お
よび自身がもつ複数の文化の明示的および暗示的な価値に気づき、複数の文
化を相対的に捉えることによって様々な価値観や文化を見直せる力が重要視
されている。このような教育理念を取り入れた日本語の授業とは、どのよう
な実践になり得るのだろうか。
　ここでは便宜上、レベル別にいくつかの実践を紹介する。レベルの記載は
ヨーロッパ言語共通参照枠に基づいている。3.1 では A1 レベルにおける試
み、3.2 では A2 レベル、3.3 は B1 レベル、3.4 は B2 レベルの試みを紹介
する。プロジェクトワークや特別セッションなどのような企画としての実践
ではなく、日々の授業で何ができるかという継続性のある実践を提案したい。

第6章　複言語・複文化主義に基づく対話に焦点を当てた── 167

3.1　A1 レベルにおける対話ベースの授業実践の試み―自己紹介・家族紹介[4]

　たとえ語学レベルがまだ初級であっても、社会的存在である学習者はこれまでの豊かな経験知を有していて、身近な対象を他者のそれと関連づけ、比較し、批判的に考察することができるはずである。ここではそのような経験知を用いた A1 レベルにおける授業実践例を紹介する。

　A1 コースでは、『J.Bridge for beginners Vol.1』（凡人社）を使用している。ほとんどがゼロ初級であり、片仮名、平仮名、漢字入門を導入後、4 週間目からこの教科書に入る。第 1 課のトピックは「家族」で、「自分と自分の家族を紹介する」が活動目標となっている。以下のイラストはすべて 1 課からのものである。

　まずは、この課では、自己紹介の場面が提示されている。

図 2　「J.Bridge for beginners Vol.1」第 1 課

　ここにおいて教科書の世界と学習者の生きている世界が関わりを持てるよう、自分の当たり前の世界から新たな気づきが生まれるよう、教師はさまざまな言語的、文化的問いかけをすることができる。言語的な気づきとしては、「何か耳に残る言葉はあった？」「自己紹介の最初にいつもなんて言って

る？」「文の最後にどんなことばが聞こえる？」などと聞くことができる。また、音声と文字を合わせる次の段階では、「テキストのどこに書いてある？」と尋ねることで、自分で読む作業を通して日本語の文字と音声と発話場面のつながりが発見できる。文化的気づきとしては、まず、「九州って何ですか」と聞いてから、ドイツの大学名の例も挙げ、地名だということに気づかせ、九州の位置を日本地図で探してもらう。この時も音声と文字と地理が一致する。また、日本語でそれぞれ自己紹介ができるよう自分の大学や学部を筆者が教えたのであるが、「九州大学教育学部」を基に、それぞれの関連する単語だけを示して自分の大学名、学部名を作る作業、自分で組み立てる作業をしてもらえばよかったと反省している。フレイレのやっていた、ことばの創造である。「自己紹介はこうします」と機械的にリピートさせたり、「九州はここです」と教師が先に言ってしまったりせずに、ありとあらゆる機会を学習者が自身で作業する時間、また、学習者同士の話し合いの時間に利用する努力、また、あらゆる場面で学習者の世界と教科書がつながる努力を教師側がするべきだろう。

　以下は、語彙リストを頼りに絵と単語を合わせる練習である。職業レパートリーには、「医者、会社員、銀行員、弁護士、先生」が、そして、身分を示すものには、「小学生、中学生、高校生、大学生」がある。語と絵を合わせる語彙導入の授業で終わるのではなく、挙げられた職業や身分の絵、また語彙を見て、自分の経験に照らし合わせて学習者はどう感じるか、教科書の世界から自分たちの世界を顧みること、そして、学習者の世界に教科書の語彙を入れることで現実との対話を図ることを狙う。ここでは、以下のようなことを問いかけることができる。

第 6 章　複言語・複文化主義に基づく対話に焦点を当てた── 169

図3 「J.Bridge for beginners Vol.1」第1課

・この職業レパートリーと絵を見て、どう思うか。自分だったらどんな職業をここに例示するか。

　自分の考える、典型的な職業を尋ねたところ、あるクラスの学生から得た回答の1位は「医者」、2位は「先生（教師）」、3位は「弁護士」で、「ジャーナリスト」「会社員」「警察官」「シェフ、料理人」が同数であった。これは教科書を学習者の世界に近づけるとともに、相似点や違いに対する意識を喚起するものである。

・自分があこがれる職業は何か。

　この問いにより、単なる職業名の暗記を超え、学習者は自分の夢を思い起こしたり、想像したりすることになる。つまり、自分たちの考えていることや感じていることと日本語との交流が行われていることになる。ちなみに同じクラスの回答では、「作家、小説家」が数名いたが、いつもどのクラスでも数名はこの職業を選ぶ。これも日本の学生の回答と比べることで文化的気

づきが促されることになろう。

・教科書に描かれているそれぞれの職業や身分のイラストを見て、どう思うか。性別、服装、髪型、持ち物など。

制服やランドセルが話題になったが、より明確にするために日本の学校のクラスの風景などを見せると、あるいは、ドイツのクラスの様子と比較すればもっと気づきが促されたと思う。

絵を単なる記憶の補助にした「新出語彙」を学ぶ言語教育なら、学習者に受身的に知識を与えているだけで、フレイレのいう伝達型の教育で終わってしまう。そうではなく、教科書に示された一定の語彙構成の仕組みに目を向け、学習者個人の考えや価値観と照らし合わせながら、学習者、教師と対話をはかると、それまでの自分が持っていた常識や常識的価値観を振り返る機会となる。自身の常識と他者との違いに対する気づき、あるいは教科書に現れた世界が異なっていれば、それに対する気づきが生まれ、自己の固定観念を相対化させることができるだろう。

職業の語彙を増やすために巻末資料に、上で用いた語彙以外に20ほどの単語が紹介されている。その中に「俳優」と「女優」という語が入っていた。一人の学生から「俳優は男性に、女優は女性に使う言葉か」という質問を受けた。その質問自体に社会的な意識が含まれているのを感じたが、筆者は、男女別の言葉としても使われるが、「俳優」は、「女優」の上位概念でもあると説明したところ、他の（女）学生もすぐに（やっぱり、という表情で）「ドイツ語といっしょね」と回答した。ここで、どれだけの学生が共鳴したかはわからないが、自分たちが抱いていた言語と性の問題が再認識、あるいは表面化された瞬間であった。

『J.Bridge』は、扱うトピック（全体で７つ）を大きく３つのステップに分けるというスパイラル構成をとっている。それにより、同じトピックで、既習事項を復習しつつ新出項目が学べるようになっている。したがって、ステップ１で持っていた価値観をステップ２で振り返ることも可能であるし、最初は母語でしかできなかったことが次のステップでは日本語で表現できるようになり、日本語での対話が進むようになる。

ここで挙げた例は小さなものであるが、何よりも重要なのは、教師が学生、

そして学生の経験知を尊重しようとする日ごろの努力であろう。この努力は個々の例によって示せる類のものではなく、教室で初級段階から学生が発言しやすくなる空気を作るものと言える。

3.2 A2レベルにおける対話ベースの授業実践の試み―恋愛と今後の人生

『J.BRIDGE vol.2』（凡人社）を使った実践を紹介する。目標レベルはB1.1（日本学科4学期目）である。ここで紹介するのは、第16課「恋の結末」である。付き合っていた村上ただしと山川ゆかりの別れの場面の会話が最初の聴解に出てくる。村上さんが言葉につまりながら、自分の夢を追うためにロンドンに行くと言い出し、教師になろうとしている山川さんに卒業後いっしょにロンドンに行かないか、と誘うところで会話は終わる。

ここの活動目的は、「人生の転機でどんな決断をしたかを話す。また同じ境遇にある人にどうアドバイスをするかを考える」である。人生の転機と言っても決断をするのは男性で、決断を迫られるのは女性の方だという、教科書の世界に気づき、自分たちの描く社会像や意識はどうなのか、それに対してどう思うかなどの意見を引き出すのが狙いであった。したがって、山川さんの決断だけに注目するのではなく、村上さんの行動にも目を向けるようにした。

次の聴解は、山川さんの友人や姉がそれぞれ、山川さんがとるべき行動について意見を述べるものである。多くの話し合う機会が持てるよう、ペアワークを基本としているが、言語的な気づき以外にも、二人で内容上の疑問点を話し合い、解決しようとする姿勢も促される。

授業の流れを以下に記す。
①会話文のCDを聴く。
②分かった内容をペアで話し合った後、クラスで議論しながら、CD内容をチェックし合う。再度CDを聞いて確認する。
③会話文の内容を読み合ってペアでチェックする。疑問点を相互チェックする。その後、疑問点をクラスで話し合う。

④会話の流れを、はじめはペアで、次にクラス全体でまとめる。

⑤話の内容、流れについてペアで意見交換する（おかしく思ったこと、人物評価など）。

⑥それぞれの意見の視点、考え方について最初はペアで、その後、クラス全体で意見交換する。

⑦最後に自分の意見をペアで、その後クラスで発表する。

⑧会話文の内容をまとめ、自分の意見を書く作文を宿題にする。

　⑦の段階で学生たちは、非常に明確に、会話文の表現をうまく取り入れながら、自分の考えとその根拠を日本語で述べていた。まるで登場人物が生きているかのように感情移入しながら、対話しているようだった。会話文の世界と自分たちの世界が深く関わりあったようで、山川さんは教師になるためずっと頑張ってきたので、教師になるという夢を捨てるべきではない、とか、村上さんといっしょにロンドンへ行って、英語を学びながら、日本語学校の教師になればいい、など具体的な意見が出てきた。

　「村上さんの決断はどうですか。」と前回の授業で尋ねるという仕掛けもしていたので、勝手にロンドン行きを決めた村上さんに対する批判も出てきた。男女差別という社会問題が、山川さんの進むべき道に関する議論という形で現れた。ここでは、会話文との対話、学生間との対話が活発に行われ、その結果、自己の考えや価値観をうまく日本語で言語化できるようになったと言える。

3.3　B1 レベルにおける対話ベースの授業実践の試み

3.3.1　学校教育制度―「教科について考えよう！」

　次に、B1 が目標レベルの日本語コース（日本学科 4 学期目）での実践を紹介する。B1 というと、本人の日常生活に関わる大部分のテーマに関して自身の意見が述べられるぐらいのレベルである。

　使用教材は『上級へのとびら』（くろしお出版）で、今回紹介するのは 9 課の例である。9 課の読解教材に入る前に、図 4 のような日本の教育に関する情報を収集するための活動が用意されている。

| 1 | 小学校、中学校、高校でどんな科目 (subject) を勉強しましたか。表の左に日本の一般的な学校の科目があります。表の右にあなたの勉強した学校の一般的な科目を入れなさい。分からない言葉は自分で調べてみましょう。 |

■ 日本の小学校　6年間	■ (　　　　　　)の小学校(　　)年間
国語、算数、社会、理科、生活／道徳 音楽、図画工作、家庭科、体育	

■ 日本の中学校　3年間	■ (　　　　　　)の中学校(　　)年間
国語、数学、社会(歴史、地理など)、理科、 英語、音楽、美術、技術家庭科、保健体育	

■ 日本の高校　3年間	■ (　　　　　　)の高校(　　)年間
必修 (mandatory) 科目：現代国語、古典、数学、英語、 　　　歴史(日本史、世界史)、理科(科学、生物、化学、物理) 選択 (elective) 科目：音楽、体育、美術、書道	

図4　『上級へのとびら』9課「日本の教育」本文を読む前に

　この活動では、日本の科目名を知り、自身が勉強した学校の一般的な科目名が日本語でわかることが目的となっている。しかし、こういった活動を読解教材を読むための予備知識の獲得や活性化という目的だけに留まらせず、科目名から見られる日本と自身の国における教育制度や教育の目的の違いなどに注意を向けることはできないかと考えた。

　この日本語のコースには定期的に日本からの交換留学生も参加しており、その都度対話セッションを実施していた。この対話セッションの時間に、留学生と日本学科の学生で小さいグループになってもらい、図4の表をもとに以下のポイントについて話し合ってもらうことにした。

・日本と自身の国における学校制度に関する情報交換
・日本と自身の国における学校の科目に関する話し合い：どのような科目があるか、その科目で学ぶことは何か
・日本と自身の国における学校で学ぶことの比較、分析を行う：日本と自身の国で学ぶことにどのような類似点や差異があるか、それぞれの国における教育はどこに重点を置いているか、それぞれの国における学校システムでは子どもたちのどのような能力の育成が目指されているか、それは社会

的にどういう意味があるか、など

　交換留学生と日本学科の学生の対話は非常に盛り上がり、相手が話すことに熱心に耳を傾け、また自身の国における状況に自分がどれほど意識的でなかったかということに改めて気づかされた学生も多くみられた。対話を通して「家庭科」という科目の存在や「国語」という科目名の付け方などの様々な差異や多様性への気づき、暗示的価値への気づき、さらに異質なものに対する尊重の姿勢を促すことができていたように思われる。

3.3.2　学校教育制度―「教育制度を改革しよう！」

　3.3.1で経た対話の後、自身が受けた教育を振り返り、図4にある科目から3科目減らさなければならないという状況を想定して「教育制度を改革しよう！」と題し、どの教科を減らすかといったことを各グループで協議してもらうことも可能であろう。どの科目を減らすのか、なぜその科目を減らすのか、なぜ他の科目を残すのか、この科目を減らすことによってどういう変化が期待されるか、などという点に関する自身の考えを明確に示し合い、ある程度の合意形成に向けて対話を続けるのである。

　このセッションでは、自身の経験や教育に関する知識などをもとに他者と対話を行い、対話を通して教育に対する自身の価値観を見直すことができ、新たな発見や捉え方が見えてくるのではないだろうか。これにより、日本語を通して批判的アウェアネスが刺激されることになる。また、グループで様々な価値観をぶつけ合い、民主的に合意形成までもっていくには、違いを受容し、交渉し、妥協し、解釈し、お互いに納得のいく道を模索できる能力、自身の考えや行動を方向付けることができる能力、互いに尊重し合う姿勢、そしてそれを支える日本語能力が総合的に必要となってくる。

　さらに、科目を減らすという議題から発展させ、お互いの国の学校教育にはどのような問題があるか、その問題は何が原因だと思われるか、どのような解決策が考えられるか、といった議論にまで展開させることもできるだろう。続く読解教材のテーマが「日本の教育の現状」ということで「受験地獄」、「学歴社会」、「ゆとり教育」、「教科書の検定」などに関する問題点やよ

第6章　複言語・複文化主義に基づく対話に焦点を当てた―　175

い点について書かれているため、批判的に読んでいく姿勢を整える意味でも上記の活動は意味があると思われる。

3.3.3 日本人学校訪問

3.3.1 と 3.3.2 のような対話を経て読解テキストを読んだ後、筆者が担当するコースでは地元の日本人学校を訪問している。学校側の協力を得て、日本における実際の教育に近い現場に入り、子どもたちや教員との交流体験をさせてもらっている。

まず、学校訪問の内容を説明する。日本学科の学生は、日本人学校の小1クラスから中3クラスまでの全学年のクラスに3〜4人ずつ入る。日本学科の学生が各クラス内で行うことは以下のようになっている。

・プレゼンテーション：グループで共同発表（20〜30分程度）
・授業参観：プレゼンを行ったクラスの授業を参観
・昼食時間・昼休み：教室でお弁当をいっしょに食べ、昼休みにゲームなどをして遊ぶ

子どもたちに向けたプレゼンテーションは通常の日本語コースの授業時間内と授業時間外を使って準備をする。できるだけ子どもたちの関心がありそうなことを考えてテーマを探し、一方的なプレゼンテーションではなくインターアクションをふんだんに取り入れて子どもたちが楽しんで学べるような時間にするように助言している。テーマとしては「ドイツなど学生の国の祭り・名所」「ドイツのメルヘン」「ドイツのサッカー」「ドイツのボードゲーム」「ドイツの果物」「ドイツのパン」「ドイツの野生動物」「水ロケットをつくろう」などのようなものがあり、子どもたちに自分たちが知っている様々な情報を提供すると同時に、子どもたちからも色々なアイディアを提供してもらいながらいっしょに工作したりゲームをしたりして楽しむことを目指している。

この交流を通して、学生は日本人学校の子どもたちや教員と共に過ごした時間が楽しめただけでなく、日本人学校の校舎や学校内の色々な設備や教室

風景を実際に見ることで、日本の学校生活を垣間見ることができたと喜んでいた。また、子どもたちのほうは、ドイツの大学生が日本語で色々なことを教えてくれたり遊んでくれたりすることに最初は戸惑いを感じる子もいたようだったが、最後は校庭で「ケイドロ」などの日本の遊びを教えてあげながらいっしょに駆け回って遊んでいた。

　本実践の重要なポイントは、学校を訪問する前に「学校見学を通して知りたいこと・見てみたいこと」について考え、それぞれの目的意識をある程度明確にしておくこと、そして訪問後の振り返りの時間を十分にとることである。振り返りの時間には、個人的な目標以外に以下の情動・価値的側面および批判的文化アウェアネスに関わるポイントに関して自由に対話をしてもらう。まずは気づいたことをどんどん挙げていってもらい、それらが自分自身が経験してきた文化と異なるものであるのかを考え、異なるのであればなぜそのような違いがあるのか、なぜ日本人学校ではそのような行動がとられているのかといったことを自分なりに分析してみるように促す。

・学校の雰囲気について
・授業の進め方について
・生徒の授業への参加のし方について
・教師と生徒の関係について
・授業外時間の過ごし方について
・施設・教室風景（掲示物や机の配置など）について
・日本語について（自分自身の日本語、日本人学校の教員や子どもたちの日本語）
・その他

　実に様々な気づきがあり、それを学生同士で話し合うことでさらに考えが深まり、色々な分析をしている様子がうかがえる。授業の進め方に関しては、生徒が手を挙げて発言をする際に立ち上がって椅子を机の中にしまい、発言後はまた椅子を出して着席するといった行動に驚きを隠せない学生が多かった。驚くだけでなく、なぜそのような決まりがあるのかといった「行動の原

第 6 章　複言語・複文化主義に基づく対話に焦点を当てた──　177

因」に関して色々な意見が飛び交っていた。また、教師と生徒の関係が思っていたより近く、家族的な雰囲気があったという意見も必ず出てくる。訪問までは、日本の学校の教師は権威的で子どもたちの間にかなりの距離があると思い込んでいたところがあり、そういった一種の偏見が崩されたようだった。授業の進め方に関しても様々な気づきがあったようで、自身が受けてきた学校における授業との相違点や類似点がたくさん出てきた。また、授業外の教師と子どもたちとの何気ないやりとりや自分たちに向けられる質問や発言に違和感を感じ、その違和感を感じた原因を考えるグループもあった。

このような対話セッションを設けることで、日本の学校生活を実際に体験することで感じた気づきから新たな価値観を知り、日本の教育のみならず自身が受けてきた教育や教育そのものを見直すことにもなったようだ。

3.4 B2 レベルにおける対話ベースの授業実践の試み―日本人留学生と日本学科学生の合同コース

最後に、日本人留学生と日本学科の学生の合同授業である上級レベル向けの選択科目の授業での実践を紹介する。

・日本語レベル：B2 〜 C1（日本学科学生 8 学期目以上）
・ドイツ語レベル：B1 〜 B2（日本からの交換留学生）
・使用教材：新聞記事、雑誌記事、ウェブサイトの記事、映画など

本コースでは、留学生と日本学科の学生混合の 4 名程度のグループで活動することを中心に据えた。コース中は以下の 3 つのテーマを設定し、1 つのテーマに 3 〜 4 時間ほどの時間をかけてじっくり取り組んでいった。

・移民、難民、外国人
・学校教育
・若者の政治参加

まず、グループで関連テーマの映画を見たり新聞記事を読んだりして情報

を整理した。さらに、お互いの国における現状を調査し、調査内容を伝えあうことで多様な状況があることを知る。現状を把握したうえでそれに対する意見を交換し、議論を積み重ねながら自分たちでそのテーマにおける問題点や課題を発見し、まとめていってもらった。問題点や課題が明確になったら、問題を解決するには何が必要かを考え、グループの意見としてある程度まとめていくようにした。グループでの対話の内容は常にポストイットを使って記録を残していき、最終的にはポスターにまとめ、ワールドカフェ形式でさらに対話を広げていくようにした。使用言語は基本的に自由としたが、日本語の使用率のほうが圧倒的に高かった。最初は留学生もドイツ語で調査結果を報告したり意見を言ったりしようと努力していたが、徐々に日本語へシフトしていった。教師が日本語母語話者であったこと、そして本コースが日本語の授業の枠であったため授業の進行そのものが日本語であったことも大きな要因であったかもしれない。また、留学生のドイツ語と日本学科の学生の日本語の語学力を比較すると、後者のほうがレベル的に若干高かったということも日本語へシフトしていった原因の１つであろう。

　その他の本コースにおける重要な柱の１つとしてジャーナルがある。個人の中での気づき、意識の変容、グループ活動での自分の位置づけや貢献度と意識的に向き合ってもらうために、毎週授業後にジャーナルを書くことを課した。全体的に日本学科の学生より日本人留学生のほうが色々なことを記録していたようで、自身を見つめなおすだけでなく、日本の現状を知り絶望したり望みを見出したりしながら自分に何ができるかといったことまで真剣に考えている様子がうかがえた。

　コースの最終日にコース全体の振り返りも行った。その結果の一部（詳細な記述があったもの）を以下に紹介する（原文ママ）。

「コースを通して自分の考えは変わりましたか。」	
変わった	変わらなかった
■私の考えは変わっていると思います。色々な新しいことを聞いて、それについて考えることができました。（ドイツ）	■あまり変わらなかった。私は子どものときから異文化に生きているからだ。でも、日本についてもドイツについても色々教えてもらって本当によかったと思う。（ロシア）
■自分の考えを深めることができたし、他の人の意見もたくさん聞いて、新しい考え方を持つこともできたし、前からあった意見に自信を持つこともできた。（日本）	■あまり変わりませんでした。それは私はもう留学していて、日本にいたためじゃないかなと思います。（ドイツ）
■変わりました。ドイツに来て、日本と違うなあ、不思議だなあと感じることが多かったのですが、そういう身近な疑問の答えを様々な視点から考えて、理由を知り、改善策を考えることがこのコースを通してできました。そして、コースで知った両国の現状などを他の問題にも当てはめて考えるようになりました。なんだろう？と思うだけだったのが、こういう理由からかな？と考えられるようになり、考え方やアプローチの仕方が大きく変わりました。（日本）	■あまり変わらなかった。ドイツで育ったため、異文化に詳しいからだと思います。（ドイツ） ■考え方自体はあまり変わりませんでしたが、自分がどうしてそのように考えるのかという理由付けが以前よりもできるようになったと感じます。（日本）
■変化した。国のステレオタイプ的な像がなくなった。（日本）	

　以上の質問項目から得られたコメントを並べてみると、日本学科の学生にはあまり新しい気づきがなかったように見受けられる。もう少し双方に新たな発見や気づきがあるようなコンセプトを考える必要性を感じた。今後の課題としたい。

　一方、日本からの留学生には本コースでの対話を通して色々な変化や気づきがあったようである。特に「学校教育」や「若者の政治参加」というテーマを扱っている際は、学生自身の歴史、経験、考えと直接向き合うことになり、その経験がもつ意味について深く考えさせられる時間となったようだった。これまでその意味について特に考えることはなかったが、目の前にいる日本学科の学生との対話の中で新たな社会的文脈の中で自分の状況を捉え直

し、その意味を探らざるを得ない状況に陥り、辛い思いをした学生もいたようだった。筆者はその思いをジャーナルに綴っていた学生とノートを通して対話をすることになり、自身も自分の歴史を振り返ることになった。

　また、本コースでは留学生と日本学科の学生から成るグループ活動がベースとなっていたため、以下のようなコメントも見られた。

　　グループ活動は留学するまであまり経験がなく、ドイツ語の授業で行うのは難しかったので、この授業で慣れてきたと思います。小さなグループで意見を聞けたのはよかったです。

　また、対話を繰り返すことで以下のように感じた学生もいたようだ。

　　全ての人が「ただの人」として意見を交換することができたと思う。

　これは、国籍や背景の違いを乗り越えて、個人と個人の対話を経験することができたということではないだろうか。このような対話が語学の授業で繰り広げられるチャンスをもっと増やしていきたい。

4.　まとめと展望

　以上、複言語・複文化主義に基づく対話に焦点を当てた日本語教育の実践の可能性について考察した。フレイレの「対話」概念を語学教育の実践に取り入れることは、民主的シティズンシップ教育と文化間教育の実践にも繋がるということがわかる。言葉を交わしながら自己や社会を見つめなおし、他者との違いに関心を寄せ、その違いを尊重するという実践を通して学生たちが批判的なまなざしで世界を見ることができるエンパワメントを獲得していくのではないだろうか。批判的に物事を捉えることができれば、「当たり前」をいったん崩して自己や他者の価値観、文化、習慣を見つめなおすことが可能になり、それは新たな価値観の獲得に繋がる。このような「対話」を語学教育において実践することで学生の生きる力を育み、公平で平和な社会

づくりへの第一歩となることを切に願う。

注

1　ボルドーモンテーニュ大学（フランス）で開催された第19回ヨーロッパ日本語教育シンポジウム（2015年8月29日）における共同発表が基になっている。

2　リテラシーに関する書、Freire and Macedo（1987）のタイトルの一部をヒントにつけたものである。

3　Starkey（2002）p.19参照。

4　マドリード・コンプルテンセ大学（スペイン）で開催された第17回ヨーロッパ日本語教育シンポジウム（2013年9月6日）における共同発表、およびその報告書（『ヨーロッパ日本語教育18』pp.133–138）が基になっている。

参考文献

佐藤学（2003）「リテラシーの概念とその再定義」『教育学研究』70（3）: pp.292–301. 日本教育学会.

パウロ・フレイレ　里見実・楠原彰・桧垣良子訳（1982）『伝達か対話か―関係変革の教育学―』亜紀書房.

パウロ・フレイレ　三砂ちづる訳（2011）『新訳　被抑圧者の教育学』亜紀書房.

福島青史（2011）「『共に生きる』社会のための言語教育―欧州評議会の活動を例として」『リテラシーズ』8: pp.1–9. くろしお出版.

部落解放・人権研究所（編）（2001）『人権の学びを創る―参加型学習の思想―』解放出版社.

細川英雄・西山教行編（2010）『複言語・複文化主義とは何か』くろしお出版.

松浦依子・宮崎玲子・福島青史（2012）「異文化間コミュニケーション能力のための教育とその教材化について―ハンガリーの日本語教育教科書『できる』作成を例として―」国際交流基金『日本語教育紀要』8: pp.87–101.

吉島茂・大橋理枝　訳・編（2004）『外国語の学習、教授、評価のためのヨーロッパ

共通参照枠』朝日出版社.

ルート・ヴォダック　ミヒャエル・マイヤー　野呂香代子監訳（2010）『批判的談話分析入門：クリティカル・ディスコースの方法』三元社.

Byram, Michael.（1997）*Teaching and Assessing Intercultural Communicative Competence*. Clevedon: Multilingual Matters Ltd.

Byram, Michael.（2008）*From Foreign Language Education to Education for Intercultural Citizenship*. Clevedon: Multilingual Matters Ltd.〔マイケル・バイラム　細川英雄監修　山田悦子・古村由美子訳（2015）『相互文化的能力を育む外国語教育―グローバル時代の市民性形成をめざして―』大修館書店〕.

Council of Europe, Language Polilcy Division（2007）*From Linguistic Diversity to Plurilingual Education: Guide for the Development of Language Education Policies in Europe*.Strasbourg: Language Policy Division, Council of Europe.

Freire, Paulo and Donaldo Macedo.（1987）*Literacy-Reading the Word and the World*. Westport, CT:Bergin & Garvey.

Gollob, Rolf Peter Krapf and Wiltrud Weininger.（eds.）（2010）*Education for democracy-Background materials on democratic citizenship and human rights education for teachers*. Strasbourg:Language Policy Division, Council of Europe.

Starkey, Hugh.（2002）*Democratic Citizenship, Language Diversity and Human Rights: Guide for the Development of Language Education Policies in Europe, From Linguistic Deversity to Plurilingual Education, Reference Study*. Strasbourg: Language Policy Division, Council of Europe.

教科書

小山悟（2002/2010）『J. BRIDGE TO INTERMEDEIATE JAPANESE』凡人社.

小山悟（2007）『J. BRIDGE FOR BEGINNERS Vol.1』凡人社.

小山悟（2008）『J. BRIDGE FOR BEGINNERS Vol.2』凡人社.

岡まゆみ・筒井迪夫（2009）『上級へのとびら』くろしお出版.

第 7 章

新聞記事の批判的談話研究
―読解授業での活用

名嶋義直

1. 私たちには批判的リテラシーが欠けているのではないか

2011 年 3 月 11 日の東日本大震災とそれに続いて起こった福島第一原子力発電所事故は、一時的な面があったにせよ、少なくともその当時は、日本社会のすべてのパラダイムをシフトさせたといってよいであろう。それは、当時宮城県仙台市に居住し大学に勤務していた筆者にも言えることである。一言で言えば、言語研究や言語教育と社会とのつながりを強く意識するようになり、「自分は何のために研究や教育という仕事をしているのか」、「その仕事を通して、この社会の復興にどのように関わっていけばいいのか」ということを自問自答しつつもその答えが見出せずにいた。

特に原発事故を経験して痛感したのは、いわゆる「安全神話」が絶対ではなかったということ、国家や電力会社は結果的に国民に対して真実を語っていなかったということ、「基準値以下だから大丈夫」という説明によって弱者は国や自治体から放置されたに等しい扱いを受けたことからわかるように、国家や自治体は弱者を守らないということであった。またその一方で、着々と「復興」の進展が報じられ、自ら進んで汚染地域に戻っていく人もあった。津波の被害が大きかった地域の中には自治体によって居住が許されなくなった地域があったのとは対照的に、放射能汚染地域の場合は、「基準値」というものが設けられ、除染によってそれを下回る汚染状況となれば事故などな

かったように帰還を促される。2017年3月31日で自主避難者に対する住宅補償も打ち切られ、帰らないのは自己責任で納得がいかないのであれば裁判すればよいと、記者会見で復興担当大臣がフリーランス記者とのやりとりで言い捨てた[1]にも関わらず、非難の声は大きくは広がらず、人々は徐々に元の場所に帰ってゆく。自治体は「ゆるキャラ」で復興をアピールし、帰還して新たな生活を始めた人々の美談のような個人的なエピソードが報じられる[2]。「世界一厳しい」と言われる「審査基準」を満たしているかどうかを調べる審査に合格した原発は、その合格だけが条件であるかのように立地自治体の承認を受けて次々に再稼動し[3]、新しい安全神話が作り上げられてゆく。それを受け入れている人々の「危機感のなさ」は、筆者には8年前の原発事故などなかったかのように見える。

　国家は経済成長を目指し、国家戦略特区の中で外国人の実質的な単純労働をその呼称だけ変えて制度的に認め、着々と受け入れを始めている[4]。しかし筆者は震災時に、いざとなると顕在化する「非・多文化共生社会」を体験した[5]。そのような潜在的な分断の危機をはらみながら、統合政策も国民の合意や納得もない中で、なし崩し的に実質的な移民政策がとられていけば、いつかどこかで大きな社会の分断が顕在化し深刻な社会問題となるであろう。しかし、それについての危機感は社会や国民の中にはそれほど感じられない[6]。

　なぜ私たちは、国家や自治体や企業やマスメディアに誘導され、自ら納得し、以前と同じような社会を受け入れ、そこに戻っていくのだろうか。なぜ私たちは過去に学べないのだろうか。なぜ私たちは過去と今とを手掛かりにして未来を想像できないのだろうか。なぜ私たちはその流れに疑問を抱いて抗おうとしないのだろうか。

　そこで考えたのは、筆者もそうであると内省するが、私たちは批判的にものごとを考えるリテラシーが弱いのではないだろうかということである。またもう1つ言えば、この社会に主体的に関わろうとしないということも大きな問題であろう。社会の問題に関心を持たず、まるで自分には何も関係のないように毎日を過ごしている。1つの同じ社会の中で「共に生きる人」として主体的に活動していこうという意識や能力が弱いと言える。では、そのようなリテラシーや意識や能力をどこでどのように身につけ伸ばしていけば

よいのであろうか。それは、今の社会を生き、これからの社会を生きていくであろう私たちが向き合わなければならない、社会的属性や学術的専門性の違いを超えたすべての「市民」にとっての普遍的課題であると考える。

2. 援用した理論的枠組みと授業の概要

2.1 批判的談話研究について

言語学の中で「批判的」という方向性を明確に打ち出しているものに「批判的談話研究（Critical Discourse Studies; 以下、CDS）」がある。批判的談話研究は批判的談話分析（Critical Discourse Analysis; CDA）と呼ばれることもある。CDS は単なる談話分析の一手法だと誤解されている面もあるが決してそうではない。CDS は、社会問題に目を向け、弱者側に立ち、談話の分析を通して、権力の意図と実践とを明るみに出し、それと向き合う方法を考え、最終的には研究者自身も社会変革のために行動する研究姿勢の総称である。ヴァン・デイク（2010）は CDS について以下のように述べている。

> 一定のアプローチ等を指すのではなく、学問を行う上での一つの—批判的な—見解なのである。すなわち、いわば『姿勢を伴った』談話分析だと言える。その焦点は社会問題にあり、特に権力の濫用や支配の再生産および再生産における談話の役割にある。（ヴァン・デイク 2010、p.134）

CDS は批判的なリテラシーを伸ばしていく際に求められる着目点や考え方などの実例を提示していくことで教育に貢献することが可能である。そこで本章においても課題を解決する際の枠組みとして採用することにした。

2.2 民主的シティズンシップに求められる能力について

冷戦の終結や、その後の国家再編、EU に代表される国家を超えた共同体の成立、昨今のグローバル化の進展などにより、モノや資本だけではなく人も流動化が進み、多くの国で移民や外国人労働者が社会の中で一定の割合を

占めるようになっている。日本もその例外ではない[7]。日本国内には日本国籍を持たない人が一定数滞在し、日本国籍を持つ人や他国籍の人と共に日々暮らしている。日本に帰化した人たちもいる。そのため、もはや「国家（国籍・国民）」と「アイデンティティ（民族）」と「日本語（国語）」の固定的・安定的な関係は揺らいでいる。自分と同じ民族・自分と同じ国民という位置づけを与えることができれば、他者であっても自己と重ねて「私」として位置づけることもでき、お互いの価値観をある程度共有しているという幻想の下で社会の構成員として認め合うこともできたが、いまや自分とは異なる「絶対的な他者」の存在を許容せざるをえなくなってきている。言い換えれば、今の社会に生きる人々を従来のシティズンシップの概念ではカバーできなくなってきていると言える。「私」と「他者」との関係性を再定義する必要に迫られているといえよう。

　いち早くそのような状況になったヨーロッパでは、欧州評議会が「ヨーロッパ市民」を「社会において共存する人」と位置づけている。そしてその「ともに生きる人」が持つべき特性を「民主的シティズンシップ」と呼んでいる。「民主的シティズンシップ」は、「その社会（コミュニティ）において」「相互の違いに寛容になり」「多様性を受け入れ」「自由と人権と正義を尊重し」「社会に関わりながら」「共に生きていく」ためのモデルとして位置づけられる（Starkey（2002）、特に pp.7–8 を参照）。

　その当然の帰結として、「民主的シティズンシップ教育」は上で述べたような形で「共に生きていく」ために必要な能力を伸ばすことが目標となる。「民主的シティズンシップのための中核的能力と技能」について Starkey（2002: 16–17）は以下のように整理をしている（翻訳は筆者）。

●認知能力
　　法律的・政治的資質に関する能力
　　歴史的・文化的次元も含んだ現代社会に関する知識
　　意見を述べたり議論したり反省したりするような手続き的能力
　　人権と民主的シティズンシップの原理と価値に関する知識
●情動的能力と価値の選択

シティズンシップは単なる権利と義務のカタログではない。それは集団内や集団間の問題である。したがって個人的かつ集合的な情動的次元を要求する。

●行動力、社会的能力

　他者と共に生き、協働し、共同作業を構築・実践し、責任を負う能力

　民主的な法律の原則に合わせて対立を解決する能力

　公的な議論に参加し、現実の生活状況において議論し選択する能力

これらの「民主的シティズンシップのための中核的能力と技能」は、福島（2011: 4）も指摘しているように、その多くが言語能力に裏づけられ、言語運用を通して獲得され、具体化され、実践されるものである。教育の目標が人間の育成にあるとするならば、言語教育も教育の一環である以上、これらの「民主的シティズンシップのための中核的能力と技能」の育成を視野に入れて行われるべきものである。それは日本語教育にも当てはまると言えよう。

日本社会では 18 歳から選挙権が付与されることに伴い、いわゆるシティズンシップ教育の重要性が叫ばれている。ここで混乱を避けるため、「民主的シティズンシップ」と従来からの「シティズンシップ」との関連を確認しておく。シティズンシップという概念の定義は定まっておらず、かつ、社会の形とともに変容するものであると言われているが、福島（2011: 1–2）は、シティズンシップを「国籍」・「市民という地位、資格に結びついた諸権利」・「人々の行為、アイデンティティ」という 3 つの要素が「複合的に交差した次元であり、この要素が社会状況によって解釈される事象である」とする。福島は先行研究を広く参照し、批判的に検討し、その 3 要素の関係を以下のように整理している。

　　「Ⅰ 国籍」と「Ⅲ アイデンティティ」を「民族」という物語で固定し、その条件の下で「Ⅱ 諸権利」を認めるという「（国民＝民族）→市民」制度であると考えられる（p.2）。

ではそのシティズンシップを育てる教育とはどのようなものであろうか。

クリック（2011: 20–21）は「効果的なシティズンシップ教育」として3つの特徴を挙げている。「社会的・道徳的責任」・「地域社会への関与」・「政治リテラシー」の育成が目標となっていると言える。

> 「第一に、生徒は最初から、教室の内外で、権威ある立場の者に対しても対等な者に対しても、社会的・道徳的に責任ある行動をとるように学ぶ」
> 「第二に、生徒は、自分が属する地域社会の暮らしや営みを学び、貢献できるような関わりを持つ」。地域社会への関与や奉仕を通じて学ぶことも含めてである。
> 「第三に、生徒は、知識・技能・価値のいずれの面からも公的生活を学び、公的生活に影響を与えるにはどうしたらよいのかも学ぶ。そうした知識・技能・価値は〈政治リテラシー〉と呼ばれ」ている。

　民主的シティズンシップとシティズンシップとの違いは少し分かり難いが、近藤（2009: 11）では「市民性教育（引用者注：本章でいうシティズンシップ教育）が社会的諸問題の予防・解決という問題意識から出発するのに対し、政治教育（引用者注：本章でいう民主的シティズンシップ教育）はいかに民主主義を守るのかを第一に考えるところに、強調点あるいは目標設定の仕方の違いを見ることができよう」と述べている。

　近年、外国語教育を、単なる語学教育としてだけで捉えるのではなく、社会で生きていく力を育てる教育として捉える動きが広がりつつある。ヨーロッパ言語共通参照枠（CEFR）を提唱している欧州評議会の言語政策はもちろんのこと、日本語教育界においても、細川英雄氏らによる一連の研究・実践が存在する。また2015年度の日本語教育学会秋季大会では、「これからの日本語教育は何を目指すか―民主的シティズンシップ教育の実践―」と題するパネルセッションも開かれた（名嶋・野呂・三輪 2015）。そこでは、民主的シティズンシップ教育、特に文化間教育（批判的文化アウェアネス）や批判的談話研究の実践が、社会的な結束性を高め、民主主義社会の実現に貢献することが確認された。本書3・4・5章はそのパネルセッションを発

展させた論文で構成されている。本章でもその流れを受け、多様化した社会を生きる市民には、社会の問題を民主的に解決していく能力が必要であり、それを育てることが教育の目標であると考える。そこで CDS を積極的に教育現場に取り入れた実践を行った。

2.3 授業と受講生について

　教育の目標が批判的リテラシーと民主的シティズンシップとの涵養にあると考えると、次の課題はそれをどのような形で実践していくのかということになる。筆者の置かれた環境を踏まえ、最も効果的な取り組み方を検討した結果、新聞を読む授業の中で実践を行うこととした。授業は 2016 年 10 月から 2017 年 1 月に渡って開講された。受講生は、2016 年 4 月、もしくは、10 月に来日した短期交換留学生・科目等履修生・研究生などである。受講生の国籍は、中国・韓国・台湾・フィリピン・フランス・ボリビア・スウェーデン等で、人数は 20 名弱であった。相対的な日本語レベルは中級から上級であった。

3. 取り組みの目標

　ここまで述べてきたことをまとめると 3 つの目標に収斂される。

　　《目標 1》「批判的談話研究」を実践する。
　　《目標 2》「批判的なリテラシー教育」としての言語教育を実践し、その
　　　　　　　有効性を考える。
　　《目標 3》「民主的シティズンシップ教育」としての日本語教育を実践し、
　　　　　　　その可能性を考える。

　教育の効果を測定することは常に困難を伴う。本章で述べる取り組みに関して言えば、短期間の授業で批判的リテラシーが身についたかどうか、民主的シティズンシップが育ったかどうかを測定し判定することは非常に難しいと思われる。そこで、2 つの点に絞って授業での取り組みを検証すること

する。1つはCDSが読解授業にうまく活用できるかどうかである。それを検証するためにCDSの分析結果を読解授業に持ち込み、読み方や考え方、そこから見えてくるものを提示することを当面の目標として授業を試行することとした。もう1つは、民主的シティズンシップ教育を読解授業の中で行えるかどうかを検証することである。検証の基準は、先に挙げた民主的シティズンシップに求められる諸能力をCDSの分析結果を取り込んだ読解授業で使ったり刺激したりすることができるかどうかである。具体的には、授業の中において受講生全員で考えるべき課題を設定し、それについて民主的な手法で意見交換や議論などを行い、なんらかの解決策を見出すことができるかどうかを見てみることとした。

　分析する新聞記事は、同一の出来事を取り上げた以下の4つの記事である。全て各新聞社のWebサイトで閲覧した。

車掌「多くの外国人で、ご不便を」
　　　　　<http://mainichi.jp/articles/20161011/k00/00m/040/058000c>
　　　　　　　　（毎日新聞2016年10月11日配信）
南海電鉄車掌「外国人に辛抱を」不適切として口頭注意
　　　　　<http://digital.asahi.com/articles/ASJBC420WJBCPTIL00H.html>
　　　　　　　　（朝日新聞2016年10月11日配信）
「外国人乗車でご不便を」…南海電鉄車掌が放送
　　　　　<http://www.yomiuri.co.jp/national/20161011-OYT1T50021.html>
　　　　　　　　（読売新聞2016年10月11日配信）
「外国人多くご不便を」南海電鉄40代車掌が不適切アナウンス…乗客クレーム発端「差別の意図なかった」と釈明
　　　　　<http://www.sankei.com/west/news/161010/wst1610100055-n1.html>
　　　　　　　　（産経新聞2016年10月10日配信）

　4つの記事には、私鉄の車掌が車内で外国人差別ではないかと批判されるようなアナウンスを行ったこと、そのアナウンスに至った経緯、そのアナウンスを行った車掌の弁明、鉄道会社のコメントなどが書かれており、それら

は各紙に共通する内容となっている。

4. 授業での実践

4.1 授業の流れ

　授業にあたり、受講生には予習が求められた。教員が新聞記事を選び、次回の授業で読むべきテクストとして事前に配布し、受講生は1週間の間にそれを読んでくるという課題である。新聞記事はリライトを行わず、オリジナルのままプリントしたが、漢字には教員がルビを振った。漢字の読み方を調べることが予習の目的ではないこと、漢字の読み方を調べなければテクストが読めないことによって予習の達成度が低下することを避けるためである。受講生には予習の結果を予習シートに記録して提出することも課した。自分が意味を調べた単語や表現、テクストの内容を簡単にまとめたもの、それに対する自分の感想や意見などを書式自由で書いて提出をする形式である。書式や分量は規定せず、各自の予習に合わせて自由に決めてよいこととした。

　授業ではまず予習の確認を行った。予習段階で充分に学習できなかった箇所などについて自由に質問や確認を受け付け、必要に応じて教員が解説をした。また教員が重要だと思う箇所については質問を仕向けて受講生の理解を確認した。予習の確認が終わると、教材提示装置を使ってテクストを投影し、適宜、語や文の意味を問うていった。この時に予習シートを活用した。質問しようとする単語や表現を予習しているか否かを予習シートで確認し、予習していない人はそれらの単語や表現を理解しているとみなし、質問を仕向ける候補者とした。また予習はしているが不充分な理解をしている人も、その理解を修正したり深めたりする機会として質問を仕向けた。

　一般的に、新聞記事には、日本語母語話者にとっては問題がなくても日本語学習者にとっては複雑で意味の把握に困難を来すような構造の複文が使用されていたり、補語や述語などの文の要素が意図的に省略されていたりすることも多い。また、日本社会で長く生活している人が一定の程度で共有している世界の知識を前提として記事が書かれている場合があり、学習者にとっては字義的な意味の把握に支障を来す場合もある。そこでそのような文の構

造を解説したり、背景知識を提示したりした。これらは通常の読解作業である。

　ここまで進めば表面に顕在化している字義的な意味が把握できた段階となる。そこで次に批判的な読みの実践に移る。筆者が取った基本的な姿勢は、教員が解説するのではなく、受講生の気づきを促し、考える機会を作り、自分の意見を表明し、他者の意見を受け止め、もう一度考える、という民主的なやりとりを構築するという姿勢である。そのため、批判的思考の引き金になる語句表現を指摘したり、誰のどういう考え方が前提となっているかを問うたり、誰が何をどうしようと意図しているかを共に考えたりした。

4.2　批判的読みのための着目点

　批判的に読むためにはなんらかの参考になるモデルがあったほうが取り組みやすい。そこでまず授業準備段階において、ヴォダック（2010: 107）の「談話ストラテジー」を参考にして教員がテクストの批判的談話研究を行った。本章が分析した「談話ストラテジー」は以下の通りである。

表 1　批判的読みのための着目点

どういう表現で指し示すか	記事の中に登場する人物や集団が、どのような表現で指し示されているか。
	カテゴリー化、内集団と外集団の構築がどのように行われているか。
どういう表現で叙述するか	記事の中に登場する人物や集団が、どのような表現で、何をどうしたと書かれているか。
	人物や集団や事象が肯定的に描かれているか否定的に描かれているか。
どのような観点に立っているか	どの登場人物や集団に近い立場で書かれているか。
	記事がどのような価値観や評価を持っているか。
強調や緩和表現がどこに使われているか	なにを、どう強調・緩和しているか。
	その効果はどのようなものでどの程度か。
どのような根拠が論の補強に使われているか	根拠はなにか。
	主張を正当化する論理はどのようなものか。
独自の記述があるか	何が書かれていて、何が書かれていないか。

　ただし実際の授業では、テクスト内で使用されている具体的個別的言語形式に着目するように促し、表 1 の中で使用しているようなメタ言語的な表現での説明は極力行わないようにした。

5. 4つの新聞記事の分析と比較

5.1 誰が何をしたかについての分析1

表1に基づき、4紙の記事を分析した結果を表2と表3にまとめる。

表2 誰が誰に何を言ったかについての分析結果

新聞名	外国人客	日本人客	外国人客の行動	日本人客の行動	車内の様子
毎日新聞	外国人のお客さま	お客さま	乗車されて	ご不便をおかけしております	多数の外国人のお客さまが乗車されており、大変混雑
朝日新聞	外国人のお客様	お客様	乗車して	ご不便をおかけいたします／ご辛抱願います	多数の外国人のお客様が乗車しており
読売新聞	外国人	お客さま	乗車して	ご不便をおかけしております	多数の外国人が乗車しており
産経新聞	外国人のお客さま	指示なし	乗車し	ご不便をお掛けしております	多数の外国人のお客さまが多く乗車し

　表2を見ると、同じ電車に乗っている人たちが2つのカテゴリーに分けられていることがわかる。1つのカテゴリーは「日本人客」であり、産経新聞を除いて「お客様（さま）」という丁寧語で指示されている。産経新聞にその種の指示表現が使用されていないのは、あえて日本人客を相対化して指示する必要がないと考えたからであると推察することができる。そこから記事自体が日本人側の視点で書かれていると考えることができよう。

　もう1つのカテゴリーは「外国人客」である。毎日新聞と朝日新聞と産経新聞は「外国人のお客様（さま）」という丁寧な表現で指示しているが、読売新聞は「外国人」とだけ書いて「お客様（さま）」という言葉を用いていない。ここから新聞社の姿勢の違いが読み取れる。特に読売新聞の場合は、日本人客には「お客さま」を使用しており、その非統一性が何を意味するのか、どういう意図に動機づけられているのか興味深い。なお4紙とも見出しで使用している表現は「外国人」であることも指摘しておきたい。特にWeb上で新聞記事を閲覧する場合、その階層構造上、記事本文は読まずに見出ししか見ない記事が多数存在することになる。その「最も読者の目に触

れる」見出しが「外国人」と書かれていて「お客様（さま）」が使用されていないということが、読者にどのような解釈や評価を誘発するのか注意を向けるべきであろう。それは「外国人」という表現から受ける印象と「外国人のお客様（さま）」のそれとを比較してみればよくわかることである。

　次に日本人客と外国人客とがどのような行動をしたと叙述されているかを見てみると、日本人客の行動は4紙とも「ご不便をおかけしている」という敬語を使い、車掌が謙譲語を使用してアナウンスをしている様子が叙述されているのに対し、外国人客の行動を叙述している箇所には、車掌が謙譲語を使用して叙述している箇所と敬語を使用せずに叙述している箇所とがあることが明らかになった。敬語使用は毎日新聞と朝日新聞の2紙、敬語不使用は読売新聞と産経新聞の2紙である。後者の新聞には対象への向き合い方に一種の偏向が観察される。なお、朝日新聞だけは、車掌の言葉として「辛抱願います」を取り上げている。これについては7節で再度考えることとする。

　車掌は、その「ご不便をおかけしている」原因として、車内の様子を挙げている。その様子を記事はどのように叙述しているだろうか。「お客様（さま）」という表現を使うか使わないかは別として、朝日新聞・読売新聞・産経新聞は「多数の外国人が乗車していること」を「ご不便をおかけしている」原因として叙述している。一方、毎日新聞は「多数の外国人が乗車していて大変混雑していること」を原因として記事を構成している。単純化すれば、外国人が「多数いるから不便」なのか、「混雑しているから不便」なのか、という違いである。小さな違いのように思えるかもしれないが、筆者はその違いが大きな問題をはらんでいると考える。前者は「存在自体が問題」という読み方を誘発するからである。つまり「たくさん外国人がいるから嫌だ」という情緒的、かつ排他的な解釈を読み手に与えかねないということである。一方、後者は「混雑しているから嫌だ」という解釈になるが、混雑を不快と思うことは一般的な感覚として広く共感されるものであろう。このようにわずかな表現の差異が排他的な解釈を誘導する危険性（逆に言えば排他的な解釈を排除する効果）がある。そこに気づくことができるかどうかが批判的な読みの実践において重要である。

次に表3にまとめた分析結果を確認する。

5.2 誰が何をしたかについての分析2

どの記事を読んでも、ことの発端は乗客の発言にあったことがわかる。それに関する叙述は3つの点に分けて考えることができる。まず「誰が」であるが、「男性客」と書いたのが朝日新聞と読売新聞である。一方「日本人乗客」と書いたのは産経新聞、その両方を合わせて「日本人男性客」と書いたのが毎日新聞である。それぞれの記事が「どういう属性」に重点を置いて指示しているのかがよくわかる。単に「乗客」とだけ書くこともできたにもかかわらず、あえて性別や国籍といった修飾要素を付加したということは、そこに伝達意図が介在すると考えることができるからである。「日本人」と書くことでそれを読んだ読者は解釈の構図として「外国人対日本人」という一種の対立構造を想起しやすくなる。異文化摩擦の問題としての読みがより確実に誘導されると言ってもよいであろう。一方で「男性」という性別を書いた場合、ジェンダー性を帯びた構図が見えやすくなる。

表3　記事の中に組み込まれている観点に関する分析結果

新聞名	ことの発端	アナウンスの目的	通報者	会社のコメント	取材先
毎日新聞	日本人男性客が大声で叫んだ	トラブルを避ける	乗客の日本人女性	お客様に変わりはない。区別するような言葉はふさわしくない／口頭注意	同社への取材
朝日新聞	男性客の大声	トラブルを避ける	日本人の乗客	お客様を区別するような言葉は不適切／口頭注意	記載なし
読売新聞	男性客が〜と叫んでいた	トラブルを避ける	日本人の乗客	乗客を区別するのは不適切／口頭注意	記載なし
産経新聞	日本人乗客の1人が〜と大声で言った	トラブルを避ける	乗客の日本人女性	客を区別するのは不適切／口頭注意／日本人も外国人もお客さまであることには変わりはない/再発防止	同社への取材

それと関連して、この車掌のアナウンスを会社が知るに至った経緯も見ておく。記事によると、車内アナウンスを聞いた乗客が終点の駅で駅員に当該アナウンスについて問い合わせをしたことが発覚につながったという。その

第7章　新聞記事の批判的談話研究　197

通報者を記事はどのように指し示しているだろうか。そこにも3つの属性が関わっている。すべての記事に共通する属性は「日本人乗客」である。ここでは「外国人差別と取られかねない車内アナウンスを（外国人ではなく）日本人が指摘をした」という構図が意図的に作り出されていると見なせるであろう。そこに「女性」という属性を加えて報道しているのが毎日新聞と産経新聞である。ことの発端となった乗客の発言に対して毎日新聞は「男性」という属性を付加して指示しているので「女性」と表示することには一応の一貫性があるが、産経新聞はことの発端の発言者を「日本人乗客」とだけ書いているので、通報者の方にだけ「女性」という性別情報を付加し有標化したことになる。一方、朝日新聞と読売新聞は、ことの発端の指示表現は「男性客」であったが、通報者の指示表現は「日本人乗客」であり、ことの発端となる発言をした客の方を「男性」として有標化していることになる。毎日新聞はどちらの発言でも性を有標化している。これらの記事の指示表現に、男性・女性という言葉からイメージされる、その社会で一般的に共有されている世界の知識を重ねるとどうなるだろうか。それぞれの読者が持つイメージは決して同一ではないが、一般的に男性という語からイメージされるステレオタイプ的な言動、女性という語からイメージされるステレオタイプ的な言動が読み手の解釈において活性化された場合、それはジェンダーの問題を帯びた派生的意味を伝達するストーリーとなってくる。そこには新聞記者や新聞社の「興味を惹く見せ方」という意図が介在していると言えよう。

　話をことの発端となった発言の叙述に戻す。その発言はどういう発言だったかであるが、声の大きさ・発話形態という2つの特性で分析できる。「大声」と叙述したのは毎日新聞・朝日新聞・産経新聞である。読売新聞は声の大きさについて特に叙述をしていない。発話形態を「叫ぶ」としたのは毎日新聞と読売新聞である。「小声で叫ぶ」と言いにくいことからわかるように、「叫ぶ」という行動はある程度以上の「大声」を前提としている。前提としているものは言及しなくても伝わるものであるが、それをあえて「大声で叫ぶ」と叙述することで現場の緊迫感がより確実に読者に伝わるであろう。産経新聞の「大声で言った」や朝日新聞の「大声を聞いて」の場合と比べてみればその差が確認できる。一般に私たちの考え方では、現場の緊急性や切迫

198　名嶋義直

性はそれに対する対応を正当化する論拠となりうる。急いで対応することが求められていた場合、その対応に不適切な点があったとしても、急いで対応するために致し方なかったと多少免責される場合があると言えばわかるであろう。その点で考えれば、「大声で叫んでいた」と叙述した毎日新聞記事には、外国人差別と批判されかねない発言をした車掌の行動を、「とっさの対応である」という点から、他紙よりも好意的に評価している可能性もあると言える。なお、アナウンスの目的は4紙とも乗客間の「トラブルを避けるため」となっている。

　会社のコメントについても4紙とも同じような表現となっているが、産経新聞のみ「再発防止を図りたい」と書いている。会社側の視点から記事を書いている姿勢が他紙よりも明確に読み取れる箇所である。取材先については毎日新聞と産経新聞は記事が「同社への取材」を基にしていることを明記しているが、朝日新聞と読売新聞は取材元について何も書いていない。ここもメディアの姿勢の違いが出ている点である。

6.　分析から見えてくるもの

　以上の分析から、テクストを読むことを通して批判的リテラシーを伸ばしていくにあたり、重要な示唆を得ることができる。まずなによりも、テクストを批判的、かつ横断的に読むことの重要性である。今回分析した4紙の記事は、1つの客観的な事実を記事にしているにもかかわらず、新聞社ごとに異なる書き方をされて異なる記事となって配信されていた。複数の記事を批判的に読むことで、新聞社の姿勢や他の新聞社の記事には書いていなかったことなどをより深く考えることができる。それは社会の中で主体的に生きて行くために必要な能力の育成につながっていく。

　今回分析した新聞記事には複数の談話主体が存在していた。大きく分けても、車掌と会社担当者のコメントとが記事の中に存在していたし、その記事を書いた新聞記者や新聞社という談話主体も存在する。上で述べたように、新聞記者や新聞社は記事を書くにあたり、取材で得た情報をもとに、何をどういう言葉で指し示し、誰のどのような行動をどう叙述するかという点にお

いて、言語表現の主体的な選択を行っている。つまり記事中の出来事を実際に行った主体ではないが、記事を書き配信するという談話行動を実践しているもう1つの主体である。当然のことであるが、各々の談話主体は異なる理念や価値観を前提としていたり、異なるイデオロギーを有していたりする。したがって、字義的な意味の理解に留まるのではなく、その言動を背景と共に批判的に読み解いていく必要がある。批判的な読みを実践するにあたり、今回援用した批判的談話研究の枠組みは有効に作用したと言えよう。

7. 批判的「読み」から批判的「対話」へ

批判的談話研究は、あるテクストの中に自然を装って組み込まれている誘導やそれを望んでいる談話主体の意図などを可視化することができる。しかし、それらを可視化したからといって何かの社会問題が自動的に解決したり改善されたりするわけではない。そこから先の問題解決は、政治家や他人に任せるのではなく、その社会に生きる市民が民主的な方法で自発的・主体的に取り組んでいくことが望ましい。そこで必要になってくるのが2.2節で述べた民主的シティズンシップである。

具体的な問題解決に際して事象の批判的な検討は不可欠である。そもそも何が問題なのか、どこに原因があるのか、ということを見極めなければ的確な問題解決の方策も考えられないからである。そこで授業では、上で述べたような批判的読みを実践した後に、次のようなことをグループやクラス全体で話し合った。これは、身近な社会問題を取り上げることで教室が「共に生きる社会」そのものになるということでもある。

- この出来事は外国人差別か。差別しているとしたら、それは誰か。
- このような出来事を避けるために誰がどうすればいいか。
- 差別のない社会に向けて私たちは何をすべきか。
- 自分の国について考えてみるとどんな状況か。

実際に授業で受講生に投げかけてみたところ出てきたのは次のような意見

であった。どのような意見が出ても否定はしないよう心がけ、意見の根拠も質問して引き出すなど、やりとりの中でお互いが理解を深めていくようにした。

- これは差別である。
- このような差別はどこにでもある。日本だけではない。
- 外国人も混雑していたら嫌な気持ちは同じではないか。しかし日本人客にだけアナウンスした。これは差別ではないけれど区別である。
- 差別ではなくて区別かもしれないが、車掌の心の中に無意識な考えがあってそれが出たのではないか。

　見てわかるように、ある学生による「差別」という判定をきっかけにして、肯定意見や修正意見、その差別や区別が誰のどこにあったのかという考察などの発言が出てきた。それらの発言の根拠も示されると、自分の考えとは異なった意見であっても「なぜそう考えるのか」を一旦は受け止めることができていたようである。

　このようなことを防ぐためにどうしたらいいかと問いかけると、すぐに出てきたのが「英語でアナウンスすれば良い」という意見であった。しかし、その意見を受けて関連する発言が複数出てきた。

- 日本語アナウンスは外国人にはわからない。アナウンスを日本語と英語にすれば良い。
- 今回のアナウンスが英語で行われたら、話している内容を聞いて却ってもっと差別だと思う人が出るのではないか。
- 英語がわからない外国人もいる。
- 英語以外の言語でもアナウンスすればいい。
- 通常のアナウンスなら多言語対応もできるが、今回のような突発的な対応のアナウンスを多言語で行うのは、言語能力的に難しい。

　ここで興味深いのは、「英語イコール共通語」という考え方に疑問を抱い

ていない受講生と「英語だからといって外国人が皆わかるわけではない」という考えの受講生とがいることが図らずも顕在化したことである。それを受けて多言語対応を提案する意見もあった。実は「今回のような突発的な対応のアナウンスを多言語で行うのは、言語能力的に難しい」という最後の意見は、多言語アナウンスをすれば良いのではないかという意見を受けて、教員である筆者が提示したものである。理念と現実のギャップに意識を向けてほしかったからである。

　そのギャップを少しでも埋める方策を考えるため、筆者が授業で指摘し着目を促したのが、朝日新聞の記事の中にだけ出てきている「辛抱願います」という車掌の発言である。車掌は日本語でアナウンスをしている。したがって、「多数の外国人のお客様が乗車して」いることを「辛抱願います」とお願いされているのは日本人乗客である。その発言は、いわば「共に車内という社会に生きる」乗客として、日本人客に、さらに言えば「外国人が多くて邪魔だ」と言い放った男性客に対し、寛容な態度での受け入れを要請していると言えるのではないだろうか。そう考えれば、車掌は「相対する利益の創造的な調整者」であり、民主的シティズンシップに裏打ちされた「共に生きる人に対して寛容な態度で他者を受け入れること」、言い方を換えれば「多くて邪魔な外国人を『共に生きる人』として受け入れること」を促したのだと考えられる。筆者には、朝日新聞だけがこの部分を取り上げ、他の3紙は取り上げなかったことについて、そこにかなり大きな報道姿勢の差、本章の言い方で言えば、民主的シティズンシップの差があるのではないかと考える。ただし受講生の多くは外国人が「辛抱の対象」として位置づけられていることそれ自体に情緒的な不快感を示す人が多く、これについて理性的な姿勢で充分な話し合いに発展させられなかったのが残念であった。

　もちろん、語学授業の教室でこのような問題を考えても現実社会の問題が解決するわけではない。しかし、批判的な検討を経て事実を把握し、自分なりの評価や理解を形成し、その上で問題解決に向けて話し合いをするという経験は、いつか受講生が自らが生きる社会でなにかの問題解決に迫られる状況になったとき、民主的に問題に取り組み社会で主体的に生きていこうとする際の1つの価値のある指針となるのではないだろうか。

現実社会を見れば、「外国人観光客の増加に伴うさまざまな摩擦」はすでに日本のいろいろな地域で頻繁に起きている。たとえば京都市では多くの外国人観光客が経済的な1日乗車券を利用して市バスを利用するため地域の市民が満員でバスに乗れず苦情が出ているという。またいくつもの日本各地の空港周辺では外国人観光客の増加に伴い公共交通機関が充分に対応できず白タクの営業が問題化したり、沖縄県宮古島では警察官が事故対応における言語的な困難さから「中国・韓国からの観光客にレンタカーを貸さないように」と受け取られるような発言したり、中国人観光客に対してだけビーチパラソルのレンタル料を10倍にした業者がいたりということが新聞で報じられている[8]。

　そのような摩擦を裏づけるような実体験もある。先日、筆者も京都に出張した際に市バスを利用したが、やはり外国人観光客が多かった。偶然かもしれないが、一回の乗車中に、直接の原因は不明であるが、声を荒げて乗車したり降車したりする日本人客を2人見た。また那覇空港に向かうモノレールの車中でも外国人観光客が多かった。ここでも、誰に対してかはわからないが、ドアの近くに立つ外国人観光客の横をブツブツと文句のようなことを怒った口調で言いながらすり抜けて乗車してきた日本人乗客を見た。

　つまり今回分析した新聞記事の話は、決して「他人ごと」ではなく、自分たちの住む社会の「いま、ここ」で実際に起こっている「わたしごと」なのである。私たちはいつでも当事者になり得る。それは日本社会の構成を考えれば、多数派の日本人が差別する側になり、少数派の留学生が差別される側になるということであり、何かをきっかけとして容易に分断されてしまうおそれがある。その流れに流されないためにも、また留学生に対し日本社会に対する批判的な気づきを促すためにも、筆者は身近な社会における時事問題を語学授業で取り上げて民主的シティズンシップの涵養に焦点を当てる授業が重要であり、絶対に必要であると考える。

8. 批判的談話研究の可能性

　本章では、新聞記事を批判的談話研究の手法で分析し、それを日本語教育

の読解授業の中で活用し、批判的リテラシー教育と民主的シティズンシップ教育との実践に活用できるかどうかを検討した。その結果、批判的リテラシー教育においては、字義的意味の解釈だけでは見えないものを可視化することができること、単なる主観ではない批判的解釈を、そのように考える根拠と共に提示できること、等が教員側の視点から確かめられた。また、民主的シティズンシップ教育については、認知能力をはじめ、2.2節で挙げた3つの能力の活性化が期待できること、身近な社会問題を取り上げることで教室が「共に生きる社会」そのものになること、将来に向けて「民主的かつ主体的に生きる力」を伸ばす実践となり経験を積むことができること、が確かめられた。そしてそのような効果は、ごく普通の短い記事を利用しても充分に得られるものであり、特別な出来事を素材とする新聞記事を用いる必要がないことも確認できた。要するに、教師の側が批判的リテラシーをもって記事を読み解くことができれば、授業での活用は可能なのである。

　これらの検証はいずれも教員側の視点からの検証ではあるが、授業を構成する重要な要素の1つである教員の判断は一定の妥当性を持つはずである。日本語教育にCDSとEDCとを取り入れることを提案する次第である。

付記：本章は、第23回プリンストン日本語教育フォーラム（2017年5月13–14日、プリンストン大学）でのポスター発表およびプロシーディングスの内容に加筆や修正を行ったものである。また、科学研究費補助金事業（学術研究助成基金助成金）挑戦的萌芽研究 課題番号:16K13218 代表者:名嶋義直、の研究成果の一部である。

注

1　朝日新聞「自主避難は「本人の責任」 復興相、記者に「うるさい」」
　　<http://digital.asahi.com/articles/ASK444HK9K44ULZU009.html>（2017.4.4 配信）

2　朝日新聞「ゆるキャラで復興アピール、福島　避難解除の飯舘村」
　　<http://www.tokyo-np.co.jp/s/article/2017042101001732.html>（2017.4.21 配信）、

朝日新聞「避難先でも守った味…老舗うどん店、飯舘村で営業再開」
<http://digital.asahi.com/articles/ASK4R541YK4RUQIP00F.html>（2017.4.23 配信）

3 読売新聞「佐賀県知事、玄海原発再稼働への同意を表明」
<http://www.yomiuri.co.jp/national/20170424-OYT1T50104.html>（2017.4.24 配信）

4 産経新聞「ダスキン、外国人家事代行第 1 陣・8 人を初採用　5 月からフィリピン人スタッフが大阪と横浜で稼働」
<http://www.sankei.com/west/news/170412/wst1704120031-n1.html>（2017.4.12 配信）

5 この「非」は「〜にあらず」と「〜を否定する」という 2 つの意味で使っている。詳しくは神吉編著・名嶋他著（2015）の第 1 部 2 章を参照願いたい。

6 毎日新聞「最前線ルポ　単純労働なし崩し的に懸念」
<http://mainichi.jp/articles/20170403/k00/00m/040/022000c>（2017.4.2 配信）

7 たとえば、2017 年には国家戦略特区で外国人による家事代行サービスが解禁された。5 年で 100 人を受け入れる予定だという。家事代行サービスとは、簡単に言えばいわゆる「家政婦」である。
毎日新聞「外国人家事代行を展開　5 年で 100 人採用へ」
<https://mainichi.jp/articles/20170418/k00/00m/020/112000c>（2017.4.17 配信）

8 読売新聞「外国人急増で京都「バス乗れず」1 日券値上げへ」
<http://www.yomiuri.co.jp/economy/20170724-OYT1T50049.html>（2017.7.24 配信）、毎日新聞「中国式白タク　関空など横行　来日客、在日同胞が送迎　スマホで予約・決済、捕捉困難」
<https://mainichi.jp/articles/20170827/ddn/041/040/008000c>（2017.8.27 配信）、朝日新聞「宮古島署員「中国・韓国人にレンタカー貸さないで」」
<http://digital.asahi.com/articles/ASK8Z5QYRK8ZTPOB003.html>（2017.8.30 配信）、東京新聞「中国人はパラソル料金が 10 倍　沖縄・宮古島の貸出業者」
<http://www.tokyo-np.co.jp/s/article/2017080301001727.html>（2017.8.3 配信）

参考文献

神吉宇一編著、名嶋義直・柳田直美・三代純平・松尾慎・嶋ちはる・牛窪隆太著

（2015）『日本語教育　学のデザイン　その地と図を描く』凡人社.

近藤孝弘（2009）「ドイツにおける若者の政治教育」、『学術の動向』14–10、公益財団法人日本学術協力財団. pp.10–21. <https://www.jstage.jst.go.jp/browse/tits/14/10/_contents/-char/ja/>（2017.4.21 リンク確認）.

テウン・A・ヴァン・デイク（2010）「第 5 章　学際的な CDA- 多様性を求めて」ルートヴォダック / ミヒャエル・マイヤー編著　野呂香代子監訳『批判的談話分析入門』pp.133–166. 三元社.

名嶋義直・野呂香代子・三輪聖（2015）「パネルセッション　これからの日本語教育は何を目指すか―民主的シティズンシップ教育の実践―」『2015 年度 日本語教育学会秋季大会　予稿集』pp.37–48. 2015 年 10 月 10 日発表（於　沖縄国際大学）.

バーナード・クリック　関口正司監訳（2011）『シティズンシップ教育論　政治哲学と市民』法政大学出版会.

福島青史（2011）「『共に生きる』社会のための言語教育　欧州評議会の活動を例として」『リテラシーズ』8: pp.1–9. くろしお出版 <http://literacies.9640.jp/vol08.html>（2017.4.21 リンク確認）.

ルート・ヴォダック（2010）「第 4 章　談話の歴史的アプローチ」ルート・ヴォダック / ミヒャエル・マイヤー編著、野呂香代子監訳『批判的談話分析入門』pp.93–131. 三元社.

Starkey, Hugh（2002）Democratic Citizenship, Languages, Diversity and Human Rights, Guide for the development of Language Education Policies in Europe From Linguistic Diversity to Plurilingual Education. Language Policy Division Directorate of School, Out-of-School and Higher Education DGIV, Council of Europe, Strasbourg.
<https://www.coe.int/t/dg4/linguistic/Source/StarkeyEN.pdf>（2017.4.18 リンク確認）.

第 8 章

言語教育と民主的シティズンシップ教育
―政治教育フィールドワーク、オモニハッキョ

中川慎二

1. はじめに―民主的シティズンシップとドイツ語教育

　ドイツのシティズンシップ教育は政治教育の名のもとに行われてきており、その政治教育は戦前の良き国民教育から、戦後は市民教育へと大きくその方向を転換し、戦後の民主的な社会の構築のために、学校教育では社会、経済、歴史、政治などの科目で科目横断的に担われてきた。ドイツ語教員養成プログラムでは連邦政治教育センターが公刊している研究書や教材が提供され、セミナーの一部が政治教育の枠組みで行われることも珍しくない。ランデスクンデ[1]（文化事情）がカルチュラル・スタディーズの文脈で理解される1980 年代以前から、ドイツでの政治教育についての議論は、ドイツ語教育における異文化間アプローチでの教材開発にも影響を与えている。異文化間コミュニケーション研究と外国語としてのドイツ語（DaF）の領域では1980 年代に始まった議論である[2]。

　すでに第 1 章でドイツの政治教育を紹介したが、言語教育と民主的シティズンシップ教育（＝政治教育）の実践として筆者がこの間にかかわることになった活動から 2 つの活動を紹介する。まずは、筆者のドイツ語教育実践から、ドイツ語海外研修の一環として 2016 年度から始めた政治教育フィールドワークである。またその準備のための事前学習のセッションで導入している異文化間コミュニケーション・トレーニングの事例も合わせて紹介する。

2つめは、筆者が 2016 年にかかわり始めた識字学校の取り組みとその記録から、言語を学ぶことが市民性獲得の第一歩であり、市民性を育み、市民権を享受することができるようになるための活動であることを示したい。

2. ドイツ語海外研修―ドイツでの葛藤事例から市民性を考える

2.1 異文化間コミュニケーション能力とドイツの政治教育

筆者の勤務校では 1988 年から夏期ドイツ語海外研修を主にドイツの大学で実施している。そのプログラムの概要とトレーニング・プログラムを紹介しよう。

2016 年に開始した海外研修の新しいプログラムは「多文化社会ドイツとの対話から世界市民の意味を学ぶ」ことを課題とした。その目的は、多文化共生社会で生き抜くための異文化間コミュニケーション能力の基本を理解し習得することである。

M.Byram は欧州評議会の現代語プロジェクトに関わり、ICC（Intercultural Communicative Competence）を言語教育の中心に据え、Attitudes、Knowledge、Skill、Education をその図式に配置し、その中核に political education（政治教育）を置き、critical cultural awareness（批判的な文化認知）として説明している。また、Skill は単純な 4 技能のことではなく、解釈し、関係づけ、発見し相互作用する技能を指す。この political education はドイツ語の Politische Bildung の訳語として使われている（Byram 1997b: 55）のであるが、後に Citizenship Education へとそのコンセプトを発展させた。Byram が議論したこのような意味での Politische Bildung を、ドイツ語海外研修プログラムの一環で上位の学習目標にしたのである。

今回の研修プログラムには、事前学習での E タンデム学習、研修期間中の対面タンデム学習、フィールドワークでのプロジェクト学習、研修プログラム全体でのコーポレート・ラーニング、CLIL（Content- and language-integrated learning）を通した相互作用学習を期待した。フィールドワークを組み込んだのは参加者に「エスノグラファーとしての言語学習者」（Language Leaners as Ethnographers）（Byram 2001）としてドイツ語とラン

208　中川慎二

デスクンデを学んでもらおうと意図したからである。

2.2 ドイツ語海外研修（ドイツ語研修＋フィールドワーク）

　第 19 回（2016 年度）となったドイツ語海外研修では、4 週間ドイツ語研修のプログラムとは別に、「2 週間ドイツ語研修 ＋ 2 週間フィールドワーク」（以下、2 plus 2 プログラムと略記、2016 年 8 月 14 日 - 9 月 11 日）のプログラムを企画した。学内の教育研究活性化資金を利用して、2 週間のフィールドワークは独自に計画を立て実施した。課題名は「多文化社会ドイツとの対話から世界市民の意味を学ぶ」であり、研修の参加者がドイツ語を学習しながら、滞在する街でドイツ社会との対話を通して体験的にランデスクンデを学ぶことを意図した。教員は、学びの仕掛けは作るものの、教員が教えるのではなく、学習者が様々な人たちと出会い、対話を通して学ぶことができるように、対面タンデム学習、フィールドワーク、学生寮生活、ホームステイなどを準備した。今回は 2 plus 2 プログラムには 6 名の学生（文学部、法学部、人間福祉学部）が参加した。

　2016 年 1 月に選考、1 月末に顔合わせ、4 月から 7 月まで月 1 回の事前研修を実施した。学習者との対話を通してフィールドワークでの多文化共生のテーマについて話し合いを持ち、個別プロジェクト・テーマを決めた。

・スポーツ（ナショナルチームのサッカー選手とそのエスニシティ）
・ドイツの教育制度
・社会的弱者、多文化共生センター、移民
・世界遺産（ケルン大聖堂、エッセン炭鉱博物館、ブリュール城など）

　個別プロジェクトのテーマを配慮して教員側から提案した全体プログラムは以下の通りである。

・高齢化社会ドイツ
・ドイツ社会と宗教（キリスト教、イスラム教、仏教）
・ドイツの教育制度

・産業転換と外国人労働者（日本人炭鉱労働者とルール工業地域）
・市民運動とボランティア（ヒューマネットでのボランティア体験）
・戦後ドイツとベルリン（東西ドイツとベルリンの壁、旧東独の秘密警察博物館見学）
・ドイツの大学と日常生活（大学の学生寮とホームステイ）

2.3 フィールドワーク―ドイツ社会との対話の実践

　海外研修とフィールドワークが始まった。学生が毎日交代で書いた日記、教員の記述とコメント、そして個別プロジェクトのリポートから学生の学びと気づきをあとづける。

・8月14日（日記）
ドイツ留学初日。飛行機にいっぱい乗った。けれどそんなに長く感じなかった。機内食は特に普通。タクシーのおっちゃんのスピード速すぎ。SUBWAYで注文するのにもひと苦労。日曜日だからお店も開いていなくて、準備も整わなくてグダグダ。WIFIもなくてやばかった。言語学習4週間組にいろいろ教えてもらい助けてもらった。正直もうホームシック。（笑）

　空港から大学寮まで行くのにタクシー数台に分乗したが、学校側から間違った地図を渡されてキャンパスの寮の手前で車から降ろされてしまった。幸い先発で到着していた学生に出会い、寮に入ることができた。車のスピードも違い、右側通行である。日曜日の到着で大学寮付近には食事のできるところがなく、見つけたのはSubwayで、授業で習ったような典型的なドイツ料理はないし、ドイツ語で注文した。ネット環境のない週末は繋がっている感覚が持てずにホームシックになりそう（笑い）だったという。

・8月16日（火）
デュッセルドルフ大学で日本語を学ぶ対面タンデム学習のパートナー5名と日本からの参加者6名との顔合わせ。メンバーに女子サッカーの選手がいたため、学生たちはすぐに夕方のサッカーの練習に参加することになった。

グランドを目指して出かけて行った。こうしてドイツ社会との対話が始まった。

・8月17日（日記）
授業では、アクティブで発表を多くさせるので、日本のように聞いて問題を解く授業とは全く異なった。また、外国人の方は、自己表現をしっかりするので、発言がものすごく多かった。授業後、デュッセルドルフ中央駅の日本人街でラーメンを食べに行った。その後、中央駅付近を探索した。海外に来て間もなくだが文化の違いを痛感しすぎて日本が恋しくなった。

・8月22日（月）
デュッセルドルフ大学での島田信吾教授のセミナー「ドイツの福祉と日本の福祉」（使用言語、日本語）を実施した。ドイツと日本における高齢者介護システムについての講義である。高齢者介護システムから日本社会とドイツ社会の違いを知る導入の講義である。

・8月25日（日記）
午後からはフィールドワーク組で集まってミーティングを行いました。前半2週間の反省をしているうちに、それぞれが感じたことが全く異なっていることに気づき新たな発見も多くありました。後半2週間も楽しみです。

　前半の日程の振り返りをベルリン旅行の前に行った。楽しみを感じる学生がいる一方で、感じ方の違いは、一部の学生にとってはすでにストレスになっていた。個別対応すると、その対応についてさらに違和感を感じるという学生から意見がでた。研修期間の中盤に差しかかる頃にストレスは最大になったのだ。

・8月26日（金）
午後授業の後で、エッセンの炭鉱博物館（Ruhr Museum, ehemalige Kohlenwäsche der Zeche Zollverein、Schacht XII in Essen）を訪問し、地域

の産業と外国人労働者について学んだ。ルール地方の炭鉱には、1957年から1965年までに合計で436名の日本人炭鉱労働者が派遣されている。

・8月27日（土）─8月31日（水）
ベルリン旅行。ベルリン中央駅ではまず観光案内所に行き、最初の課題を与えた。ベルリンの地図の入手、4日間のベルリン・フリーチケットの購入、ペンションまでの道順をドイツ語で教えてもらうことである。そして、その情報をもとに、みんなをペンションまで連れて行くこと。

・8月28日（日）
ポツダムでサンスッシ宮殿を見学した。

・8月29日（月）
S-Bahn の Nordbahnhof 駅付近にある「ベルリンの壁記念地」でのフィールドワーク。駅を出たところで集合した。2人一組にしてフィールドワークを始めた。記念地に何がみられるのかをまず探させる。後半は3名の2グループで、取り壊されたベルリンの壁の痕跡と案内板の言語情報と非言語情報、また記念地にある手がかりから、当時のベルリンの壁を想像させる。また、ベルリンの壁案内所のパンフレットを手がかりに、記念地に刻まれた情報を読み取ることを試みさせる。案内板はドイツ語と英語の2言語で記されている。Nordbahnhof 駅の通路にも壁があったこと、なぜゴースト駅と呼ばれたのかにも気づかせる。そのあと、Alexanderplatz からブランデンブルク門まで移動し、「虐殺されたヨーロッパのユダヤ人の記念地」（Denkmal für die ermordeten Juden Europas）まで行く。午後はそこから2つの班に分かれてそれぞれ別の秘密警察博物館に出かけた。

・8月30日（火）
午前中はベルリンの中心部にあるドイツ歴史博物館（Deutsches Historisches Museum）の展覧会「ますますカラフルに　移民国ドイツ」（Immer bunter. Einwanderungsland Deutschland）を学生に解説しながら展示物を見た。連

邦歴史博物館（Haus der Geschichte der Bundesrepublik Deutschland）が企画し、2014 年 12 月から 2015 年 8 月にかけて Bonn で行われた展覧会で、Leipzig でも開催された。高度成長期の外国人労働者、東ドイツ時代の外国人労働者、ドイツ系移民帰還者、移民国家ドイツ、イスラム教徒など多文化共生がテーマになっており、午後の政治教育センターでのセミナーの準備を兼ねた。午後からは連邦政治教育センター（Bundeszentrale für politische Bildung）のベルリン学習センターでセミナーを依頼し実施した。このセンターに連携しているポツダム大学教員の apl. Prof. Dr. Stefan Büttner-v. Stülpnagel 氏が「ドイツ連邦政治教育センターの課題と役割」について私たちのグループに対して講演してくださり、質疑応答を行い、理解を深めた。センターの課題、政治教育とは何か、対象とする人たち、ドイツの選挙システム、政党と投票、投票シミュレーションなどがテーマとなった。

・8 月 31 日（水）
ベルリンのペンションから移動し、中央駅で集合し、デュッセルドルフに向かった。学生には団体利用の乗車証を乗車前に渡した。座席の番号は口頭で伝えた。座ろうとするとそこには座っている人がいて、学生は座っている人に何も言わず、ただ教員に「座っている人がいます」などと言ってくる。たちまち車内は大きな荷物を持ったひとで渋滞となる。コミュニケーション行動というのは、自分の置かれた状況の中で適切な行動を相手との相互作用の中で実践することであるが、彼らの受動的で依存的な態度は短期間では大きく変化することなく、自分の席にも座れない状態がつづいた。自分から何も言わずに呆然としているままで、車内では最後尾にいた私の後ろから来る他の乗客が怒り始めたので、仕方なく教員が対処した。

・9 月 1 日（木）
ドイツ恵光日本文化センター訪問、館長の青山隆夫先生が案内をして下さる。その後、公文オーバーカッセル校にて Dr. Fuchs 真理子氏が「言葉を育てるドイツの教育－公文式教室から見た『体験的比較教育論』」というテーマでセミナー。内容は日独教育比較。学生は自分の受けてきた教育を振り返る機

会となった。

・9月2日（金）
午前中は公益社団法人ヒューマネットでのボランティア体験、外国人集住地域での超ディスカウントショップでの接客と商品整理。午後はデュッセルドルフ日本人学校見学。木田事務長が対応してくださり、校長、副校長同席で学校について伺った。

・9月5日（月）
当時はまだドイツで最大のモスクと言われていた Merkez Moschee（メルケツ・モスク）を Marxloh に訪問した。その際、モスク地下にあるビストロで昼食をお願いし、午後は見学までの時間を使って居住区のうち外国人比率の高い Marxloh 地区を歩き、町の暮らしを観察した。看板はドイツ語との多言語表示ではなく、トルコ語かアラビヤ語表記のみの店が散見された。つまり、ドイツ人をターゲットにしていない商店が多くあるということである。ごみ捨て場の様子もデュッセルドルフ市内の住宅街とは違う。

・9月6日（火）
デュッセルドルフの Cecillien-Gymnasium（ツェツィリア・ギムナジウム）で日本語の授業を見学。学生もドイツ語で大学紹介を行った。授業の後は、Megumi Shimizu-Beate 先生が、ドイツのギムナジウム、学校システム、日本語教育などについて質問に答えてくださった。

・9月6日（日記）
午後からはギムナジウムの見学がありました。高等科の日本語の授業を見学させていただき、ドイツでの日本語教育とはどういうものか、ドイツで日本語を学ぶということについて考えることができました。授業の様子は日本と全く違っていて、生徒の自主性が非常に重んじられていたように思います。

・9月7日（水）

オーバーカッセルの Diakonie（プロテスタントの非営利社会福祉団体）で、地域担当課長の Peter Wienss 氏のセミナー（ドイツ公益登録社団法人デュッセルドルフ交流サポートセンター「竹」、通称「竹の会」代表の Ophai 氏と共同）をお願いした。そのあと、施設見学、日本人実習生との懇談、利用者との交流会ではドイツ人利用者から Bertolt Brecht 著 Kurt Weil 作曲「三文オペラ」の発表があった。学生たちは、まずドイツ語で高齢者のみなさんとどのようにコミュニケーションをとったらいいのかよくわからない様子であったが同じく参加されていた竹の会の皆さんが日本語とドイツ語でサポートしてくださることを期待して教員からのサポートはしなかった。その後は竹の会の皆さんとの交流会を実施し、ドイツで老いを迎えることなどを話題にした。

・9月8日（木）

個人プロジェクトの発表会（デュッセルドルフ大学）。現地での振り返りを実施した。

　学生の発表から2つ紹介しよう。いずれも文集からである。

　1つ目は「ドイツのマイノリティ　社会の中での位置づけ」では、学生は「ドイツ在住の当事者である日本人男性Tさんにインタビューし」法律、職業、社会的位置づけから日本とドイツを比較した。学生は「こうした違いの根本には、日本では全員が同じであること、足並みをそろえることが重んじられるがドイツでは一人一人が違っていても個人の権利が重んじられるというものがある。日本だと小さなアイデンティティも多数派や『ふつう』と違うと差別の対象となるがドイツではどんなアイデンティティも多様性が認められている」のだと感じたという。「差別が身近にあることによって自身のセクシュアリティをカミングアウトしづらくなり、存在が可視化されず、悪循環が続いているのだ」と考察した。

　2つ目は「日本のサッカーとドイツのサッカーの違い」である。学生は毎週火曜日にサッカーの練習に参加し、ホームステイ先の家族ともサッカーの

話をたびたび行った。トルコ系移民3世の選手メスト・エジルを取り上げ、ドイツとトルコの二重国籍の問題と、試合前に国歌を歌わないことを取り上げた。また、「そもそもトルコ系ドイツ人といわれることをあまり好んでいないよう」で、「Gelsenkirchen で生まれたということをみんなは忘れているんじゃないのか」という発言を指摘した。エジルが「私は1人のイスラム教徒だ。試合前は必ず神に祈る。このことをみんなが、例えば、メルケル首相も知っている。トルコ人としての、またイスラム教徒としてのアイデンティティに誇りを持っている。私が試合前に祈ることを認められると信じている」と述べたこと、ドイツ代表でガーナ系のジェローム・ボアテングという選手に対してドイツの右翼政党 AfD（ドイツのための選択肢）副党首が「ドイツ人は選手としてのボアテングを称賛するが隣人としては迎え入れたくないはずだ」と発言したことを取り上げ、差別をなくすために、「ドイツ・ブンデスリーガではウルトラと呼ばれている熱狂的なサポーター集団が主体となり、反ユダヤ主義や黒人差別をなくすことを目的とした勉強会を」行っていることを紹介し、「人種に関する差別や差別的な事柄は常にあるものなのか」と感想を述べた。なくならない差別にドイツでも出会ったのである。

　最後に、プログラムの問題点を挙げよう。まず、タンデム学習が50％以上日本語使用になり、日本からの参加者の問題解決のためにタンデム学習の時間が多く使われてしまったこと、そのためにパートナーの一人が積極的に参加しなくなったこと、参加者間の人間関係が大きなストレスとなる場合があったこと、ホームステイ先の家庭環境の違いが学生のストレスになったこと、フィールドワークの趣旨を観光旅行と勘違いする場面があったこと、日本からの付き添い教員への依存傾向は大きくは変わらなかったことがあげられる。

　しかし、学生はギムナジウムの授業参観から「授業から発言するのが多い。よく質問にあてられていた、自発的に回答していた。ディスカッションや、ペアワークの授業が多い」と感じ、「体験的、感覚的に覚えられることができる。自分の意見を持ち伝えることができる。話す機会が多いと、周りの意見に流されることなく自分の考え方を反映できる」とも感じ始めた。そして、

「伝えるということは、生きていく上で欠かせないものであり、自分のアイデンティティを形成していく上で非常に重要である。だから、ドイツの教育のように、しっかりと自分の意思を伝えさせる教育が大切である」とリポートで結論づけた。

2.4　事前研修―危機的事例法を用いたトレーニング

　1988 年からすでに 20 年間実施した海外研修では、多くのトラブルの事例があった。筆者は付き添い教員を担当するたびに帰国後記録文集を参加学生と一緒に作成し、事例の収集に努めてきた。その中から、海外研修のための事前研修として 4 月から 7 月までの 4 か月間に実施している事前研修では、すでに何度も導入している危機的事例法トレーニングを紹介しよう。これは Bennett（1995）による「異文化間の葛藤事例を解決する課題における危機的事例法」（Critical incidents in an Intercultural Conflict-Resolution Exercise）を参考にして開発したものである。危機的事例法そのものは異文化間コミュニケーション研究や異文化間コミュニケーション・トレーニングでよく用いられる方法であるが、シュミレーション・ゲームの方法とは違って、その多くは実際に起こった出来事を取り入れたきわめて具体的なトレーニング方法である。Benett（1995: 147–156）は主に Simpson（1977a,b）の葛藤解決のスタイルを参考にして、

「否定」（Denial）

「抑圧（我慢）」（Suppression）

「権力または権威」（Power or Authority），

「妥協あるいは交渉」（Compromise or Negotiation）

「協働」（Collaboration）

の分類から、

「否定あるいは抑圧」（Denial or Suppression）

「権力または権威」（Power or Authority）

「第 3 者の仲介」（Third-Person Intermediary）

「集団の合意形成」（Group Consensus）

「直接の議論」（Direct Discussion）

の分類を作成した。Benett の例を見てみよう。

例「留学生アドバイザーをしているアメリカ人のトムは彼の学校にいる中国人の生徒をどのようにして支援することができるかアイデアを練った。彼の中国人の同僚である劉はそのアイデアは中国人にとってとても侮辱的なものになることが分かっていた。もしあなたが劉さんならば、どうしますか。（順番をつけてみましょう。）」

―あなたの家族の構成メンバーや友人たちと、この状況をどのように取り扱ったらいいのか話してみる。（集団の合意形成）

―沈黙を保つ。おそらく問題にはならないだろう。（否定あるいは抑圧）

―権威のある人のところに行き、場合によっては人を傷つけるかもしれない問題について話す。（権力または権威）

―トムと話をして彼にこの問題について正直に話す。あなたは彼を助けてより良い解決方法を考え出すことができると彼に言う。（直接の議論）

―かねてからの友人のところに行く。彼はトムの友人でもある。おそらく彼はトムにこのことを話してくれるだろう。（第3者の仲介）（括弧内は筆者の追記）

　この危機的事例法の応用を参考にして、筆者が作成したのが以下の事例から考えるトレーニングである。

《事例1「トイレットペーパー」》

　海外ドイツ語研修で2か月ドイツ人家庭にホームステイしている日本人女子大学生2名は、ホームステイ先のお母さん（Gastmutter）に「トイレットペーパーをどれくらい使っているの？気を付けてね。」と言われた。その学生たちは、翌日授業が終わった後、ドラッグストアーに立ち寄って帰宅した。そして、バス・トイレ（トイレと浴室が一緒になっている）にトイレットペーパーを積み上げた。

（トレーニング 1）

グループワーク 1：この場面で起こっていることを説明してみましょう。まずあなたの考えをメモしましょう。それから、グループの人たちと一緒にこの場面で起こっていることを確認してみましょう。（この場面の分厚い記述）

グループワーク 2：なぜこういうことが起きてしまったのか問題の背景を考えてみましょう。

グループワーク 3：あなたなら、この問題をどのように解決しますか。1）ホームステイ先のお母さんの立場と 2）学生の立場になって考えてみましょう。

グループワーク 4：3 までで出てきた解決方法のそれぞれが 5 つの分類「否定あるいは抑圧」、「権力または権威」、「第 3 者の仲介」、「集団の合意形成」、「直接の議論」のどれに該当するか、あるいは近いか判定してみましょう。そのあとで、皆さんのアイデアに含まれなかった解決方法を考えてみましょう。

グループワーク 5：最後に異文化で暮らす場合、異文化間でのトラブルが発生することがあります。海外に行く場合にどのような知識と能力が必要になるかを話し合ってみましょう。

　社会で共有されている市民性は日常生活の中にも含まれている。異文化では理解を共有することが重要であり、その社会で暮らしている以上、少なくとも関係を調整しながらより葛藤が少ない環境で生活を続けていくことが求められる。関係を調整するというのは、相手の言うとおりにするということではなく、この場合であれば、相手との対話を通して相手の考えを理解し自分の考えを説明し、関係を調整しながら葛藤を解決していくということである。その際に重要なのは、つまり判断留保する[3]、一旦自分の考えを括弧に入れることで、自分の中に共感的な聞き手の態度が生まれてくるのに気づくのである。

《事例 2「昨夜は眠れなかったのよ、心配で。」》

　ドイツ人 Herchert 一家は日本からの留学生 Anri（杏里）を迎えて、家族が増えたと大喜びをしていた。Herchert 家のお母さんは毎日学校から Anri が帰ってくるのを心待ちにしていた。杏里も Herchert 家の人たちがとても親切だと思っていた。ある晩、彼女は学校の後、買い物に行った後に友達と待ち合わせてディスコに出かけたので、深夜 1 時ころにタクシーで帰宅した。そして、翌朝「昨夜は眠れなかったのよ、心配で。」と言われて困惑してしまった。

（トレーニング 2）

　グループワーク 1：この場面で起こっていることを説明してみましょう。まずあなたの考えをメモしましょう。それから、グループの人たちと一緒にこの場面で起こっていることを確認してみましょう。（この場面の分厚い記述）

　グループワーク 2：なぜこういうことが起きてしまったのか問題の背景を考えてみましょう。（考察）

　グループワーク 3：あなたなら、この問題をどのように解決しますか。1）ホームステイ先のお母さんの立場と 2）学生の立場になって考えてみましょう。（解釈と解決方法を探る）

　グループワーク 4：3 までで出てきた解決方法のそれぞれが 5 つの分類「否定あるいは抑圧」、「権力または権威」、「第 3 者の仲介」、「集団の合意形成」、「直接の議論」のどれに該当するか、あるいは近いか判定してみましょう。そのあとで、皆さんのアイデアに含まれなかった解決方法を考えてみましょう。（分類）

　グループワーク 5：以下のような A 〜 E の 5 つの提案があるとしましょう。あなたが好む解決方法の順に並べてみましょう。

A 心配するのはいつものことだから大丈夫。時間がたてばお互い理解しあうようになる。だから何もしない。（否定あるいは抑圧）

B 指導教授か留学生センター長に相談し、成人しているので自己責任で行

動していることを理解してもらえるように働きかける。（権力または権威）

C 他の留学生のホームステイ先のお母さんに相談し、自分のホームステイ先のお母さんに話してもらう。（第3者の仲介）

D 留学生コーディネーターに話をしてみて、ほかのコーディネーターや留学生がどのように考えるか話してみる。（集団の合意形成）

E 思い切ってお母さんと率直にそのことを話してみる。（直接の議論）

《事例3「いったい何時間シャワーしてるの？」》

　ドイツに留学した健二は、大学での授業が始まる3か月前からベルリンでドイツ人の家庭にホームステイしながらドイツ語の学校に通っていた。毎日朝にシャワーをすませる入浴スタイルにも慣れてきたところである。いつものように健二がシャワーをしているとホームステイ先のお母さんが、「健二、いったい何時間シャワーしてるのよ？」と言ってきた。健二は「一生シャワーしてるで！」と言いかけたが、自分に聞こえるようにだけ言った。

（トレーニング3）

　グループワーク1：この場面で起こっていることを説明してみましょう。まずあなたの考えをメモしましょう。それから、グループの人たちと一緒にこの場面で起こっていることを確認してみましょう。（この場面の分厚い記述）

　グループワーク2：なぜこういうことが起きてしまったのか問題の背景を考えてみましょう。（考察）

　グループワーク3：あなたなら、この問題をどのように解決しますか。1）ホームステイ先のお母さんの立場と2）学生の立場になって考えてみましょう。（解釈と解決方法を探る）

　グループワーク4：3までで出てきた解決方法のそれぞれが5つの分類「否定あるいは抑圧」、「権力または権威」、「第3者の仲介」、「集団の合意形成」、「直接の議論」のどれに該当するか、あるいは近いか判定してみましょう。そのあとで、皆さんのアイデアに含まれなかった解決方法

を考えてみましょう。（分類）

グループワーク5：以下のようなA〜Eの5つの提案があるとしましょう。
あなたが好む解決方法の順に並べてみましょう。

A ドイツ人がこういうことを言うのは普通なので、気にしない。そのうち
に言わなくなるから。だから何もしない。（否定あるいは抑圧）

B 語学学校の先生に相談し、日本人はシャワーの時間が長いことを理解し
てもらえるように働きかける。（権力または権威）

C クラスメイトのホームステイ先のお母さんに相談し、自分のホームステ
イ先のお母さんに話してもらう。（第3者の仲介）

D 語学学校の先生に話をしてみて、他の先生や他の留学生がどのように
考えるか聞いてみて話しあってみる。（集団の合意形成）

E お母さんに自分がどう思っているのか率直にそのことを話してみる。
（直接の議論）

《3つの事例から》

3つの例のそれぞれの5つの選択肢に順番を付け、その順位を集計すると
ワークを行ったグループの持つ傾向が出てくる。その傾向をグループでシェ
アしてみよう。3つの事例に共通するのは、学生が短期でドイツ留学した際
に起こったトラブルであること、そのためにドイツのランデスクンデについ
ての知識も最小限である可能性があること、ドイツ語の能力は必ずしもこれ
らの問題を解決するのにも十分ではないかもしれないことである。学生のド
イツ語能力はCEFR（ヨーロッパ言語共通参照枠）によると、例1ではA2、
例2ではA1〜A2、例3ではB1〜B2であることが、自己申告とクラス分
けデータによって判明している。

2.5　ドイツ語を学んでから市民性教育をするべきなのか？

ドイツ語海外研修では、ドイツ語のレベルがA1〜B1である学習者にも
市民性を学ぶことができるように、タンデムパートナーとの2言語学習
や学びを促進する教員の役割を強調した。これは、Himmelmann が政治教

育の実践に関する議論で、ようやく中等教育から始めるのではなく、初等教育からの実践を強調したのにも似ている。言語能力や学習段階によって政治教育の実践が可能となるという議論を乗り越えるための実践的試みなのである。2 言語学習を前提とし、第 1 言語を有効に使いながら、成人ないし大学生の年齢での有効な市民性学習のモデルとなる。学習の最初の段階から市民性教育を含んだ学習シラバスを考案し、市民性教育をむしろ上位の学習目標とし、学習内容に具体的なトピックを入れることができるようになる。市民性教育を実施するのに早すぎるということはないのである。

3. 識字と市民権、生野オモニハッキョの 40 年―「月曜木曜 7 時半いつものオモニがやって来る」[4]

3.1 在日外国人と識字教育運動―地問懇と生野識字学校

　金（2017a,b）によると生野オモニハッキョは 1977 年「生野識字学校」として大阪聖和教会の礼拝堂で始まった市民活動である。在日朝鮮人の集住地域である「大阪生野・猪飼野で在日朝鮮人一世オモニを対象にした日本語識字学校が開校した。朝鮮人高齢者への自主識字学校としては日本では最初の教室で」ある。1978 年には京都市南区東九条オモニハッキョ、福岡・青春学校が設立され、自主的に運営される夜間の識字学校が全国に拡がるきっかけになったという。棚田（2011）は「2010 年度・全国識字学級実態調査」の結果から過年度との比較や経年での推移を示している。府県別の識字学級の実施館数（棚田 2011: 3）によると、大阪では 1983 年に 37 館（全国第 2 位）あったのが 2010 年には 27 館（全国第 1 位）に減少している。開設年ごとの学級数では、解放運動期（1962 年〜 1989 年）にあたる「1970年代前半にピークを迎えている。1977 年は『解放運動の原点としての識字』という機運の中で開設が集中した」時期に続くころである。1972 年には 17 学級、1973 年には 20 学級が開設されている。また、「2010 年度・全国識字学級実態調査」では学習者の総数は 2745 人であったが福岡 948 人と大阪 685 人の合計は 59.5 ％にのぼる。全体では男性は 23 ％、女性は 77 ％であり女性が多いことがわかる。また、出身国・地域別では、韓国・朝鮮

84.3％、日本 77.2％、ブラジル 65.4％であり、中国 63.2％で、ベトナムのみが男性 54.9％と逆転している。年齢構成比でいうと高齢化しているのは間違いないが、大阪でも 30 歳未満は 31.1％いることを忘れてはならない。「ハッキョが開校した 77 年の人口統計によれば在日朝鮮人は約 65 万人、そのうち約 18 万 5 千人が大阪に居住していた。約 4 万人の朝鮮人が暮らす生野区では人口の約 25％を朝鮮人が占めた。なかでも猪飼野地域の半数は朝鮮人住民で、その中心に位置する大阪市立御幸森小学校においては、在籍児童の約 7 割が朝鮮人児童であった時代もあったほどだった」（金 2017a: 67）という。

3.2 生野地域問題懇談会、生野識字学校、70 年代のオモニハッキョ

　猪飼野の地に 1931 年大阪毎日新聞社が大毎善隣館（保育事業）を開設した。ランバス女学院[5]・聖和女子大学がその保育事業を引き継ぎ、聖和社会館となり、1950 年には聖和保育所から聖和教会が生まれた。ところが、「多くの朝鮮人住民が戦前・戦後、聖和の保育をうける機会がなかった」ことを「松崎一は後に聖和教会の礼拝に招かれた説教で、教会・保育所が朝鮮人とともに歩もうとしなかった」ことを自己批判したという（金 2017b: 60）。1970 年代初期に「生野地域問題懇談会」（以下、地問懇）は、朝鮮人住民、地域労働組合（なかでも地域の公立学校で朝鮮人児童・生徒の民族教育にかかわる教師ら）、キリスト教関係者らによって活動を開始した。1971 年に「在日朝鮮人の人権問題にかかわる人びとと『在日外国人の人権を守る会』を組織し、精力的に活動した」妹尾活夫が 1976 年聖和教会に代務牧師として着任し、「地問懇の会議は大阪聖和教会の礼拝堂を使用」することになった。そして、聖和教会の信徒であった金徳煥は聖和社会館の主事となって活動を始めたのである。ある日、礼拝堂での地問懇の会議に聖和教会の信徒であるハルモニがやってきて「私は天王寺夜間中学校に通っているのだが、そこで勉強しているオモニの中には、家の近所で、文字だけ教えてほしいと思っている……」と訴えた。地問懇は「生野識字学校」の開校を決定し、1977 年 7 月に開校した。半年後にはオモニは 30 名を超え、「生野識字学校」は地問懇から独立し、1 年後には 70 名を超えるまでになった。妹尾牧

師は後に「聖和大学から保育事業を譲り受け、82 年社会福祉法人聖和共働福祉会を設立し、保育事業を継承し」「大阪聖和保育園が朝鮮人の子どもらとの"共生（共同）保育"を高く評価されるようになる"道筋"をつくった」（金 2017b: 60）という。そして、そのオモニハッキョが 2017 年 7 月に 40 周年を盛大にお祝いした。金（2017b: 64）はこの 40 年を振り返って「識字が"人の権利"としての解放を意味するなら、人生の終盤期まで耐え続けてきた思いを込めて『文字を学ぶ』こと、すなわち人としての権利をみずからの力で獲得しようとする彼女たちのエネルギーは、猪飼野の中心地から起こった地域運動の黎明そのものだったといえる」という。文字の習得、ことばの習得によって市民権を回復し獲得していくプロセスのことである。

3.3　オモニのことばと声―80 年代のオモニハッキョ

　1979 年にはオモニハッキョの運営をめぐって開設早々にスタッフ間で対立が起こり分裂の危機を迎えたという。ところが、1982 年ころには落ち着きを取り戻した。ちょうどその頃、1982 年 4 月に一部のオモニたちによる最初の文集が発行されている[6]。その文集からオモニの作文を紹介しよう。

（作文 1）　金君愛（仮名）
　　わたしは　子どもを　あづけられて　おじょしました。
　　テレビでやきゅうを見ました。
　　白いユニホームのせんしゅが　大きくバットを
　　ふりました。あっホームランです。
　　青い　空には　ヘリコプターがとんでいます。
　　きょうはびょういんへ　いってきました。
　　いくつもの　しんごうをこえ　て あるきま
　　した。しんごうが　赤になるとおとなも
　　子どももとまります。

　金さんの年齢からすると、小さなお孫さんを預かったのだろう。小さな子どもと一日一緒だったので往生したと書いてある。その孫と昼間の時間に野

球を見た。その頃なら、春の高校野球の中継をテレビで見たのだろう、白い
ユニホームと青い空のコントラストが作文に描かれ、その空に1機のヘリ
コプターが飛んでいるのが見える。病院にも孫を連れて行った。いくつもの
信号を越えて、交通機関を使わないで病院まで歩いて行った。オモニの中に
は字が読めないので、バスや電車を利用できない人もある。バスや駅では日
本語表記の情報がたくさんあり、それを読めないと一人では利用できない。
このオモニもバスか地下鉄なら早く到着するかもしれないが、病院通いを徒
歩でしているのかも知れない。しかし今日は子供連れである。赤信号では大
人も子どもも止まるのだ。赤信号で止まることを子どもが学習するのも、市
民性の学びである。そして、これがオモニの一日だったのだ。

（作文2）　オモニ　ハッキョにきて　　韓南順（仮名）
　　私は　オモニ　ハッキョに　くるまでは　じぶんの
　　なまえも　　かくことが　できなかったです。
　　ここへきて　先生らが　良くおしえて
　　くれたから　いまは　なまえも　じゅうしょ
　　も、かけるように　なりましたし、また
　　まんだいに　いっても　じぶんで　しょうゆ
　　こいくち　うすくち　みそ　ラーメンも
　　ちゃんと　かえるようになったのがうれしいです。
　　また　でんしゃに、のって、かえるときも
　　えきがよめるよに　なったから、いまは
　　ももたてておりることが　できるように
　　なりました。
　　これからも　いっしょうけんめい
　　がんばりますから、
　　おねがいします。

　　韓さんは、オモニハッキョに来て、字を学ぶ喜びを表している。名前も住
所も書けるようになった。役所に行くと多くの手続きで名前も住所も自分で

226　中川慎二

書かなくてはならない。今はそれができるようになった。とりわけ、毎日買い物に行くスーパー万代に行って自分一人で買い物ができるようになった、しょうゆもこいくちとうすくちの表記が読めるようになって間違わずに買い物ができるようになった。環状線も一人で乗って出かけても、帰りに桃谷で降りることができるようになった。文字を習って、オモニは自分に自信をもって自律的に行動できるようになった。その結果、オモニの行動範囲は急速に広がっていくのだ。学ぶ動機がまた強くなった。「これからも　いっしょうけんめいがんばりますから、おねがいします。」オモニの学ぶ喜びが伝わってくる。

（作文3）字をならいにきて　李平珪（仮名）
　　　字をおぼえたいので来ました。
　　　最初は、はづかしくて　あせびっしょりかい
　　　たり、ふるえてどうしようもなかった。
　　　けれども、だんだんなれてきました。
　　　来るたびにおもしろくて、月曜日と木曜日
　　　が待ちどうしかった。
　　　今では学校へ来て良かった、と思います。
　　　住所も名前も書けるようになりました。
　　　それから、買い物に行っても店のかんばんが
　　　少し読めるようになりました。
　　　とてもうれしいです。
　　　これも、多くの先生たちのおかげです。
　　　これからも、できるだけがんばりますから
　　　よろしくお願いします。

　李さんは、字が読めるようになりたい、書けるようになりたいと思っていたが、なかなかハッキョに来れなかった。ハッキョに来てみると、最初は恥ずかしくて、汗びっしょりかいて、体が震えてどうしようもなかった。文字を書けなかった人にとって文字を書くのを学ぶのはそう簡単なことではない。

その李さんは、学ぶことに慣れ、学校に週2回通うことにも慣れ、ハッキョに来るたびに面白くなってきた。学ぶよろこびを買い物に行った時にも感じている。それほどこれまでの暮らしではことばの問題を抱えていたのだ。

（作文4）　オモニハッキョへきて　　朴恩淑（仮名）
　　毎日毎日病気でくるしみな
　　がら、字をおぼえて、もっと
　　たのしんでいるのです。
　　人間としてだいじなこともで
　　きなかったけれと勉強のおか
　　げで世の中が明るくなってきた。
　　十年長生きをしたいと思います。

　朴さんは病を抱えながら、しかし文字を習い覚えることで病に苦しむ以上の喜びを感じることができると書いている。市民権を主張するすべもなく日本に暮らしてきた朴さんは、オモニハッキョで社会生活に参加するためのことばを学び、本来持っているはずの市民権について気が付いてきたのである。ことばの学びは社会参加のための第一歩なのであることに気が付いた。「人間としてだいじなこともできなかったけれと」というのは、まさに市民としての権利をこれまでは十分に享受できなかったことを意味している。しかし、オモニハッキョに通い、言葉を学ぶことに喜びを感じながら、「世の中が明るくなってきた」というのだ。世の中の仕組みがわかるようになってきたので、明るく感じられるようになってきたというのだ。苦労したはずのこれまでの暮らしであるのに、「十年長生きしたいと思」えるまでになったのだ。

3.4　戦後の在日朝鮮人の教育—教育を受ける権利
　日本の敗戦直後には約230万人が居住していたと言われる在日朝鮮人は、その多くが朝鮮半島に帰還したのであるが、朝鮮戦争や祖国の分断のために、約70万人の朝鮮人は日本に残り、在日として暮らし続けたのである。1952年には日本は主権を回復するが、帝国臣民であった旧植民地出身者は、日本

に居ながらにして法務府の「民事局長通達」（1952年4月19日）により国籍を喪失し、外国人登録の必要な外国人となってしまう。また、戦後朝鮮人は解放されてから、自分たちの継承すべき言語や文化を子どもたちに伝えていくために国語講習所を各地に設け民族教育を開始する。それが後に朝鮮学校となるのであるが、日本帝国臣民であることを理由に日本での公教育を強要される。当時の日本はまだGHQ（連合国総司令部）の占領下にあり、日本政府とともに治安対策として朝鮮学校弾圧を実行した。最大の弾圧事件は阪神教育闘争（1948年4月）である。この弾圧と闘争の後に地方自治体では公立の朝鮮人学校が設立される。東京都では15校すべての朝鮮学校が公立朝鮮学校として1950年設置され1955年まで存続した。東京以外の地方自治体では、朝鮮人学校の多くが閉鎖され公立学校に移管された。大阪市立西今里中学校（1961年に廃止され中大阪朝鮮中級学校として存続）のように大阪市立本庄中学校の分校として発足した学校もある。このように日本にすむ朝鮮人にとって民族教育をうけるのは容易なものではなかった。とりわけ民族教育権が司法の場で初めて認められるのは、ようやく2014年7月8日京都朝鮮学校襲撃事件の大阪高等裁判所控訴審判決なのである。民族教育について「民族教育を軸に据えた学校教育を実施する場として社会的評価が形成されている」と明言し、京都地方裁判所での一審判決を支持した。控訴審判決ではさらに民族教育権を認めたうえで、一審で有罪となった在特会側（在日特権を許さない市民の会）の扇動行為によって「我が国で在日朝鮮人の民族教育を行う社会環境も損なわれた」と控訴人を断罪し、控訴を退けた。2018年は阪神教育闘争70年にあたる。大阪万国博覧会で好景気に沸いた1970年代はしかし猪飼野では「外国人不可」「外国人あきません」という賃貸住宅の広告張り紙が電柱に堂々と張られていた時代でもあった（金2017b）。オモニハッキョに行くと、そのような時代を生き抜いたオモニたちが日本語を学んでいる。しかし、当時は「在日朝鮮人の（地問懇）メンバーのなかには、ハングルを学ぶのではなく、"日本語"を学ぶことに反発する人もいた」（金2017b）という。

そのオモニハッキョのすぐ近く、JR鶴橋駅周辺ではヘイトスピーチの街宣が繰り返されてきた。2016年5月24日「本邦外出身者に対する不当な

差別的言動の解消に向けた取組の推進に関する法律案」(ヘイトスピーチ解消法)が衆議院で可決・成立した。ヘイトスピーチの問題は、それが扇動されるとジェノサイド(民族浄化)に向かうという危険性を孕むものだけに、現行法で対処できなかった現状ではさらに法規制が必要であるが、この解消法は罰則規定のない理念法にとどまった。しかし、大阪市ヘイトスピーチ条例が可決施行(2016年1月18日)し、解消法成立以降は、東京都人権条例、国立市人権条例の可決・施行となり、さらに地方自治体レベル(川崎市、京都市、神戸市など)では条例化の動きがあり、公共施設利用に際にしても規制を行う動きが出始めた。法規制消極派の多い憲法学者でさえ法制化に積極的に反対するわけではないという(2018年1月20日公開研究会[7])。

3.5 シティズンシップを学び実践する

オモニハッキョにはオモニのほかに、教育スタッフがいる。全員がボランティアで日本語指導をしている。社会人スタッフが多いが、学生スタッフもいる。スタッフとしてオモニハッキョを巣立った人たちも多く、40周年のお祝いの時にはさながら同窓会のように再会を喜び合う。まさに、シティズンシップを実践しながら、シティズンシップについて共に学び、その学びを携えて社会に出ていく人たちが数年から数十年のサイクルで活動に関わる場なのである。教員、公務員、会社員が多いが、多種多様な人材が交錯し交差する場でもある。

金徳煥は、この間の自身の活動を振り返り、地問懇の活動として始まった生野識字学校がオモニハッキョとなり、聖和教会から聖和社会館にその活動の場所を移しながら地域運動となり、日常の風景になっていったと語る。地域の人たちが一緒に支える地域活動になった。しかし、現在では地域のスタッフは少数となり、ほとんどが地域外から桃谷にやって来るいわば外の人たちだという(2018年1月7日インタビュー)。その意味では現在はもはや自立的な地域活動であるとは必ずしも言えないが、この地域を結節点としたネットワークは確かに継承されている。これも現代のシティズンシップとを考えるとき重要な特徴である。

4. 2つの活動とアクティブ・シティズンシップ

　生涯学習が言語教育政策で議論され内容的にも配慮された最初の頃の成果は欧州評議会の Threshold-Level（van Ek 1975, 1977）[8] であろう。教育におけるヨーロッパ次元の議論もドイツでは 1978 年常設文部大臣会議での決議「授業におけるヨーロッパ」にはじまり、1988 年欧州理事会と各国文部大臣による決議「教育制度におけるヨーロッパ次元」から生涯学習政策はエラスムス計画、コメット計画に及んだ。ドイツでは 90 年代以降のヨーロッパ学校での実践にもつながったのである。欧州委員会 1995 年白書では民主主義、文化的多様性、市民性が謳われ、生涯学習の文脈で市民性教育がヨーロッパ次元で推進されるようになる。Mascherini ら（2009）はアクティブシティズンシップ（能動的市民性）の構造を図に示し、代表的民主主義（9 指標）、抗議行動と社会変革（19 指標）、コミュニティにおける生活（25 指標）、民主主義の価値観（11 指標）の 4 つの要因から説明した。

　この章で紹介した 2 つの活動、海外研修フィールドワークとオモニハッキョは以下のように理解することができる。つまり、海外研修は、政治教育を通して人権と民主主義について学び、ホームステイで日常生活と異文化理解について学び、イスラム教のモスクの活動とイスラム系市民運動団体と交流しコミュニティでの生活について学ぶプログラムであった。オモニハッキョは、ボランティアの市民が運営する緩やかな組織であり、そこで人権問題に遭遇し、コミュニティでの生活をともにし、時には社会への働きかけを行ってきた。オモニハッキョの役割は、とりわけ社会的弱者のエンパワーメントを促進し、オモニに自分たちの市民権を享受するための方法、文字と声を獲得してもらうことである。

　これら 2 つの活動に共通するのが参加、積極的参加である。私たち教員の役割は学習者である学生に市民性教育への積極的参加を促すことである。参加によって発生するのが民主主義であり、民主主義は市民の参加によってようやく可能となる。私たちの市民性教育はそうして生涯続くのである。

注

1 ランデスクンデ（Landeskunde）は Land（国）と Kunde（kennen「知る」の名詞形）の複合語である。19世紀から文化研究の意味で多く用いられたが、20世紀になってとりわけ第2次世界大戦後は言語教育における文化的な内容を指す言葉として用いられた。カルチュラル・スタディーズの文脈でも用いられることがある。現在では、言語教育における異文化理解の内容を示す場合にも使われる。

2 異文化間コミュニケーション研究と外国語としてのドイツ語（DaF）の経緯については、中川（2018）pp.57–86 を参照。

3 渡辺（1991, 2000）参照。この判断留保は解釈学でいう「エポケー」（ギリシャ語）と言われる。自分の考えを留保することで相手に対する共感能力が高くなり、相手の語りが促進されると考えられている。

4 木下明彦作詞作曲「ハッキョで会いましょう」の歌詞の最初から引用した。

5 ウォルター・ラッセル・ランバス（Walter Russel Lambuth, 1854–1921）は関西学院の創立者のアメリカ人宣教師である。この学校にランバスの名前が付けられているのは、「ランバス記念伝道女学校に由来し、W・R・ランバスの母、メアリー・ランバス（Mary Isabella Lambuth, 1832–1904）を記念するもの」（原 2011）だと考えられている。1921年2月21日付で私立学校認可申請を出したのが「ランバス女学院保育専修部」である。1941年ランバス女学校は、西宮の神戸女子神学校と合併し、神戸女子神学校は聖和女子学院に名称変更し、ランバス女学校は廃校となった。これが後の聖和女子大学、聖和大学であり、2008年の関西学院との合併により、関西学院大学教育学部となって引き継がれている。

6 「オモニたちの文集 No.1」（1982）から。「オモニの文集」（第1号）（1983）の1年前に発行されたもの。

7 関西学院大学人権教育研究室公募共同研究「ヘイトクライムに関する基礎研究－日本とドイツの比較」が2018年1月20日に開催した公開研究会第2部シンポジウムでの議論から（未公刊）。

8 中川（2010）参照

参考文献

オモニハッキョ編（1982）『オモニたちの文集』No.1.

金徳煥（2007）「ボクの育った町イカイノ、ふるさと」生野オモニハッキョ 30 周年実行委員会『ありがとう . そしてこれからも　生野オモニハッキョ 30 周年記念誌・文集』第 6 号 . pp.111–135.

金徳煥（2017a）「生野オモニハッキョ（学校）開校四〇周年（上）―猪飼野における地域活動の黎明―」大阪市政調査会『市政研究』第 196号 . pp.64–73.

金徳煥（2017b）「生野オモニハッキョ（学校）開校四〇周年（下）―猪飼野における地域活動の黎明―」大阪市政調査会『市政研究』第 197号 . pp.58–65.

近藤孝弘編著（2013）『統合ヨーロッパの市民性教育』名古屋大学出版会.

棚田洋平（2011）「日本の識字学級の現状と課題」『部落解放研究』No.192. pp.2–15.

中川慎二（1994）「ドイツ語教科書の変遷と Landeskunde」日本独文学会ドイツ語教育部会『会報』第 45号 . pp.35–53.

中川慎二（2010）「ヨーロッパ言語共通参照枠とヨーロッパ学校：ヨーロッパ次元とその実践をめぐって」神戸大学ドイツ文学会『DA』第 7 号、pp.40–51.

中川慎二（2013）「ドイツ語＝日本語二言語による e-Tandem 学習プロジェクト」.関西学院大学言語教育研究センター『研究年報』第 16 号 . pp.99–108.

中川慎二（2014）ドイツ語＝日本語二言語による e-Tandem 学習プロジェクト(2).関西学院大学言語教育研究センター『研究年報』第 17 号 . pp.111–129.

中川慎二（2018）「ヨーロッパ言語共通参照枠と異文化間コミュニケーション能力　言語教育における市民権の意味を考えるために」泉水浩隆（編）『ことばを教える・ことばを学ぶ　複言語・複文化・ヨーロッパ言語共通参照枠（CEFR）と言語教育』pp.59–88.

原真和（2011）「関西学院にとっての聖和史③　大阪のランバス女学院」関西学院大学学院史編纂室「学院史編纂室便り」No.34（2011.12.1）.

古田暁監修　石井敏・岡部朗一・久米昭元（1997）『異文化コミュニケーション　新・国際人への条件　改訂版』有斐閣.

梁陽日（2013）「大阪市公立学校における在日韓国・朝鮮人教育の課題と展望」『Core Ethics』Vol.9. pp.245–256.

渡辺文夫（1991）『異文化の中の日本人―日本人は世界のかけ橋になれるか』淡交

社.

渡辺文夫（2000）「『関係は本質に先立つ』か―異文化接触における統合的関係調整能力とその育成のための教育法―」東海大学教育開発研究所（編）松元茂（監修）『コミュニケーション教育フォーラム '99 コミュニケーション教育の現状と課題』英潮社.

Bennett, Milton J. (1995) Critical incidents in an Intercultural Conflict-Resolution Exercise. In Fowler, Sandra M. and Mumford, Monica G. *Intercultural Sourcebook: Cross-Cultural Training Methodes Vol.1.* Intercultural Press.

Byram, Michael (1989) *Cultural Studies in Foreign Language Education.* Multilingual Matters, Clevedon, Philadelphia.

Byram, Michael (ed.) (1993) *Germany: Its Representation in Textbooks for Teaching Germany in Great Britain.* (Studien zur Internationalen Schulbuchforschung des Georg-Eckert-Instituts Bd.74.) Frankfurt/Main, 1993.

Byram, Michael (1997a) 2. Objectives and Assessment. pp.58–59. In Council of Europe (1997)

Byram, Michael (1997b) *Teaching and Assessing Intercultural Communicative Competence.* Multilingual Matters, Clevedon, Philadelphia, Toronto, Sydney, Johhanesburg.

Byram, Michael (2008) *From Foreign Language Education for Intercultural Citizenship. Essays and Reflections.* Multilingual Matters, Clevedon, Buffalo, Toronto.

Byram, Michael (2010) Linguistic and Cultural Education for Bildung and Citizenship. In: The Modern Language Journal Vol.94, No.2, Summer 2010.

Byram, Michael; Gribkova, Bella & Starkey, Hugh (2002) Developing the Intercultural Dimension in Language Teaching. A practical Introduction for Teachers. Language Policy Division, Directorate of School, Out-of-School and Higher Education. DGIV Council of Europe, Strasbourg.

Byram, Michael; Roberts, Celia; Barro, Ana; Jordan, Shirley & Street, Brian (2001) *Language Learners as Ethnographers.* Multilingual Matters, Clevedon, Buffalo Toronto, Sydney.

Byram, Michael et al. (Ed.) (2000) *The Routledge Encyclopedia of Language Teaching and Learning.* Routledge, London and New York.

Council of Europe（1997）FINAL CONFERENCE OF THE MODERN LANGUAGES PROJECT.

Council of Europe（2001）*Common European Framework of Reference for Languages: Learning, teaching, assessment.* Cambridge: Cambridge University Press.

Council of Europe（2006）Plurilingual Education in Europe. 50 Years of international co-operation. Strasbourg, Council of Europe, Language Policy Division.

European Commission（2012）Special Eurobarometer 386. Europeans and their languages.

<http://ec.europa.eu/public_opinion/archives/ebs/ebs_386_en.pdf>（2018.1.29 リンク確認）

Himmelmann, Gerhard（2004）: Demokratie-Lernen: Was? Warum? Wozu? Berlin : BLK 2004, 22 S. -（Beiträge zur Demokratiepädagogik）- URN: urn:nbn:de:0111-opus-2168

Levin, Brian（2009）The long Arc of Justice: Race, Violence, and the Emergence of Hate Crime Law. In Perry, B. & Levin, B.（ed.）（2009）*Hate Crimes Volume 1. Understanding and Defining Hate Crime.* Praeger Publishers, London.

Mascherini, Massimiliano; Manca,Anna Rita; Hoskins, Bryony（2009）The characterization of Active Citizenship. European Commission,Joint Research Centre, Institute for the Protection and Security of the Citizen.

Osler, Audrey; Starkey, Hugh（2015）Education for cosmopolitan citizenship: A framework for language learning. In Argentinian Journal of Applied Linguistics. Vol.3, No.2, November 2015, pp.30–39.

Simpson, D. T.（1977a）. Handling Group and Organizational Conflict. In J. E. Jones and J. W. Pfeiffer（eds）, *1977 Annual Handbook for Group Facilitators*, pp.120–122. San Diego, CA: University Associates.

Simpson, D. T.（1977b）. Conflict Styles: Organizational Decision Making. In J. E. Jones and J. W. Pfeiffer（eds）, *1977 Annual Handbook for Group Facilitators*, 15–19. San Diego, CA: University Associates.

Starkey, Hugh（2002）Democratic Citizenship, Languages, Diversity and Human Rights. Guide for the development of Language Education Policies in Europe.

From Linguistic Diversity to Plurilingual Education.

Stiftung Haus der Geschichte der Bundesrepublik Deutschland (Hg.) (2014) *Immer bunter. Einwanderungsland Deutschland*. Begleitbuch zur Ausstellung im Haus der Geschichte der Bundesrepublik Deutschland. Bonn.

第 9 章

対話や学習を通じて、「育ち合う」東アジアの若者たち

室田元美

1. ナショナリズム克服のために、何ができるのか

　東アジアの中には、ヨーロッパで見られるような民主的な社会をめざすための公的で教育的な活動は、はたしてどの程度行われているだろうか。それどころか日本、中国、韓国などを見回せば近年、経済的には相互に依存し合いながらも国と国との外交において、また国民同士の間で、よい関係が保たれているとは言えない。現在ではアメリカと北朝鮮の歩み寄りなども見られるが、東アジアの各国がどのように対応し諸問題を解決していくことができるのか、世界各国からも注目されている。

　このような現状は、それぞれの国民感情にもさまざまな影響を及ぼしている。日中韓を例にとって、二国間で相手国に対してどんな感情を持っているのかを、日本の外務省もそのデータを引いている特定非営利活動法人「言論NPO」の調査から見てみたい。日中、日韓ともに相手国に対して「良くない印象を持っている」人の数が「良い印象を持っている」人をはるかに上回っている[1]。相手国に良くない印象を持っている主な理由としては、日中間で 1. 領土問題、2. 歴史問題が、日韓間では 1. 歴史問題、2. 領土問題がそれぞれ挙げられている。つまり歴史と領土をめぐる各国のナショナリズムの高まりが、相互理解の妨げの大きな要因になっていると言っていいだろう。

　しかし、さまざまな軋轢があるなかでも友好的な結びつきがないわけでは

237

ない。市民レベルでも多分野で交流が継続的に行われている。スポーツや芸術、エンターテインメントなどはことばの壁を超えてつながりあえる点でも有効だ。そんななかで本章ではあえて、ことばを介した「対話」という手段を用いて東アジアの過去から現在、未来を見つめようとする若者たちに焦点をあててみた。つまり相互理解の障壁となっている歴史について、ともに学び、語り合おうとする人たちの試みだ。

　歴史を学ぶことは、私たちにとってどんな意味があるのだろうか。日本の学校教育では、現在を生きる私たちと深い関連性があり多方向からの生きた学習を可能にしてくれる近現代史の学習には時間を割く余裕がなく、学ぶ側も受験のために史実を暗記することに終始しがちである。しかも学校で教えられる歴史は、それぞれの時代に大きな影響を及ぼした権力者たちの物語であることが多い。このような教育現場で、歴史と自己との関連性について何かを見いだすのは難しい。

　歴史家 E.H. カーは『歴史とは何か』（1962 年発行）で歴史と自己について、次のように語っている。「現代はあらゆる時代のなかでもっとも自己意識の発達した時代です。現代人は前例のない強さで自己を意識し、したがって歴史を意識しています」。そして近現代の世界におけるこのような変化を、デカルトに始まる人間の自己意識の発展と関連づけて語っている（p.201）。

　自らにつながる歴史を学ぶことにおいては、アイデンティティを育み人格を形成するという長所がある一方で、自己意識を国家と過剰に一体化させたり、過剰な愛国心から他国の歴史をさげすむようになってしまう恐れもある。現在、東アジアで起きている相互不理解の原因もそこにあるように思える。

　けれども歴史は自国民の間だけで共有されるべきものでもなく、また学びの場は学校に限られてはいない。学ぶべき歴史のなかには権力者の言動だけではなく多くの教訓を含む市民の歴史もある。ここでは異なる歴史教育を受けてきた他国の人々とともに、生きた教材である近現代史を取り上げ、ナショナリズムの克服につながるさまざまな対話を実践しているいくつかのグループを紹介する。ともに学び、対話を深めていくことにどんな意義があるのかを考えてみたい。

2. 相互理解のためのプログラム──「東アジア青少年歴史体験キャンプ」

2.1 日中韓合同の歴史研究から生まれた、若者たちのキャンプ

　日中韓などの若者たちが参加して 2002 年から行われているのが「東アジア青少年歴史体験キャンプ」である。この試みは、日中韓の歴史研究者や市民によって毎年開催されている「歴史認識と東アジアの平和」フォーラムに端を発している。第 1 回フォーラムは南京で開かれたが、せっかく 3 カ国の歴史研究者や市民が対話や交流を行うのだから若者たちにも同じような体験をしてほしい、互いに異なる歴史を学び合うことができるのではないかと考えて中高生を募って始めたのが、東アジア青少年歴史体験キャンプである。以来、毎夏、日本、中国、韓国が持ち回りでホスト国となり、近年では京都、韓国・忠清南道、上海、北海道、ソウルなどで開催されている。

　このフォーラムの後、共通の歴史認識にもとづき教材を編纂する「日中韓 3 国共通歴史教材委員会」[2] も開催された。それぞれ異なる視点で積み重ねられてきた歴史研究を共有し、「平和、人権、民主主義の未来」をひらいていくことを目的としたのである。委員会は 2005 年に『未来をひらく歴史』を出版。2012 年刊行の『新しい東アジアの近現代史 上・下』（日中韓 3 国共同歴史編纂委員会編）のまえがきに、「単なる個別研究の寄せ集めではなく、共同研究の成果を社会的な共有財産とすることを目指し」て編まれたことや、「（私たちは）この本が 3 国の葛藤を解消し、平和を定着させるきっかけをつくることに寄与してほしいと考えている。それが、東アジアの人々がともに交流し、文化を分け合い、考えを取り交わす未来に進む道だからである」（p.2）と、その出版意図を記している。

　3 国の歴史研究者、市民、若者たちが模索し合いながら異なる歴史について意見交換や論争をし、よりよい未来のために共同研究の成果を共有しようとする非常に画期的な試みのなかで、東アジア青少年歴史体験キャンプではどのようなことが行われているのだろうか。

2.2 自己の先入観や偏見を疑うことから始める

筆者は 2013 年に京都で開催された 5 泊 6 日のキャンプに参加し、取材をおこなった。参加者は 3 カ国とその他からあわせて 120 名ほどの中高生。在日コリアンの生徒、欧米人とアジア人の親を持つ生徒もいる。初めて京都で顔を合わせ、数人ずつの混合グループに分けられ、学習もレクリエーションもグループ単位で行われる。お互いに片言の英語でのコミュニケーションはままならないが、京都の大学、大学院に在籍する中国や韓国の留学生や日本人学生のボランティアスタッフが通訳や進行役を務めてコミュニケーションの手助けをする。教育者たちが中心となって企画に携わっているため、プログラムにも教育的な工夫が見受けられる。各国の生徒たちが各自、まずナショナリズムの要因ともなる自分自身の先入観や偏見を疑ってみることから始め、それらはどこから生じたのかをひもとくうちに、目の前にいる相手に個として向き合えるようになる。進んで自分の意見を述べ、話し合い、相手への理解や自分の考えを深めていく。そして、ともに学ぶ意義や楽しさを知る、というように段階を追って歴史教育も進められていく。

たとえばキャンプで最初に行われたのは、戦跡を訪ねるフィールドワークである。京都北部の舞鶴にある「浮島丸事件」[3]の現場で地元の人たちが建てた「浮島丸殉難の碑」を見学し、1945 年 8 月 24 日に起きた沈没で亡くなった朝鮮人と日本人犠牲者を全員で追悼。その後、戦時に強制連行された中国人・朝鮮人が働かされていた大江山のニッケル鉱山を訪れ、長年、犠牲者の追悼や被害者の裁判支援を続けている日本人グループから話を聞いた。

その日の夜に開かれた初めての討論会で、若者たちは活発に感想を述べ合った。中国や韓国の生徒は「犠牲者のために碑を建てて今でも追悼している日本人がいることに驚いた。日本人はだれも戦争を反省していないと思っていた。テレビや新聞からはこんなことはわからない」。日本の生徒は「教科書に書かれていない加害の歴史を知った。酷いことをした日本は責められるかなと思ったけれど、みんなの感想を聞いて正直ほっとした」。生徒たちは、自分たちが持っていた先入観、つまり受けている教育やメディアから得る知識がすべてではないことに気づいたのだ。それは彼らから纏っていた鎧を脱がせ、なんとなく牽制しあっていた当初のムードやぎこちなさをほぐす

ことにもなった。

「がっつり討論し、しっかり遊ぶ」という生徒たちの目標どおり、日一日と彼らの間に友情が育まれ、同時にひとりひとりが個として存在感を発揮していく様子が見えた。最初は中国や韓国の生徒のように自分の意見を述べることに慣れていなかった日本の生徒も、積極的に発言するようになった。

とは言っても、置かれた立場の違いによってやはり意見が分かれてしまうこともある。代表的な例は1909年にハルビン駅で伊藤博文を暗殺した安重根についての評価だろうか。韓国の生徒たちにとっては「祖国を救おうとした英雄」だが、日本の生徒たちは安重根が遺した『東洋平和論』[4]を学んで100年以上前にすでに理想的な世界を描いていたことに大きな共感を示しつつも、「理由は何であれ人を殺すことに賛成はできない」と暗殺行為そのものを肯定できないようだった。生徒たちは、ひとつの史実をめぐる認識に複数の側面があり、どちらから見るかによってまったく違って見えることを知る。もとより答えを出すことが討論の目的ではない。なぜ違ってくるのか、どこまでは共感しあえるのか。あるグループでは「権力の弾圧に対して、非力な市民はどう抵抗すればいいのか」と話し合いを深めていくことで、このテーマがじつは100年前の出来事に限らず、いまも世界のどこかで、あるいは構造的に私たちの日常でも起こりうるという気づきを得た。このように時間が許す限り熟議を重ねることによって、最初は平行線をたどると思われた両者の考えの相違が、近づいたりときには重なり合うこともある。他者の意見を聞くことで、ゆるがないと思っていた自分の考えが変容することもある。それも話し合うことの大きな意義であろう。また、本音で話し合う重要性を理解できれば、他者の意見に批判的な視点を持ったり異なる意見を述べることは決して悪いことではなく、実際、たとえ議論になっても友情や信頼関係が損なわれるわけではない、という実感を得ることもできる。

2.3　身近な生活の中から生まれる、討論のテーマ

歴史問題にとどまらず、生徒たちのふだんの生活の中からも話したいテーマは生まれてくる。学校に制服は必要だろうか、髪を染めてはいけないという校則をどう思うかなどの討論は、大人が聞いても興味深い。「ある程度の

秩序は必要じゃないかな」「学校が管理しやすいように作ったルール、自分たちで変えてもいい」「勉強する場なんだから外見で個性を出す必要はないんじゃない？大事なのは中身だと思う」。

　嫌がらせを受けたことのある在日コリアンの女子高校生が、差別はどうして生まれるのかと問いかけると、日本人の男子生徒が「学校でいじめに加わったことがある。拒否できなかった自分が弱かったんだと思う」、韓国の男子生徒も「ぼくも黒人の子を差別だと思わずにいじめたことがある。された人の気持ちを考えていなかった」と答えた。いじめや差別は私たちの日常生活にも頻繁に見られ、最近はとくにインターネットを使ったいやがらせや誹謗中傷が多発しているが、いじめや差別を目撃した際に取るべき行動は何

<table>
<tr><td>

東アジア青少年平和・友好宣言文

　今の東アジアの現状は、経済的視点で見ればお互い非常に密接な関係にあり、これからの経済発展においても欠かすことのできない大切なパートナーである。
　また最近では東アジアで様々な形によるポップミュージックや漫画、アニメなどの文化交流も活発になってきており、ますます東アジアの関係改善が期待されている。

　しかし、その一方で領土問題などの政治的問題や過去の歴史認識問題が東アジアの友好関係を築く上での障害となっていることも事実であり、それらの問題を解決することは、東アジアの青少年の共通の課題であり願いでもある。
　こうした現状の中で、私たちが置かれている環境は、東アジアの関係改善を考える上で良い環境とは言い難い。

　なぜなら、私たちの周りには大量の情報がひしめき合い、その中には誤った情報や偏った情報も存在しているからだ。私たちの思考力や判断力には限界がある。そういった情報をすぐに受け入れ信じてしまう危険性がある。
　それだけでなく、歴史を学ぶ目的も「入試や試験のため」といったように本来の学びの環境は決して整っているとは言えない。

　このキャンプで、そういった状況に置かれた私たちは、お互いの国の青少年たちと一緒に交流し学んで、今までの先入観や価値観をもう一度見直す機会となった。このキャンプで私たちは、より広い視野で物事を見られるようになったことを確信し、将来私たちがお互いの連帯を強め東アジアの未来の平和をつくる架け橋となることを決意して、東アジアの平和と友好のために、以下のことを世界に呼びかける。

【行動指針】
（1）平和な東アジアを築くために、このキャンプのようにお互いが意見を交換し、相手の価値観や文化を尊重することのできる機会を増やし、交流の輪を広げていく。
（2）自ら積極的かつ理性的に、事実に基づいて歴史を見つめていく。
（3）歴史をともに学び、歴史に対する理解を深め、このキャンプでの学びを様々な形で社会に発信していく。
（4）これらの実現には様々な困難が予想されるが、我々青少年の結束を強化し、我々自身の力で東アジアの平和の実現に向けての問題を解決し、真の平和の実現に向けて努力し続けることを誓う。

2013年8月11日　第12回東アジア青少年歴史体験キャンプ参加者一同

</td></tr>
</table>

図1　平和宣言

だろうかと話すグループもあった。

　観光やスポーツ、アトラクションなども交えた6日間のキャンプの最終日には、各グループの代表者が夜遅くまで知恵を絞って作成した「平和宣言」（図1）が発表された。

　宣言文からは対話によって各自が育ち、他者や社会へのまなざしが開かれ、ともに民主的な社会をつくっていこうとする成長の跡がうかがえる。すっかり打ち解け合った生徒たちは、メールアドレスを交換し、抱き合って涙しながら別れを惜しんでいた。以下は生徒たちの感想である。

（1）偉い人の言うことやニュースを鵜呑みにするのではなくて、自分で調べて考える。自分の価値観を育てたい。（韓国人男子高校生）

（2）実際に会って話すのが一番いい。いろんな考えの人がいることがわかるから。帰ったらキャンプに参加したことを大勢の友だちに話したい。（中国人女子高校生）

（3）ふだん、人と違うことはよくないことだと思い込まされている。違いは悪いことという見方が他国への批判や攻撃につながる。そうじゃない。人は違うから面白い。違いを認め合うことから平和は始まると思う。（日本人男子高校生）

（4）歴史の授業はただあったことを覚えるだけで嫌いだったけど、それをどう思うか話し合うのは面白いことがわかった。（日本人女子高校生）

　そして参加者全員からもっとも多かった要望は、「話し合う時間が足りない。もっとほしかった」であった。

3. 遺骨発掘を目的に集まった若者たちの20年―東アジア共同ワークショップ

3.1　北海道の戦時強制労働を通じて、過去と現在を考える

　先に挙げた「東アジア青少年歴史体験キャンプ」は、教育者たちが企画する歴史学習プログラムにもとづいて東アジアの中高生たちが対話を試みる形

で行われていた。ここからは市民、とくに若い人たちが主体的に始めた対話やワークショップを紹介したい。

　「東アジア共同ワークショップ」は、戦時中に北海道で亡くなった人びとの遺骨を発掘するために始まった。きっかけは1976年に深川市にある一乗寺の住職、殿平善彦さんらが道北の朱鞠内湖を訪れたとき、近くで廃寺になっていた光顕寺に残されたままの戦時中の死者たちの位牌を発見したことだった。調べてみるとダムや鉄道建設で強制労働をさせられていた日本人、朝鮮人の位牌であることがわかった。北海道では戦時中、10万人以上とも言われる朝鮮人が劣悪な環境のもとで日本人とともに労働させられ、多くの犠牲者が出ている。その遺骨が野ざらしになっているのではないかと考えた殿平さんの呼びかけで、4回の発掘が行われ、16体の遺骨が発見された。しかし多くの人手を要する発掘は長くは続かず、一時中断されていた。

　1997年に、殿平さんの友人で韓国の文化人類学者、鄭炳浩さんが約30名の韓国の大学生を引き連れて北海道にやってきて、日韓の若者たちで中断していた遺骨の発掘を始めることになった。日本からも当時大学生だった殿平さんの息子とその友人たち、在日コリアンの若者たちが参加。総勢200名を超える参加者は「日韓共同ワークショップ」（現在は「東アジア共同ワークショップ」に改名）を立ち上げ、以来20年間、夏と冬にワークショップを行っている。現在では中国や台湾、オーストラリア、アメリカ、ドイツなどからの参加者も迎えるなど広がりを見せている。学生、会社員や主婦、研究者、取材する新聞やテレビ局などの報道関係者も加わる。

3.2 「これまでの歴史とは違う、よりよい未来を創る」ための交流

　筆者が初めて取材をしたのは2006年だったが、その際、ワークショップの設立メンバーに参加した動機を尋ねてみた。長年ワークショップの共同代表をつとめることになる韓国人の金英丸さんは、初来日の前は日本人にいい印象を持っていなかったが、北海道で日本人、在日コリアンに出会って考えが変わった。「過去と現在はつながっている。ワークショップで戦争の犠牲者と向き合い、日本に住んでいる在日コリアンの人たちや日本人に出会って、過去とのつながりを実感しました。その先にぼくたちは、これまでの歴史と

は違うよりよい未来を創り出したいと思う」。彼は 2000 年冬に光顕寺の雪下ろしの最中に大けがをしたが入院中に日本語を覚え、その後は高知市の平和資料館「草の家」の事務局長を務めながら、日本の学校を回って子どもたちに韓国の文化や生活を伝えた。現在はソウルで民族問題研究所に勤め、日韓交流の支援や通訳、翻訳をしている。

　在日コリアンの金正姫さんは、現在も中学生になった娘と一緒にワークショップに参加している。「在日一世の足跡を訪ねて北九州を旅したことがあったのですが、日本で強制労働させられていた朝鮮人たちが『生きているうちに帰りたい。叶わなければ骨になってでも帰りたい』と望んでいたことを知って、このワークショップが誕生したとき、私にもできることがあると思って参加しました」と話してくれた。最初はハラボジ（おじいさん）たちを発掘して同胞たちのハンプリ（恨を解くこと）になれば、と参加していたそうだが、ワークショップで日韓の人たちの通訳を買って出るなどして橋渡しをつとめるうちに、「恨を抱えて死んでいったのは朝鮮人だけではなく、戦争中の日本人犠牲者やかつてのアイヌ民族にも大勢いただろうし、ここに集まった若者たちも人に言えない何かを背負っているかもしれない。発掘という共同作業が、それぞれのハンプリになれば…」と思うようになったと話してくれた。

　殿平さんの息子で、若き僧侶である真さんは、父親とともに韓国で遺族捜しを続けてきた。「最初は遺骨でしかなくても、聞き取りをするうちに犠牲者のありし日の姿が見えてきます。命がないがしろにされることに鈍感でありたくないですね」と言う。ワークショップのたびに地元住民に協力を要請するのも真さんの役目だ。おかげで最初は何を始めるのかと懐疑的で及び腰だった地元の人びとが、木が生い茂る土地に重機を入れて発掘の準備を整えたり、宿の手配や食事の世話などをして協力してくれるようになった。

　ワークショップが始まった 20 年前は、日韓、日中の関係は今ほど悪くはなかった。その後、韓国のドラマ「冬のソナタ」の大ヒットなどをきっかけに日本でも空前の韓流ブームが訪れた。政治的不和などによりブームが去った後には、日本でもかつてない嫌韓ムードが社会を覆うようになった。それでもワークショップは続けられ、参加者からは「国どうしの関係が悪いとき

第 9 章　対話や学習を通じて、「育ち合う」東アジアの若者たち　245

ほど、ぼくらは会うべきだ」という声が聞こえてくる。

　これまでに、ワークショップでは戦時中の強制労働の犠牲者が眠っているという証言にもとづいて、北海道の朱鞠内、淺茅野、蘆別、東川などで発掘を続けてきた。発掘のない年にはフィールドワークや学習会を開き、また冬は豪雪地帯である朱鞠内の光顕寺の雪下ろしなどを企画して集まっている。最初に位牌が発見された光顕寺は、その後「笹の墓標展示館」[5]としてオープン。当地の戦時中の強制労働に関する資料の展示とともに、ワークショップの拠り所にもなっている。

　発掘された遺骨は、その人の生前を物語る。ワークショップの参加者と同じくらいの年齢の若者だろう。ひとつの穴に３体が折り重なるように埋まっていたこともあり、一人ひとりの個である人が死者になっても尊厳を取り戻せず、大切に扱われなかったことに若者たちは言葉を失った。さまざまな国の孫世代によって暗い土中から解き放たれた犠牲者は、北海道の先住民であるアイヌの「イチャルパ」と呼ばれる葬送、朝鮮式の祭祀、仏式の葬儀、時にはキリスト教式などでも追悼され、遺骨は北海道の寺で供養される。

　一日の発掘を終えたあと、若者たちは夕食後の長い時間をともに過ごす。酒量もすごければ会話も尽きない。もちろん、最初から交流がうまくいったわけではなく、ワークショップの初回には一部の日韓の学生が大げんかをしたこともあったそうだ。韓国の学生が日本人向けに歴史認識を問いかけるアンケートを用意してきたため、日本の学生の数人は「私たちを信じられないのか。なぜこのワークショップに参加したと思っているのか」と抗議した。韓国の学生からは「日本人は口では良いことを言うけれど、本当なのか確認したかった」。そこから本音のぶつかり合いが始まった。「なぜあなたたちはそんなに反日感情を持っているの？」「足を踏まれた側の痛みはわからないだろう！」

　対話や交流という行為そのものが、いつも楽しいとは限らない。ワークショップでも習慣や文化の違い、外交のあり方への考え、福祉やジェンダーに関することなど多方面におよぶ話題において時には反発しあったり、口論になることもある。感情的、理論的なぶつかり合いも含めての対話であり、その後訪れる気まずい関係を修復していく経験もまた、他者への思いやりや

246　室田元美

理解をより深める可能性となる。だからこそ、寝食をともにして発掘をし、夜は賑やかに酒を酌み交わすという交流が20年続いているのである。

3.3　互いの言語を学び合い、留学によって専門知識も

　2013年に筆者が行ったときは日韓の領土問題で世論がかまびすしい時期だった。2005年、島根県が条例で竹島の日を定め、2012年には韓国の李明博大統領（当時）が竹島に上陸し、日韓関係はさらに悪化した。ワークショップでも韓国の若者たちは「独島（竹島）は韓国のものですよ」と明るく言い放ち、小さい頃から習っているという「独島ウリタン（独島はわが領土）」という歌を唱った。日本人の参加者は「政府が日本のものと言っているから、そうかなという感じ。友だちともあまり話すことがないし、よくわからない」。話を進めるうちに、韓国の若い世代が独島にこだわる理由がわかるような発言があった。「日本の植民地にされたことを忘れていない。（島を取られると）また同じようなことが起きるんじゃないかと不安に思う」と、過去のトラウマがあると語った韓国人がいた。「あの当時と今とは時代が違う」と日本人は軽く考えるかもしれないが、これも足を踏まれた側にしかわからない痛みであり、踏んだ側にはその苦痛への想像力が求められるだろう。

　しかし、両国の関係が悪くなることは誰も望んでいない。ワークショップの日韓の参加者も竹島をめぐる政治の駆け引きをニュースで観て、「そんなに竹島が好きなら、日韓の政治家が住めばいいだけだよ」と冷静である。その一方で、「関係が悪くなると、日本で暮らす私たちが謂われのないバッシングを受けたり、子どもたちが辛い思いをする」と心配していたのが在日コリアンであり、冷え込む日韓関係から直接の被害を受ける人たちがいることを、両国の若者たちは知る。在日社会のなかでも朝鮮学校は、日朝関係の悪化と民族教育などを理由に高校の授業料無償化から除外されるという教育的差別を被っている。しかし日本語とともに母国朝鮮のことばや文化を学び、複言語を話す朝鮮学校の生徒や卒業生たちがグローバルな社会における重要な役割を果たしており、今後もその牽引役になっていくことにも目を向けるべきではないだろうか。実際にワークショップの会議やディスカッションでも、通訳としてまた日韓の参加者のコミュニケーションのまとめ役として、

朝鮮学校出身の若者たちは大いに活躍している。

　20年の間に当時大学生だった若者たちは40代になり、家庭を持つ人も増え、彼らが夏休みに連れてくる家族や子どもたちもまた国や民族を越えて親しくなり、ワークショップには明るい笑い声が響いている。

　戦後70年を迎えた2015年9月、ワークショップで発掘された遺骨も含め、北海道の複数の仏教寺院に残されていた朝鮮人の遺骨のうち市民の調査などで身元や出身地が判明した遺骨を中心に115体が朝鮮半島に返されることとなった。戦時下に朝鮮半島から北海道へと連行された道を、逆に故郷へと10日間をかけて陸路で戻る旅をするという試みだったが、その行程のなかで、東京（築地本願寺）、京都（西本願寺）、大阪、広島、下関の寺院などで法要が行われた。ワークショップの参加者をはじめ多くの市民に付きそわれ、見送られた遺骨は70年ぶりに玄界灘を渡り、祖国のソウル市公立追慕公園に安置された。

　最初に出会ったときには言葉も通じなかった日韓の若者たちが、もっとお互いの言語や文化を学びたいとその後、大学や大学院に留学したり、研究者として活躍している例も少なくない。その一人、宋 基燦さんはワークショップで在日コリアンの人たちに出会ったことがきっかけとなり、京都大学に留学。「それまで日本には興味があったが、在日コリアンの存在は知っていても関心がなかった。急速に強い関心を持ったのは、自分の無知と無関心への反省や反動もあったかもしれませんが、発掘された遺骨の前でひざまづいて涙を流していた彼らの姿から、歴史的傷跡を背負いながら今の日本社会を生きていく大変さを少しは垣間見ることができたからだと思います」朝鮮学校の調査や分析をさらに進めた形で、2012年に『「語られないもの」としての朝鮮学校　在日民族教育とアイデンティティ・ポリティクス』（岩波書店）を出版した。「ワークショップで出会った在日コリアンの友人たちの協力なしでは完成しなかった」と話している。朝鮮学校の「ウリマル（朝鮮語）教育」によって独自の文化、世界が継承される意義と、学生、卒業生、支援者らで形成されるコミュニティであることの意義、それらは教育が社会に果たす役割を問いかける重要なものであると言う。宋さんは現在は立命館大学で教鞭を執っている。

強制労働で亡くなった人たちの遺骨を発掘し、祖国に返還していこうというひとつの目的で集まった参加者は、歴史と向き合うなかで生まれた対話や交流によってその後、互いの国や文化にも目を向けることとなり、それは個々の人生における選択の幅を大きく広げるきっかけにもなっている。

4. 戦争被害者と加害者の映像を、対話のきっかけに
　　—ブリッジ・フォー・ピース

4.1　フィリピンと日本の戦争体験者を、ビデオメッセージでつなぐ

　戦後70年以上経っても戦争被害者や遺族にとって、その記憶が消えることはない。アジアに2,000万人と言われる被害者を出したアジア・太平洋戦争は、植民地となった韓国や台湾、敵国として被害を受けた中国だけではなく、戦場となった東南アジアの国々でも現地の人々に大きな犠牲をもたらした。フィリピンの人々は「二頭の象（アメリカと日本）が喧嘩をし、その間で蟻のように踏みつけられた」と受けた苦痛を語る。日本兵の戦死者約48万人に対して、フィリピン人はその2倍以上の約111万人が殺されたと言われている。

　フィリピンの戦争被害者と日本兵との間に橋を架け、また両国の人々の対話や交流を実現させたのは、神直子さんが立ち上げた「NPO法人ブリッジ・フォー・ピース」である。神さんは大学生の時にゼミのフィールドワークでフィリピンを訪れ、高齢の女性から「あなたたちの顔など見たくもなかった」と言い渡された。まだ戦争の傷が癒えていないフィリピンの被害者がいること、一方でフィリピンで行った加害行為を今も悔いている日本兵の存在を知り、平和の橋をかけることを目的として「ブリッジ・フォー・ピース」を設立。同世代の若いメンバーとともに、国と国の間ではまず顧みられることのない両国の個人の戦争体験を掘り起こしていった。

　元日本兵たちは神さんら若者が回すビデオカメラに向かってフィリピンでの体験を語った。

　（5）仲間がやられたら腹が立つ。隊長がこの村ごと焼き払ってしまえと

命じる。

(6) キリスト教会で50代ぐらいの女性を銃剣で突けと命令され、突き殺した。上官の命令は天皇の命令。でも、嫌なものですよ。

(7) 女も子どももない。殺しました。だれがゲリラか住民かわからないから。

(8) 戦場では冷ややかになる。無情だね、情がなくなる。

フィリピンでは被害者や親きょうだいを殺された人たちが口々に怒り、悲しみを吐きだした。当時子どもだった人もいた。

(9) 村の男たちがずらっと並ばされ、銃剣で突き殺されて井戸に投げ込まれた。日本兵はその上からミシンやモーターを放り込んだんです。

(10) 独身女性をつかまえて強姦し、ことが済むと解放していた。

神さんはそれぞれの映像をもとにビデオメッセージを作成、加害者と被害者に見せ、両者をつなぐ試みを始めた。

(11) フィリピンに眠る仲間の慰霊には行ったが、現地の人々には謝罪していない。したいが、するすべもない。

「もうあんなことは、二度とやってはいけない」と悔いる元日本兵の姿は、日本人はもう昔のことなど忘れているだろうと思っていたフィリピンの被害者の心を動かした。ビデオカメラの前で「赦したいと思います」と語った犠牲者の遺族もいた。元日本兵は「私たちができなかったことを、あなたたちがやってくれた」と若者たちに深く感謝の気持ちを述べたという。

4.2 当事者性を持ってディスカッションすることの意義

ブリッジ・フォー・ピースのメンバーたちは、ビデオメッセージを手に街で対話のためのワークショップを開催したり、高校や大学で授業をおこなうこともある。ビデオメッセージは戦争を知らない若い世代にもさまざまな示

唆を与えてくれる。みんなで映像を観たあとは、グループに分かれてディスカッションの時間が設けられている。最初にアイスブレイクと呼ばれる自己紹介をおこない、参加した人たちがディスカッションの構成メンバーそれぞれについて、まず大まかな知識を得る。

　「私たちのような若い世代に戦争のことを想像してもらうのは難しい。けれども戦時や紛争は現在もどこかの国で起きているし、今現在は平和な日本でも将来どのように変わるかわからない。そこで当事者の気持ちになってディスカッションしてもらうことを心がけました」と神さんは言う。

（12）ディスカッションの例
・もしあなたがフィリピン人犠牲者の遺族の立場だったら、親を殺した元日本兵を赦すことができますか？
・もしあなたが元日本兵だったら？上官の命令に背くことはできますか。それとも命令に従って殺しますか。

　若者、あるいは学生たちはふだん考えたこともないような極限状態を頭に描き、ありったけの想像力を働かせて自分なりの答えを導き出す。自分が当事者であったなら…この問いかけは重要だ。同じ人間である相手に向かって引き金を引けるか否か。もし加害者になってしまったら次はどうするだろうか。犯した罪を人のせいにしたり、やったことを正当化しようと躍起になるだろうか。隠したり忘れようとするだろうか。またビデオで証言をした元兵士たちのように長く悔恨の日々を送ることになるだろうか。

　筆者が大学でのワークショップを見学したのは、たまたま憲法改正を掲げた自公政権が衆議院選挙で大勝利を収めたあとだったので、こんな感想も聞かれた。

（13）もしかすると将来、自分自身や子どもが戦場に行くことになるかもしれないと思って証言を聞いていた。戦争は加害者にも被害者にも生涯このような苦しみを与えるのかとショックだった。
（14）ひどいことをする、と加害者を責めるのは簡単だけれど、もし戦場

へ行かされたら自分も生き延びるために命令に従って人を殺してしまうと思う。

　教師をめざしている学生は、「上官に逆らえないのは、やっぱり当時の教育の影響だろうか」と考えたという。

　学校ではなく地域などで開催されるワークショップでは、世代間ギャップや歴史、戦争に関する知識の開きがあることも多い。しかし、ふだん顔を合わせて話す機会がない人同士が出会って互いの考えを尊重しあいながら、意見を述べ合うという体験を通して参加者に知らなかった歴史にも関心を持ってもらいたいと考えている。そのため進行役のスタッフは、ディスカッションの場で専門知識の豊富な人や声の大きな人が場を制していないか、一人ひとりが尊重されているかどうか、さりげなく目配りをしている。

　フィリピンの大学や地域でもワークショップは何度も開催されている。「日本で上映するときと同じように、フィリピンでも見終わった後は誰からともなく話が始まります。映像を通していろいろな思いや記憶が蘇ってくるのでしょう。これは映像の持つ力であり、同じものを見るという共同体験をした者同士がその空間でつながり合うことは、重要だといつも感じています」と神さん。フィリピンの学生たちの反応はと尋ねると、「日本から来た自分たちを気遣ったのか『過去より将来を見据えることが大事』と口々に言ってくれたけれど、上映後に近づいてきた一人の女学生が『私のおばあちゃんは日本軍の慰安婦だったの』と話しかけてきました」

　ビデオメッセージという映像の力を借りたコミュニケーションは、加害、被害の辛い経験を持つ戦争体験者のみならず、日本とフィリピンの若い世代間でも相互理解を広げている。過去に向き合う姿勢が相手に伝わったからこそ、「将来を見据えて」と希望を語ることばを聞くこともできたのだろう。

5.　対話は何を生み出すのか

　いくつかの実例を挙げて、東アジアでおこなわれている国や民族を超えての対話や学習、交流について説明してきた。このようなキャンプやワーク

ショップ、NPO の活動に自発的に参加したいと思った動機は人それぞれなのだろうが、学校の授業やテストにはあまり役立ちそうもないこれらのプログラムに貴重な時間とお金を費やしてでも参加したいと思った時点で、すでに自分とは異なる歴史認識や考え方に関心を持ち、自己意識の中に受け入れる準備ができていると見ていいだろう。さらにそこから始まる対話、より深みのある熟議は、私たちの社会に現在もっとも必要なものではないだろうか。近ごろでは何事においても即効性が求められ、国会の場でも不十分な審議のまま数を頼みに重要な法案を通してしまうケースがたびたび見られる。けれども世論調査などを見ても、即断即決で「決められる政治」をよしとすることに不安や不満を持つ人は多い。民主的な社会をめざすには熟議が必要であり、十分な対話や面倒なプロセスが欠かせないことを私たちは学んでいかなくてはならないだろう。

　今回は詳しく取り上げなかったが、高知県西部の幡多地区に「幡多高校生ゼミナール」と名づけられた地域ゼミがある。30 余年にわたって教師たちと生徒たちが地域の歴史を調べ、戦時中の朝鮮人強制労働や、ビキニ環礁での水爆実験の際に高知から出港し被ばくしたマグロ漁船乗組員の調査を続けてきた。韓国・釜山の高校とも長い交流がある。

　釜山には、軍事政権に抵抗して繰り返された韓国の民主化運動の精神を継承し、発展させていく目的で作られた「民主公園」や「民主抗争記念館」がある。筆者も日韓の高校生たちと 2012 年に訪れた。記念館には市民が民主化を求めて立ち上がり、共闘を続けてきた歴史だけではなく、2000 年 6 月に行われた南北首脳会談の折に当時のリーダーであった金大中、金正日両氏が手を取り合った等身大のパネル写真も展示されており、めざす社会像を明確に表していた。2019 年現在、南北が歩み寄る新たな展示も行われているだろうか。これまでに日韓の高校生がこの地を訪れ、ともに民主主義について学び、考える機会もあった。かつて若い世代が中心となって民主化運動を経験してきた韓国では、このような施設を通じて「民主主義とは何か」との問いかけを常に怠らないようにしているように思える。

　民主化運動と呼べる経験を持たない日本では、何をきっかけにしてどのように民主主義を学んでいけばよいか。具体的な方法についても改めて考えて

みる必要があるのではないだろうか。

これまでの取材を通して、他者と対話することの意義をまとめてみた。

・コミュニケーションの楽しさと重要性を知ることができる。
・自己意識を見つめ、個である自分を確認して偏見や先入観を自覚することができる。同時に、他者もまた大切な個であることを確認する。
・ものごとには複数の側面があり、どの角度から見るかによって考えも変わることがある。
・見解の違いそのものを問題にするのではなく、違いがなぜ生まれるのか、どこまで共感できるのかを模索することができる。
・批判する自由と、批判をおそれず受け入れる寛容さを身につける。
・自分の考えを持つことが社会と係わりたいという意欲や行動につながる。当事者として社会に係わるようになる。

他者と出会い、他者から学ぶことによって、人は成長することができる。実際にキャンプやワークショップに参加してさまざまな気づきを得たと答える若い人たちが多かった。本人たちは他者から多くを「与えられた」と思っているかもしれないが、同様に他者にも何らかの影響を「与えた」はずである。こういった双方の交換がみずみずしい知性と感性を持つ若い世代の間では、より盛んに見られる。

また今回紹介したさまざまな事例の中で、「東アジア青少年歴史体験キャンプ」が2016年の日本での開催地に北海道を選んだ際に、「東アジア共同ワークショップ」の殿平善彦さんから現地の歴史を学び、同ワークショップの中学生が「東アジア青少年歴史体験キャンプ」にも参加するなど、ふだんは異なる活動をしているグループが出会い、相互に関係を発展させていることも注目に値する。

幡多高校生ゼミナールを引率する山下正寿さんは、ともに学び、対話することによって相互に影響を及ぼし合うことを、「育ち合う」のだと語ってくれたことがある。簡潔ながら心に響くことばである。受け身の教育ではなく、さまざまなバックグラウンドを持つ人々との対話や交流を通じて自発的に自

らを育て、自立した個が集まることでよりよい民主的な社会の実現もまた可能になる。このような活動が、草の根とはいえ東アジアで継続的に行われていることはもっと注目されてもいい事実ではないだろうか。

　歴史教育の場でもぜひ、ぶつかり合うことを恐れず、グローバルで多様な視点にもとづいた対話を積極的に取り入れ、歴史の教訓を活かし、平和で民主的な社会をめざすことに力を入れてもらえたらと願う。

注

1　言論 NPO が調査した「第 14 回日中共同世論調査」（2018 年）では、相手国に「良くない印象を持っている、どちらかといえば良くない印象を持っている」人が日本では 86.3%、中国では 56.1%。同様に日韓で行った「第 6 回日韓共同世論調査」（2018 年）を見ると、相手国に「良くない印象を持っている」人は日本では46.3%、韓国では 50.6% という結果を得た。

　「第 14 回日中共同世論調査」（2018 年）

　<http://www.genron-npo.net/world/archives/6365.html>（2019.5.21 リンク確認）

　「第 6 回日韓共同世論調査」（2018 年）

　<http://www.genron-npo.net/world/archives/6677.html>（2019.5.21 リンク確認）

2　自国中心の歴史教科書にかわることができる共同の歴史書として 2005 年 5 月、日本・中国・韓国共同編集の『未来をひらく歴史』高文研を刊行。2012 年 9 月には前書をさらに発展させた『新しい東アジアの近現代史 上・下』日本評論社を刊行した。

3　アジア・太平洋戦争中、下北半島に徴用されたり自由労働で働きに来ていた朝鮮人労働者とその家族合わせて 3,735 人を乗せた浮島丸が、1945 年 8 月 22 日に青森の大湊港を出港、釜山港に向かう途中 8 月 24 日に京都の舞鶴港に立ち寄った際に、米軍が敷設した機雷に触雷し、轟沈した事件。朝鮮人乗客 524 人、日本人乗組員 25 人が死亡。

4　安重根が獄中で執筆した『東洋平和論』は未完に終わったが、人類が仲よく暮らすために、欧米列強の侵略に対して韓国・中国・日本は手を携えて対処すべきであるとの理想を説いている。2009 年の『世界』10 月号 岩波書店に全文訳が掲載

された。

5 朱鞠内での遺骨発掘をモデルにした森村誠一著の社会派推理小説『笹の墓標』（小学館文庫）から名を取り、笹の墓標展示館と名づけた。

参考文献

E.H. カー　清水幾太郎訳（1962）『歴史とは何か』岩波書店.

日中韓 3 国共同歴史編纂委員会編（2012）『新しい東アジアの近現代史 上・下』日本評論社.

終　章

名嶋義直

　本書の民主的シティズンシップ教育をめぐる旅も終わりである。終章では各章で述べたことを簡単に確認し、民主的シティズンシップ教育の必要性を再確認したい。

　序章では「今なぜ民主主義と民主的シテズンシップの必要性を主張するのか」という問いを立てた。その答えを簡単に言うと、私たちが生きる今の社会が「民主主義を選択せざるをえない状況であるから」となる。一方、民主主義的な行動は、忍耐を必要とするもの、地味で面倒臭く骨の折れるものである。何も考えずに誰かに言われた通りに全体に流されて生きる方が楽だと思うこともあろう。しかしそうしていると、気がついたときにはいつの間にか民主主義社会が、たとえば専制社会や全体主義社会のような非民主的な社会に道を譲ってしまっていたということになりかねない。そうならないようにするためには、自分とは異なる多様な他者に寛容になり、「多様性を認め、異なるものを受け入れようとする姿勢」、その上で「ゆるやかにまとまった結束性のある社会」を「平和的な方法」で構築しようと諦めずに模索し努力し続ける必要がある。それがグローバル時代の民主主義的な姿勢であり実践であり、その民主主義的な姿勢や実践を支える資質のようなものが「民主的シティズンシップ」である。

　とはいえ、民主的シティズンシップというものが日本で充分に理解されているとは言い難い。そこで本書のはじめでは、ドイツにおける政治教育につ

257

いてその歴史的な流れと今の姿を描いた。1章ではその理念や考え方といったものを中心に紹介し、2章ではドイツの学校教育の現場を訪問して見学したときの状況を報告している。1章の理念的なものを背景とした上で、2章の学校見学の報告を読んでいただくと「なぜそのような活動をしているのか」ということがよりわかりやすく見えてきたと思う。

続いて舞台はドイツから日本に移る。2015年10月に沖縄国際大学で開催された日本語教育学会秋季大会で行ったパネルセッションを発展させて再構成し、いかに民主的シティズンシップ教育を展開するかを論じたものである。発表の場が日本語教育学会であったということで、3〜5章の内容は日本語教育の世界の中だけで論じているように思われるかもしれないがそうではない。3章で複言語主義、4章で批判的文化アウェアネス、5章で批判的談話研究という3つのテーマで論が展開するが、複言語・批判的リテラシーというものは「民主的シティズンシップ」を育てていく上で非常に重要な役割を担っている。不可欠といってもよい。複言語性・批判的リテラシーの育成は、日本語以外の言語教育でも取り組めるものであるし、さらにいうと、言語教育や教育という場を超えても実践が可能なものである。

ということで本書の後半では、3・4・5章から展開した日本語教育での実践例を6章と7章とで紹介しつつ、話はそこからさらに外の世界へと拡散していく。8章の前半ではドイツ語教育における実践を紹介する。日本人学生によるドイツ海外研修がいかに民主的シティズンシップ教育として効果があったかということを報告する。8章後半ではドイツからアジアに回帰する。在日朝鮮人一世オモニ（お母さんの意味、転じて年配の女性の呼称としても用いられる）を対象にした日本語識字教育の実践例を紹介し、いわゆる「大学」や「語学教育」ではない分野での民主的シティズンシップ教育の取り組みの重要性を指摘している。最後の9章では若者たちのアジアでの交流の取り組みを報告する。そこでも「ことば」は非常に重要なものとして存在し機能しているが、もはや「○○語を学ぶ」ことそれ自体は目的でも目標でもない。お互いが「いかに平和に共に生きるか」を考えることが主題となっている。また「教師が生徒に教える」という学校教育的な枠組みも超えている。しかしそこで育っていくものはまさに「民主的シティズンシップ」であり、

それらの実践はまぎれもなく民主主義の実践であり、「民主的シティズンシップ教育」なのであった。

　民主的シティズンシップ教育の重要性は、取り上げる事例や焦点の当て方こそ異なれ、本書収録の各論考が述べているとおりである。一見すると各章がばらばらに存在しているかのように見える本書であるが、それぞれの章が、個別の学問的・実践的世界を越境し、民主的シティズンシップ教育という一点において他の章と結びついている。本書は多様性を持ちつつもゆるやかなまとまりのある学際的でグローバルな書籍である。言い方を替えれば、各章の論考を１人の市民と見なせば、本書は異なる市民が集い結びついているグローバルな市民社会なのである。そして各市民が主張しているものの共通点を取り出すと、それが民主的シティズンシップ教育になるのである。そして「民主的シティズンシップ教育」の旅は巡っていく。次に旅に出るのは、この本を読み終えた読者の皆さん一人一人である。よい旅を！

あとがき

　あとがきとして、各執筆者からのメッセージをお送りする。原稿に込めた想い・原稿に書けなかった想い、決意や目指すもの、一人の市民として「共に生きる」執筆者の声である。

中川慎二

　ドイツ滞在中のこと、この日は朝からパン屋でコーヒーにチーズパンを食べていた。すると犬の散歩から戻ってきた女性が、店の外で犬を座らせて、店員とやりとりを始めた。「散歩のかえりなのよ。その田舎パンの大きいのを一つお願いね。」「3 ユーロ 50 になります。」「ここで（店の前の外）支払いしてもいいかしら」「いくらから支払うの」「5 ユーロ紙幣よ」すると店員はお釣りとパンの包みを持ってカウンターの裏から、店の入り口まで行って、代金を受け取りお釣りとパンをわたした。入り口にあったイチゴを指差して、これはあなたのねと確認して奥に入っていった。客の女性は「本当にありがとうございます。」と言って、パンをリュックに入れ、イチゴを手に取り犬と帰っていった。私が「犬は店の中に入れないの？」と聞くと店員は「そうよ」と大きく頷いた。市民社会のルールを守り、ルールを実践し、犬と共生する生き方を探る。これは市民性を対話的に再生産するいい方法なのではないだろうか。

名嶋義直

　「市民」という意識などなかった私を大きく変えたのは東日本大震災と福島第一原発事故でした。津波で大きく姿を変えた街を見て「自分はこの社会

を元どおりにするために何ができるだろう」と思いました。社会のために自発的に何かをしようとしている自分、自分の中にある「市民性」を初めて認識したのです。一方、福島第一原発事故を通して、権力が弱者を支配し、その力の維持・再生産・強化を目論んでいることを実体験として知りました。権力に向き合う「批判的リテラシー」の重要性を実感しました。その２つが結びついて「批判的なリテラシーを持った市民」になることが自分の目標になった時、それが民主的シティズンシップとつながりました。民主主義的な進め方は面倒で、非民主的な方が楽だと思うこともありますが、それではだめだと思い返し、日々実践と反省を繰り返しています。

野呂香代子

　福島原発事故以降、被災者の訴えに寄り添おうとしない行政の、不思議な日本語を目の当たりにしました。それは、相手と話しているのに対話が全く成立していない日本語でした。なぜそうした日本語を耳にするだけで苛立ちが生じるのかをじっくり知りたいと思いました。それは、フレイレの言う、対話を拒む「反―対話」に含まれるものだろうと考えています。こうした日本語の分析に取り組む一方、ヨーロッパで日本語教育を行う者として、欧州評議会の言語教育政策を学び始めました。その両者が民主的シティズンシップの発想を介して私の中でみごとに融合していきました。「民主的シティズンシップ」とは、「反―対話」的社会と闘う地道な実践であると考えています。

三輪　聖

　自分の中で個人と社会が繋がらず、社会参加など意識したことのない私は、ドイツに移住して生活のしづらさを感じていました。そして、ある時、それは自分の市民性のなさに原因があることに気づきました。ドイツ社会における日々の生活に加えて学生との対話があり、学校教育の現場を見ていくなかで、「対話を積み重ね、自分たちで社会を創る」という意識と行動力の大切さを学びました。さらにヨーロッパにおける欧州評議会の掲げる理念を知り、当事者性をもって社会に主体的に関わり、考え、発信し、相互理解を目指し

て対話をする、そんな「面倒な」プロセスを踏むことが生きていく中で大切であることを実感したのです。本書は、そのような思いをもとに平和な社会を目指して日本語教育にできることは何かを考え執筆したものです。

室田元美

　東アジアに住む私たちの間で複雑にもつれあう糸を、政治判断に頼らず市民としてどう理解すればいいのか…。日々考えていたときに東アジアの近現代史をともに学ぶ若者たちの多様な取り組みを知り、数年にわたって取材を重ねることになりました。一人ひとりが歴史を受け継ぎ、未来を創っていく者として今まで以上に当事者意識を持って考えなくてはならない時を迎えています。出会うこと、話すこと、学びあうこと、信頼関係を積み重ねていくことは、時間はかかるけれどももっとも確かな方法でしょう。民主主義にゴールはなく、相互理解に向かおうとする面倒なプロセスにこそ意義があることを、主体的に関わっている若者たちを通じて実感しました。今回ライターとして興味深いコラボレーションに参加させてもらったことは、私自身にとっても有意義なチャレンジでした。2019 年夏、悪化が報道される日韓関係だが、そんな時こそ改めて相手を尊重する対話、交流が大切だと伝えたい。

執筆者紹介（五十音順　＊は、編者）

中川慎二（なかがわしんじ）
関西学院大学経済学部および大学院言語コミュニケーション文化研究科教授
「ヨーロッパ言語共通参照枠と異文化間コミュニケーション能力―言語教育における市民権の意味を考えるために」『ことばを教える・ことばを学ぶ　複言語・複文化・ヨーロッパ言語共通参照枠（CEFR）と言語教育』（行路社、2018）
「戦後ドイツの日本人コミュニティ：デュッセルドルフをめぐって「語られる物語」と「歴史的事実」」（関西学院大学経済学部研究会『エクス：言語文化論集』第 8号 2013）

名嶋義直（なじまよしなお）＊
琉球大学グローバル教育支援機構教授
『批判的談話研究をはじめる』（ひつじ書房、2018）
『メディアのことばを読み解く 7 つのこころみ』（編著、ひつじ書房、2017）

野呂香代子（のろかよこ）
ベルリン自由大学言語センター日本語講座専任講師
「『環境・エネルギー・原子力・放射線教育』から見えてくるもの」（『3.11 原発事故後の公共メディアの言説を考える』ひつじ書房、2015）
「難民・移民をめぐるコミュニケーション―「対抗する談話」構築のための予備的考察」（『断絶のコミュニケーション』ひつじ書房、2019）

三輪　聖（みわ　せい）
ハンブルク大学アジア・アフリカ研究所日本学科専任講師
「平和をめざすことばの教育（2）内容重視の批判的日本語教育（Critical Content-Based Instruction: CCBI）の可能性」（共著、『ヨーロッパ日本語教育』（22）、ヨーロッパ日本語教師会、2017）
「ドイツ発〈チーム・もっとつなぐ〉のこども Can Do ポートフォリオ制作プロジェクト―複文化・複言語キッズの「できること」を家庭で、親子で、記録しよう！―」http://www.nkg.or.jp/wp/wp-content/uploads/2017/06/sekai-germany0606.pdf（共著、「世界の日本語教育」日本語教育学会、2017 年 5 月）

室田元美（むろたもとみ）
フリーランスライター

『若者から若者への手紙 1945 ← 2015』（共著）（ころから、2015 年）
『ルポ　土地の記憶　戦争の傷痕は語り続ける』（社会評論社、2018 年）

民主的シティズンシップの育て方

How to Empower Democratic Citizenship

Edited by NAJIMA Yoshinao

発行	2019 年 10 月 8 日　初版 1 刷
定価	3000 円＋税
編者	© 名嶋義直
発行者	松本功
装丁者	三木俊一（文京図案室）
印刷・製本所	株式会社 ディグ
発行所	株式会社 ひつじ書房
	〒 112-0011 東京都文京区千石 2-1-2　大和ビル 2 階
	Tel.03-5319-4916　Fax.03-5319-4917
	郵便振替 00120-8-142852
	toiawase@hituzi.co.jp　http://www.hituzi.co.jp/

ISBN978-4-89476-937-3

造本には充分注意しておりますが、落丁・乱丁などがございましたら、
小社かお買上げ書店にておとりかえいたします。ご意見、ご感想など、
小社までお寄せ下されば幸いです。

［刊行物のご案内］

批判的談話研究をはじめる

名嶋義直 著　　定価 3,200 円 + 税

政治家の言説・沖縄米軍基地に関する言説・萌えキャラに関する言説・原発に関する言説を分析した批判的談話研究。日本語教育への応用や市民性教育への展開を試みている。

シリーズ ドイツ語が拓く地平　1

断絶のコミュニケーション

高田博行・山下仁 編　　定価 3,800 円 + 税

ドイツ語という言語から、社会、歴史、文化を論じるシリーズ第 1 巻。ナチズムや移民の言語を分析し、現代社会でそもそもコミュニケーションは可能かという問題に切り込む。